いわて民衆史発掘

八木光則 著

東洋書院

はしがき

わたしたちは、時間の経過の中で生きている。自分自身の生い立ちだったり、家族の物語だったり、あるいは悠久の時間を経た人類の歩みだったりする。過去に起きたことはすべてが歴史となる。

ただ歴史という響きは、地域や国家、さらには世界的規模で特筆される事件などをさすことが多い。その場合には事件や事柄が世間に客観的事実として共有されることが欠かせない。言い換えると、大きな事件があっても世に知られなければ歴史として扱われない。疑わしい事実は伝承や噂話などに追いやられてしまうことになる。

今まで広く知られていなかった事件や事柄も、事実が明らかにされ、社会的な意義が与えられることによって、歴史の叙述に登場することもよくある。例えば、前九年、後三年の両合戦の間に、延久蝦夷合戦があったことが一〇年ほど前から少しずつ知られるようになってきた。反故紙となって日記に使われた一枚の裏紙文書に光があてられ、大きな意義が見いだされたことによる。その結果、三陸や下北半島（一説には北海道）まで中央政府の軍事遠征が及んだことがわかってきた。

また歴史の客観的事実ということも難しい問題を抱えている。よく「勝者の歴史」といわれる。戦いで勝った側の史料が残り、敗者の史料は残らないことが多く、当然勝者側に都合のよい歴史像が形づくられるようになる。斯波《しば》氏は高水寺城（紫波町）に本拠を築き、中世の北東北に大きな影響力をもっていたが、近世初めに南部氏に敗れたため文書はほとんど残らず、斯波氏の側からみた歴史の事実はわからなくなってしまっている。

このように事実の共有や客観性はあたりまえの前提では決してない。新たな客観的事実で歴史像は大きく変わりうることも多くあるのだ。

岩手の歴史を概観すると、中央政府軍に五度攻め込まれている。坂上田村麻呂ら蝦夷《えみし》征討軍による三十八年戦争、源頼義率いる軍と安倍氏との前九年合戦、源頼朝による平泉攻撃の文治奥州合戦、豊臣秀吉軍による和賀稗貫・九戸一揆の制圧、明治新政府軍との戊辰戦争の五度、いずれも歴史の大きな転換点で起きている。

それぞれ経過や戦った相手が異なるので、すべてをひとくくりにすることはできないが、共通点は敗れた側が逆賊として扱われてきたことだ。反政府側を逆賊とする歴史認識にたてば、野蛮な異民族として扱われた蝦夷阿弖流為《あてるい》や、蝦夷の末裔といわれた安倍氏も罪人とされた。鎌倉幕府を創設した源頼朝は平泉攻めを奥州征伐と呼んだ。秀吉軍に抗した九戸政実は反逆者とされ、戊辰戦争後の盛岡藩や仙台藩は賊軍といわれた。

このような認識は現在ではとらえ直され、敗れた彼らは地域の英雄として顕彰されるようになってきている。蝦夷の生活や文化、各地の戦国武将の実態や戊辰戦争への各藩の動向など、歴史事実が次第に明らかにされて、彼らが地域社会を守ろうとしたとみる歴史認識に改まったからだ。

本書では、埋もれている歴史の事実を少しでも掘り起こし、これまで歴史の見方にも新たな息吹を与えるものとすることを心がけた。

本書の標題とした「民衆史」は、教科書に登場するような人物が主役の歴史に対して、名もなき人々の歴史と解釈されている。特に第二次世界大戦後は、それまで抑圧されてきた人々を歴史学や民俗学の立場で掘り起こし、彼らの生き方に光をあてることが多くなってきた。おもに百姓一揆や自由民権運動、同化政策にさらされたアイヌ、「部落」の被差別民、公害で苦しむ人々など、苦闘の歴史が描かれてきた。

社会の中で多数を占める民衆は、それぞれの地域の中で、伝統と慣習とともに新たな社会の動きにも影響されてそれぞれの時代を生きてきた人たちだ。中央に対し地方や地域をフィールドに、歴史の表舞台に立つ者に対してつつましやかに生きた人たちということもできる。本書はそのような人々の歴史を僅かずつでもすくい上げることを意図した。

埋もれている歴史や、つつましく生きる人たちの動きを新史料で掘り起こすことは容易ではない。筆者の専門は考古学で、しかも古代蝦夷を主な研究テーマにしており、文字で書かれた中世～近代の史料に接する機会も乏しい。その意味では無謀な企画ともいえるが、新史料を見いだせないところは新たな視点での歴史解釈で補いたいと考えている。

『いわて民衆史発掘』は、岩手日報紙に二〇一六年十月から一八年三月まで一年半にわたった同名の連載をもとにしている。連載では時代の並びにこだわらず十二のテーマをとりあげ、興味のあるテーマを選べるようにした。本書では流れがわかりやすいように時代順に並べ直している。ただし、馬・鉄・石碑・災害については時代を超えて通観した形になっている。

このような経緯から、岩手の通史を意図したものではなく、各章ごとで読み切りができるようになっている。興味のある章からお読みいただきたい。そして、岩手の歴史の節々で人々がどのように生きようとしていたのか、思いをはせるきっかけになれば幸いである。

いわて民衆史発掘◆目　次

第一章　縄文の多様な顔

大形の縄文土器＝盛岡市大館町遺跡、縄文時代中期（盛岡市遺跡の学び館提供）

一万二千年の広がり

縄文時代は一万年以上にも及び、日本列島に世界的にも稀有な独自文化が築かれた。自然との共生など、都市化した現代社会を見直す気運が高まったこともあって、縄文文化に関心を寄せる人も増えてきている。

北日本では、縄文時代の遺跡が全ての遺跡の半数以上を占めている。青森市三内丸山遺跡が全国から注目され、岩手でも縄文時代の国や県指定の史跡が十六件にのぼっている。北日本は縄文王国なのだ。史跡公園として整備し、縄文の魅力を発信しているところもある。だが、縄文遺跡の歴史的な意味がよく知られているとは言い難い。

縄文時代は、自然の動植物を食料源とする狩猟採集の社会で、土器や弓矢を使った時代をいう。縄文時代の始まりについては定説がまだなく、次の三説が主なものだ。

①土器の出現　一万六五〇〇年前
②弓矢の定着　一万五〇〇〇年前
③竪穴住居定着　一万一五〇〇年前

縄文時代の前の旧石器時代では、土器はまだつくられていなかった。日本最古の土器としては、炭素年代測定で青森県外が浜町大平山元《おおだいやまもと》遺跡の一万六五〇〇年前の数字が出ている。①はこの年代を採用するものだ。ただ大平山元の石器と同じ組み合わせをもちながら土器を伴わない遺跡もあって、この段階で土器が広く定着したとはいえない。

②は、弓矢が定着すると同時に、隆線文《りゅうせんもん》土器と呼ばれる土器が日本列島に広く作られるようになる時期で、

この時期には土偶も出現する。③は、竪穴住居が定着し、遊動生活から定住生活が一般化する時期からとする説だ。貝塚も形成されるようになり、木の実などを磨りつぶす磨り石や石皿が普及し、食料の獲得や調理方法が多様化する。この時期に縄文的な生活形態がほぼ出揃うようになる。

大平山元で土器が出現する頃、最終氷河期が終わって温暖化が始まるが、「寒の戻り」のような一万二九〇〇～一万一五〇〇年前の急激な寒冷期をはさんで、再び温暖化が進む。植物相が針葉樹林から広葉樹林へと広がり、動物相もマンモスやオオツノジカなどの大形獣からシカやイノシシなどに変わる。

縄文時代の始まりについていくつかの説があるのは、旧石器時代からの移行が急激な変化ではなく、数千年の「ならし運転」を経て段階的に縄文特有の文化が形成されてきたことによる。この議論で対象になった土器、弓矢、土偶、竪穴住居、貝塚、磨り石といった遺構や遺物が、縄文時代を特徴づけるものともなっている。

とりわけ竪穴住居の出現は画期的なことだった。竪穴住居は地面を掘ってつくるが、例えば直径五メートル、深さ五十センチの竪穴を掘ると約十立方メートル、十数トンの土を掘り出すことになる。さらに柱を立て、梁を渡して、屋根を

炭素（^{14}C）年代測定

木炭や骨など動植物の遺骸に含まれる放射性炭素（^{14}C）を用いた年代測定法。

^{14}Cの半減期5730年が一定の速度（大気中の^{14}C濃度が一定濃度）で半減することが前提だが、実際は宇宙線や海洋の影響を受け、一定していない。このため、樹木の年輪年代法などと組み合わせ、年代を補正（較正）する方法に改良された。この新手法を使って出された年代と、考古学研究による年代とで齟齬が生じ、議論となる例も起きている。

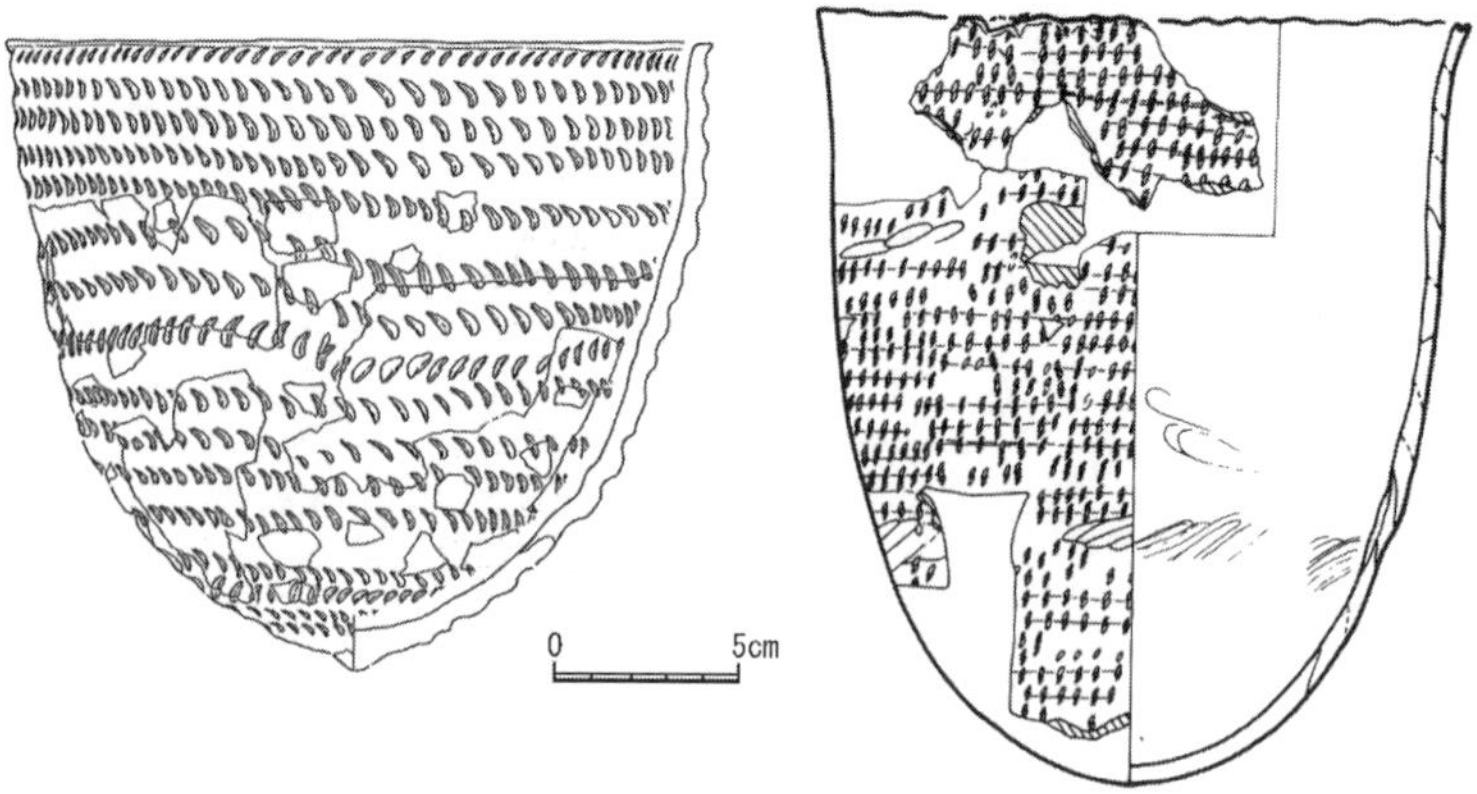

縄文時代草創期の土器

左：盛岡市大新町遺跡の爪形文土器。指の爪などで全面に刻みを付ける。（盛岡市教育委員会 1986『大館遺跡群』より転載）

右：軽米町馬場野Ⅱ遺跡の押圧縄文土器。細い縄を器面に押しつけている。（岩手県埋蔵文化財センター 1986『馬場野Ⅱ遺跡発掘調査報告書』より転載）

葺くという一連の作業は、集落総出で行わなければできなかった。それを何棟も建てて集落がようやくできあがる。これだけの労力をかけるのは長期間の居住＝定住を意図したためで、その前提として食料資源を近距離で獲得できる環境が必要だった。気候の温暖化による木の実やイモ類を比較的安定して採れるようになったことが大きい。

　次に縄文時代の終焉、つまり弥生時代の開始についてであるが、地域差が大きいことがわかってきている。^{14}C年代測定によれば、北九州はおよそ二八〇〇年前、東北地方は二四〇〇年前とされる。

　最近の分析で、これまで縄文時代の末期とされてきた遺跡からイネ、ヒエ、キビが確認されるようになってきている。水田稲作を指標とする弥生時代の開始は、今後一〇〇年単位で修正されていく可能性がある。いずれにしても、北九州から数百年の時間をかけて本州北端に弥生文化が広がってきたことは確かだ。

縄文時代の開始を一万五〇〇〇年前、東北の弥生時代開始を二四〇〇年前とすると、約一万二千年が縄文時代の期間ということになる。

芸術としての縄文文化の再評価

縄文時代のイメージは、一九九四年に青森市の三内丸山遺跡が全国的に注目されるようになって大きく変わった。「縄文都市・三内丸山」は、豊かな食料資源により大きな集落の人口を維持し、広く交易などを行っていたというイメージだ。誇大表現という批判もあるが、豊かで安定した縄文観が多くの人たちに広く行き渡ったことは確かだ。

縄文観の大きな転換はそれまでに二回あった。一つは一九五〇年代の芸術家岡本太郎氏らによる縄文土器の美術的評価、二つ目は一九八〇年代の哲学者梅原猛氏による日本の基層文化としての位置づけだ。

岡本氏は、縄文土器とりわけ立体的な土器に対し、「驚くべき空間の処理は二十世紀のアヴァンギャルド（前衛芸術）よりも激しい」と、その表現力に感嘆した。東京国立博物館で長野県から出土した縄文中期の土器を見たときの印象を表現したものだ（「縄文土器論―四次元との対話」）。

その後も、縄文土器の荒々しさ、不協和な形態、原始的たくましさ、純粋さ、根源的情熱などの字句を駆使して縄文土器の美的評価を続けた。彼自身も縄文土器から多くの示唆を得て創作活動に反映させている。「縄文美の発見者」といわれるゆえんだ。

岡本氏は、大阪万博会場の「太陽の塔」の制作や「芸術は爆発だ！」でよく知られている。縄文土器を高く評価する一方で、例えば国宝の薬師寺薬師三尊像を評して、「なごやかで優美な日本の伝統。そしてひ弱で陰湿な文化、伝統に憮然とする」と、伝統への痛烈な批判も行っている。

それまで縄文土器は、美術的価値ではなく、初源的な工芸品の扱いしかされていなかった。したがって、岡本氏のセンセーショナルな縄文土器の評価について、美術評論家からは賛否両論が寄せられた。

否定的な見方では、「原始人は芸術品を作ろうと意図して作ったわけではない。芸術の起源は芸術意識の起源」（ドイツ文学者・評論家の高橋義孝氏）。肯定的な意見は、「真の伝統はたえず新しくよみがえり、生きた伝統だけが本当の厚みのある文化を生みうる」（美術評論家の河北倫明氏）。

このような動きを経て、縄文土器が美術全集の中に定着するようになる。岡本氏が縄文土器の美的評価の先駆者・啓蒙者として銘記されることは間違いない。

岡本氏の縄文観を継承するかのように、縄文土器を評価し続けた人物に、フランス文学者で詩人の宗左近氏がいる。一九八〇～九〇年代の著作で、縄文土器を芸術作品（美術品）として一点ずつ文学的表現で評価した。縄文中期の渦巻《うずまき》文が施される土器には「大地の底をゆり動かして巻きあがってくるマグマの噴出の運動を、縄文人は渦として受け取った。さながら血の池地獄の立体造形、にほかならない」と表現した（『縄文芸術』）。

宗氏は、詩人や文学者としての独特の表現を用いて縄文土器を語った。必ずしも論理的ではないので、論の飛躍や決めつけが随所にみられるものの、縄文の心や精神を理解しようとした点はきわめてユニークで示唆に富んだものになっている。何よりも縄文に対する愛情にあふれている。彼の縄文土器などの収集品は宮城県加美町縄文芸術館に収蔵されている。

岡本氏らの縄文文化の再評価に似たものに、柳宗悦氏らによる民藝運動がある。民衆の暮らしの中から生まれた手仕事の日用品の中に「用の美」を見出し、活用する運動だ。しかし「民藝」の視点では、縄文土器は「用の美」にかなわず、装飾されすぎているとして評価されなかった。岡本氏も民芸調を嫌った。「縄文」と「民藝」が交わることはなかった。ただ柳氏は岩泉町袰錦出土の遮光器土偶に似た縄文時代の岩偶をめでたという。

岡本、宗氏らの見解は、考古学からみると突拍子もない面もあったが、「縄文」の多様な楽しみ方を示し、身近な存在にしたその功績は計り知れない。

渦巻文《うずまき》の土器

盛岡市繋小学校の校庭―繋Ｖ遺跡―から出土。岡本太郎はこの土器を見ていないと思われるが、踊るような渦巻文の展開に目を見張ったことだろう。縄文中期。
（盛岡市遺跡の学び館所蔵）

森林に依存した社会

縄文文化は、日本の基層文化といわれる。自然を大切なものと思い、森林などの資源を有効に活用するといった心性や知恵が現代人にも継承されているからだ。

このように言われるようになったのは、一九八〇年代以降のことでまだ三十年ほどしか経っていない。それ以前は、民俗学者の柳田國男氏らによって、日本民族は稲作をベースに社会が形成されてきたと説かれてきた。つまり稲作の始まった弥生時代以降の農耕文化が日本社会の基盤と考えられていた。

一九七〇年代になってイザヤ・ベンダサン『日本人とユダヤ人』など、日本人論や日本文化論がブームとなる。また全国で遺跡の発掘調査が急増し、縄文時代の遺跡のニュースも多く報道されるようになる。

こういった背景を元に、哲学者の梅原猛氏が、縄文文化の森羅万象への自然崇拝や食料資源の皆伐へのタブー、豊富な森林資源の活用方法など、現代にもつながる普遍性を見いだした。縄文文化こそは日本の深層、基層文化であるとした（『ブナ帯文化』）。

考古学者の岡村道雄氏は、木をふんだんに使う文化、和食の原点となる食習慣、遠方とのネットワークなどは現代に通じるとした。そして日本固有の暮らしや精神、日本人のアイデンティティの原点として縄文文化を位置づけた（『日本の歴史01縄文の生活誌』）。

日本の基層文化の重要な環境に森林がある。縄文時代一万数千年の間に気候変動があるが、関東地方以西は常緑広葉樹林（照葉樹林）、中部～東北地方はブナやナラなどの温帯広葉樹林、北海道は広葉樹と針葉樹の混交林や針葉樹林となっている。

東北地方では縄文時代以前の針葉樹からナラ林への移行によって、ドングリやクリなどの堅果類が重要な食料源となる。豊富な山菜も加わる。それに伴って短期で移動を繰り返す遊動生活から、竪穴住居での定住生活へと変わる。森林には動物も生息し、食料源の多くは魚介類を除けば森林から得られていた。

住居の用材や燃料となる薪も、森林から得ることができた。大木から丸木船を造り、細い木からは斧の柄や弓を作った。皿や鉢、杓子、砧など、多くの器や道具も木が材料だ。漆も早くから利用されていた。

青森県三内丸山遺跡では、居住が開始されると、コナラ類（ドングリ）などが伐採され、クリだけが残された。有用植物の選択管理が行われていたのだ。

このように、縄文時代は森林に大きく依存した社会だった。縄文人の世界観はこのような環境で育まれることになる。

落葉広葉樹林は、春の芽吹きから秋の落葉を繰り返し、倒木から生ずる新たな芽は限りない再生を縄文人に見せた。そこから生まれた思想は、ものごとの始めも終わりもなく、流転を繰り返す円環や螺旋的な世界観だ。自然の大きな力に対する畏敬の念が生まれ、さまざまな自然の霊魂も信じられるようになった。

森林と対極にある砂漠では、生物が死んでも再生はない。生から死への直線的な世界観は、縄文的な世界観とはまったく異なる。縄文の世界観は、仏教の伝来後も輪廻の思想と共通する円環的世界観として、日本文化に定着してきた。

このように確かに縄文文化の一部が現代の私たちの生活に結びつくものであることは間違いない。しかし

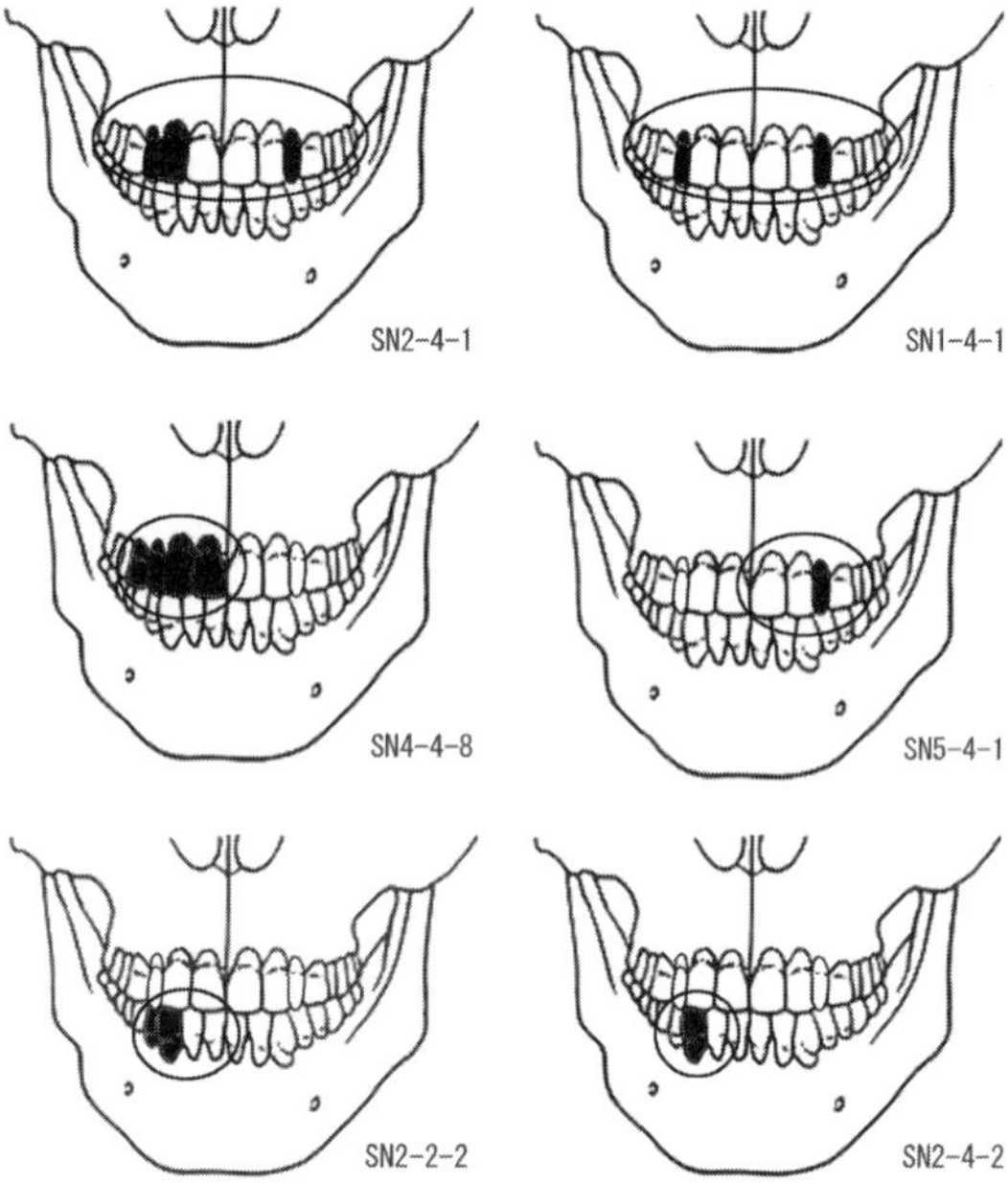

盛岡市萪内遺跡の抜歯例
楕円形で示した範囲は骨の残存部位、黒は抜歯部分。いずれも犬歯が抜歯されている。切歯や小臼歯が抜かれる例もみられる。（岩手県埋蔵文化財センター『萪内遺跡』の記述から作図）

縄文の文化要素で現代には継承されず、理解不能のものも数多くある。縄文時代後～晩期を中心とする時期には抜歯という通過儀礼が行われていた。岩手県内でも盛岡市萪内《しだない》遺跡や一関市貝鳥貝塚などで確認されている。これまでの抜歯事例を分析すると、十三歳から遅くとも二十歳まで、つまり成人年齢に達した頃に健康な上下の犬歯や下の切歯が抜かれていることから、成人になった時の儀礼といわれる。

　実際には、成人でも抜歯のないもの、妊娠や出産した女性でも抜歯されていない例がある。また時期や地域でも差がみられる。いずれにしても、激痛をともなう抜歯の風習は、現代では理解しがたい異文化であることに違いはない。縄文文化は日本の基層文化であると同時に、過去の異文化でもあるのだ。

日本列島に住んでいた私たちの先達は、自然との共生という普遍的な価値観を育んできた。と同時に、それぞれの時代を反映した価値観も持っていた。普遍性と時代の特殊性が混在してその時代が特徴づけられる。現代はそれらが積み重なった（重層化）ものだ。縄文文化の理解には、基層文化の普遍性とともに過去の異文化である時代の特殊性もみていく必要がある。基層文化と時代の特殊性である異文化が混然となっているのが縄文文化なのだ。

抽象化された世界観

縄文人は抽象的な表現が得意だ。土器の文様、土偶、石棒は見ただけでは何を表現しているかよくわからない。弥生時代以後の造形が具象的表現に変化していくことから、縄文時代の抽象表現は特異性が際だって見える。

縄文土器は、初期にはシンプルな形で、文様も単純だった。時期が前期・中期と進むと、土器の表面に立体的な装飾を加え、文様も何かしら物語性をもつようになってくる。最近はこれを読み解こうとする「認知考古学」も出てきている。立体的な装飾や文様は世界的に見ても稀だ。世界各地の土器は機能重視の形で、文様も魚や獣などを顔料で描き、平板的な具象文様が多い。

それに対して縄文土器は、実用には不要な装飾をあえて付けている。炎が燃えさかるような火炎土器や水煙土器などは実用品とは思え

縄文時代の時期区分

草創期	15000～11500年前
早　期	11500～7000年前
前　期	7000～5500年前
中　期	5500～4500年前
後　期	4500～3300年前
晩　期	3300～2400年前

※縄文時代の年代には諸説があり、また終末も地域によって大きく異なる。

遮光器土偶

岩手町豊岡遺跡出土。異形《いぎょう》の人形《ひとがた》に何を祈ったのだろうか。縄文時代晩期。
（岩手県立博物館所蔵　高橋昭治氏旧蔵／撮影）

ないほどだ。土器は多くが煮炊き用に用いられ、縄目だけの装飾性がない土器も作られたが、装飾的な土器も煮炊きに使われたりしている。

土偶は、わずかな例を除けば、女性を表現したものばかりだ。女性像とわかるのは胸のふくらみがあるからで、中には妊娠を示すように大きな腹部が強調されている土偶もある。へそが表現されるものも少なくない。

土偶は、女性のもつ生殖能力から、新たな生命の誕生、失われたものの再生を願って作られたといわれる。ただ顔は表現されなかったり、動物のような顔だったりで、人間には見えない。板状土偶と呼ばれるものの中には手足が極端に省略され、胸の二つの突起がなければ人物像とは思えないほど、抽象化されている。縄文後期にはやや写実的な表現になるが、晩期の遮光器《しゃこうき》土偶は、異様に大きな目とずんどうの体が特徴だ。

宇宙人説も出るほど異形の姿に作られている。これに対し世界各地の土偶は写実的なものが一般的だ。体の一部がデフォルメされていても一見して人間を表していることがわかる。

石棒《せきぼう》は、その名の通り石で作られた棒で、棒の先を太くしたり、小口に同心円を浮き彫りしたりしたものだ。男性器を表現した形代《かたしろ》で、後世の金精《こんせい》のように、子宝や安産、さらには豊穣を願ったといわれる。金精はリアルに作られているが、石棒はやはり抽象化されている。

このように、縄文人は具象表現を選ばず、抽象化する世界観をもっていた。それは、写実的な表現によって霊魂が吸い取られることを忌み、また自然のもつ絶対的な力へ直接呼びかけることを畏れたからだろう。抽象表現は弥生時代に一部残るが、次第に具象化する。古墳時代の埴輪は死者の弔いのために古墳に立てられたが、その像は写実的になってきている。農耕などによって自然への接し方が変わってきたためと考えられる。

大木文化圏と円筒文化圏

東北地方の縄文前~中期は大きく二つの文化圏に分かれていた。おおむね秋田―盛岡―宮古を結ぶ線から南が大木《だいぎ》文化圏、北が円筒《えんとう》文化圏だ。それぞれ大木式土器、円筒式土器という土器型式名から名付けられている。

大木文化圏は福島県までの広がりをもち、渦巻文などが施された丸みのある土器が使われている。集落はドーナツのような環状集落が特徴だ。

紫波町西田遺跡は墓域を中心に、六本柱建物、竪穴住居が同心円状に取り巻く環状集落の典型として知られる。縄文中期中葉にあたる。墓は小さな小判形の穴で、その大きさから埋葬状態は膝を折り曲げて横向きに寝かせた屈葬とみられる。一九二基もの墓が検出されている。墓に葬られているのは家族や同じ集団（地縁・血縁共同体）の人々で、年月を経るとその人たちは祖先となる。集落の中心にある祖先の墓が常に視野に入り、祖霊崇拝が日常の中で意識されていた。

六本柱建物は、上から見ると六本の柱が亀甲形の配置を示す建物で、三十棟以上が確認されている。食料貯蔵の高床倉庫とする説などがあるが、墓に死者を埋葬する前の殯《もがり》の家と考えられる。殯は遺体を仮安置して弔いをするとともに、死者の復活を願う。

縄文時代の住居は、径四～五メートル《メートル》の円～楕円形の竪穴に柱を立て屋根をかけた竪穴住居が一般的となっている。数棟が同時に存在し、それらが環状に配置されているのが環状集落だ。環状集落は、遠野市綾織新田《あやおりしんでん》遺跡（縄文前期前～中葉）、奥州市大清水上《おおすずかみ》遺跡（縄文前期後葉）のように前期には既に成立している。また関東～中部地方でもみられ、縄文時代の集落の一般的な形態といわれてきた。

環状集落の多くは、西田遺跡のような墓域がある方が特異で、何もない空閑地となっている例がほとんどで、盛岡市大館町遺跡など、数百年存続する集落でも中央部は広場として利用されていた。

住居は広場を取り囲むように配置されており。集落の構成員が集まりやすい。集落の祭祀や寄合《よりあい》、共同作業の場だった。広場は、集落構成員の結束を固める重要な役割を果たしていた。環状集落を持つ大木文化は「環《わ》の文化」といえる。

円筒文化圏の代表的な遺跡は青森市三内丸山遺跡だ。秋田・盛岡・宮古から北海道の札幌あたりまで直線的な円筒形の土器が使われ、津軽海峡をまたいだ文化圏が形成されていた。

集落は、竪穴住居や食料貯蔵穴、墓などで構成されるが、それぞれが直線的な帯状に並ぶのが特徴だ。明確な広場が設けられていない点は大木文化と大きく異なる。墓域は住居に囲まれておらず、集落の外にのびる道の両側に列状に配置されている。道を通りながら先祖や亡くなった家族などを日常的に崇拝することになる。

　住居が帯状に並ぶ帯状集落は道沿いに建てられていたためだ。つまり円筒文化は、道が集落の形を規定しており、「道の文化」ということができる。道は狩り場や漁撈の海や川、植物採取の山などへ通じており、人々にとって重要なものだった。

　二つの文化は、南と北のすみ分

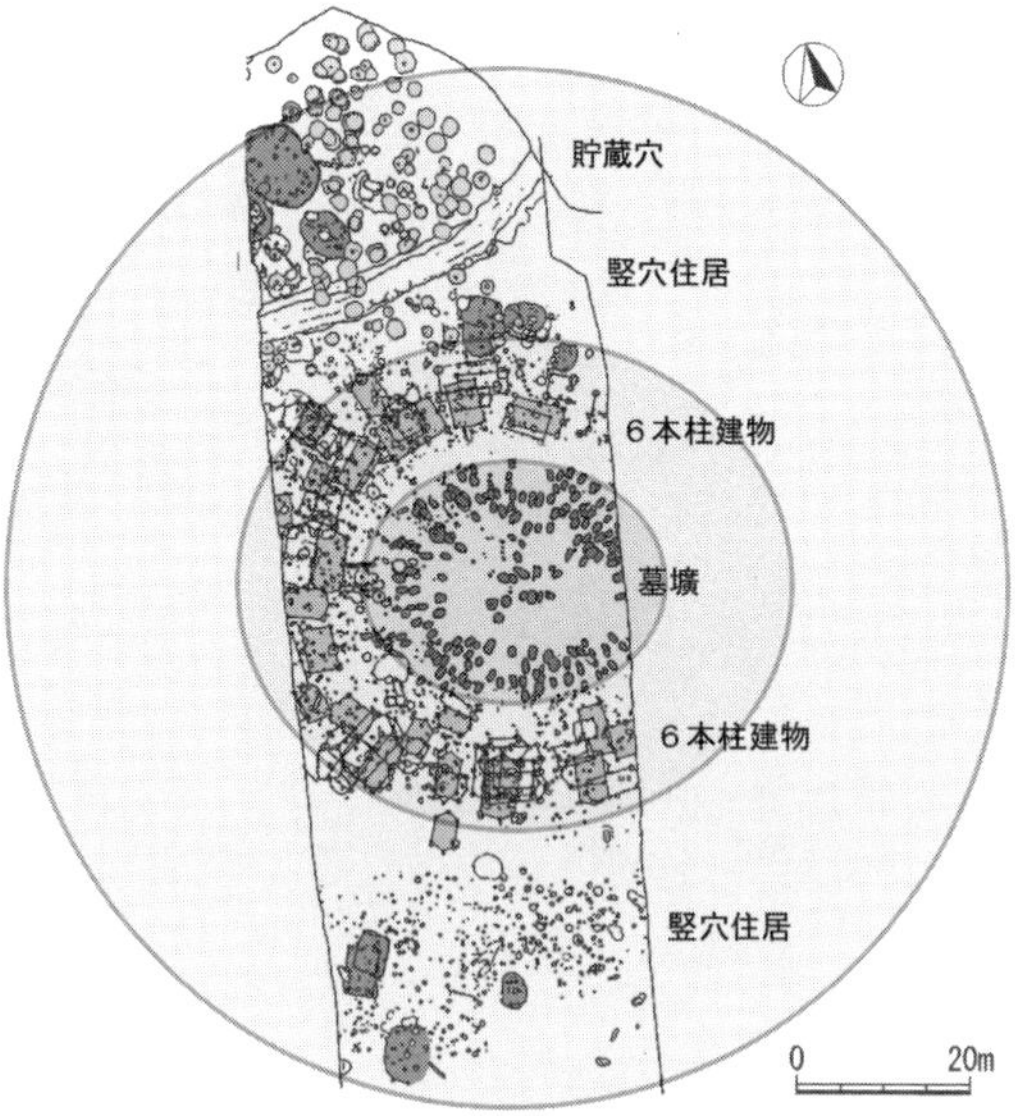

環状集落

紫波町西田遺跡。墓を中心にして6本柱建物、竪穴住居が取り囲む。祖先の霊を祀る祈りの集落だった。縄文時代中期。（岩手県教育委員会1980『西田遺跡』挿図から作成）

けによって長く共存していた。ところが、中期が後半を迎える頃（約五〇〇〇年前）、大木文化の北進が始まり、円筒文化圏では、土器は丸みのある大木式の影響を強く受けたものに変わっていく。六本柱建物も、年代測定によると土器の変化の後に建てられ始めた。三内丸山遺跡のシンボルである巨大な六本柱も大木文化の要素が導入され、三内丸山で発展させたものなのだ。

一戸町御所野《ごしょの》遺跡は、前半は円筒文化の帯状集落だったが、後半は丸みのある土器に変わるとともに環状集落に変化している。西田遺跡のように中央に墓域を設け、その周りに六本柱が建てられている（高田和徳『縄文のイエとムラの風景・御所野遺跡』）。

文化の大きな変化は人々の移動や移住によることがある。盛岡周辺では大木文化の北進が始まる頃の集落が急増、肥大化している。人口の膨張をやわらげるために、北に移住したのではないだろうか。三内丸山遺跡では六本柱建物を受け入れたが、集落は帯状のままで「道の文化」は保たれていた。

集団共存へのルール

定住生活の縄文人は、自然界から食料を獲得し、資源を確保して生活を安定させるため、集団（共同体）ごとの領域（テリトリー）を定めていた。縄文時代の集団領域をみていくと、当時の社会が見えてくる。

縄文時代の遺跡を発掘すると、竪穴住居跡がいくつも重なりあって検出されることがある。長い年月の間に、古い住居を埋め、新しい竪穴を掘って、同じ場所で何度も住居を造り替えたためだ。そういった遺跡は数百年にわたって営まれた大きな集落（ムラ）の場合が多い。このような長期にわたる大集落は拠点集落と呼ばれる。特に縄文中期には拠点集落がいくつもつくられている。周りには、この拠点をベースに移動を繰り返した結果できる、短期で小規模な集落が点在している。

拠点集落を地図上に落としてみると、複数の拠点集落がほぼ等間隔に分布していることがみえてくる。その間隔は、地域によって異なるが、およそ五〜一〇キロだ。これは集団間で棲み分けが確立し、集団ごとの領域の広さがほぼ同じだったことを物語っている。

棲み分けの理由は、食料資源の無用な争奪を避け、共存を図ることにあったと思われる。東北地方の中期は遺跡数と竪穴住居跡の数が、他の時期より圧倒的に多い。多くの人口を抱えた集団が共存していくために生み出されたルール（掟）なのだ。集団領域は、拠点集落が営まれている間、長期間維持されている。集団間のルールに従い、たえず調整されていた可能性が高い。

こうした調整には集団を代表する、あるいはそれらをまとめる地域のリーダーの存

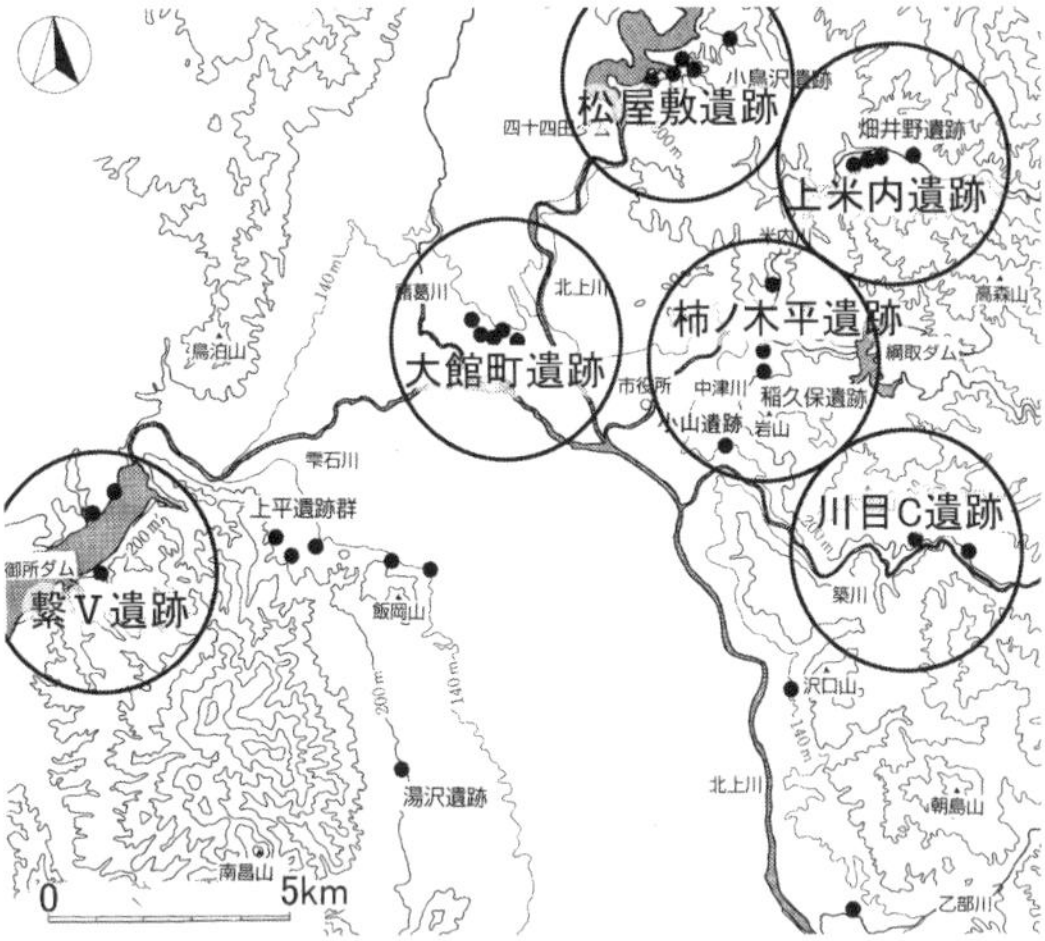

集団領域

盛岡周辺の縄文時代中期の拠点集落は直径５km の範囲を領域としていた。実際は川や丘陵を含む複雑な領域だった。（盛岡市教育委員会1999『縄文の鼓動』挿図から作成）

在が必要となる。しかし、墓にきわだった規模や副葬品の違いがみられないので、彼らは特別な権力や財力をもった階層ではなかったと推測される。

集団領域は、自らの集団の安定を図るものだが、ほかの集団を意識することで結束を固め、自立性を高めることにつながる。また、婚姻など集団間の交流も一般的に行われていたようだ。土器の文様は近くの集落ほど似通っており、このことから近隣の集団間で婚姻などによる交流が想定される。

このように、縄文社会は集団の自立を保ちながら集団間の交流を図り、共存していたルールある社会だった。

縄文時代にはイエのマツリとムラのマツリがあった。マツリ（祭祀）は、神や霊を祀り、豊穣や安寧を祈り、また誕生や婚姻の祝い、死者の弔いなど、多岐にわたる祭祀行為が行われた。

イエのマツリ（住居ごとの家族による祭祀）の一つに縄文中期の伏甕《ふせがめ》祭式がある。伏甕は住居の床下に大形の土器を伏せて埋設したものだ。土器の底に直径二𨋳《チセン》ほどの小さな穴をあけたり、底を故意にこわしたりしている。そして管などを通して土器の中と床の上の空気が往き来できるようにしていた。

土器の中は、発掘時点では空洞になっているが、例えば出産時の胞衣《えな》（胎盤）や死産児などが入れられていたようだ。似た例は日本のかつての民俗例でも確認することができる。土器の中の霊的空間と地上の日常の生活空間とが交わりながら、次なる新たな生命の誕生を家族で祈ったのだろう。

伏甕は盛岡市柿ノ木平遺跡などで多く検出されているが、最近の調査で三陸沿岸部でも発掘例が増え始めている。また炉の奥の壁に祭壇のように石棒を立てている例もある。家族祭祀の一つだ。

イエのマツリの多くは、人の一生に関わる儀礼の場面で行われたとみられる。そして死によって、イエからムラのマツリ（集落祭祀）に転換する。死者はイエから離れ、ムラ全体の墓域へ埋葬され、集団の祖霊となるのだ。

ムラのマツリは広場や墓域などで行われた。宮古市崎山貝塚では、半環状集落の中央に地上高一メートルほどの石柱を立てている。集落のシンボルとして、この周りに人々が集い、マツリを行ったのだろう。

環状列石に込められた祈り

縄文後期の代表的な遺構に、環状列石（ストーンサークル）がある。鹿角市大湯環状列石が古くから知られているが、岩手では洋野町西平内Ｉ、県外では北秋田市伊勢堂岱や青森市小牧野遺跡なども注目されている。北東北～北海道南西部に多い。

環状列石は、川原石や山石を直径三〇～四五メートルほどの環状に組んだり並べたりしたものだ。中には花巻市清水屋敷Ⅱ遺跡のように直径八メートルほどの小さいものもある。組み方や並べ方などには遺跡ごとに特徴がある。

石の下に墓がある例から共同墓地とする説と、墓を伴わないものもあるため祭祀場とする説とがある。環状列石は完成形が多く、造りかけのものはほとんどない。造り始める時に全体の形が設計されていることは確かだ。墓を一つずつ増やして形を整えていくのではなく、共同の祭祀場としてあまり時間をかけずに造られたものと考えられる。環状列石は、集団が共同作業で造ることにも意義があったが、その目的は完成後にマツリを行うことだった。周辺に分散居住していた人たちが集い、互いの消息を確認し合いながら、祈りを捧げたのだろう。

環状列石の周囲から、六本柱建物が発掘される遺跡も増えてきた。殯《もがり》の家と考えられており、葬送に関連したマツリの場でもあったようだ。

環状列石と類似のものに、石を直径一㍍前後の円内に集めた配石遺構がある。配石の下部には墓壙《はかあな》があるものが大半だ。それをいくつも並べて墓地にしているが、全体の形は一定していない。北上市樺山遺跡はその一例で、史跡公園として当時の状態が復元されている。

大形の環状列石が造られた年代は縄文後期前葉にほぼ限られる。何百年にもわたって継続して造られるのではなく、時期限定の特殊な遺構なのだ。その後は小形のものが造られるように変化してくる。

縄文後期には、中期に営まれた集落を離れて、新たな土地で集落を営むようになる。しかも個々の集落は小さくなる。背景には気候の寒冷化が進み、大きな集落を維持するための食料が確保しにくくなって、集団が分散して居住を始めたことがある。

盛岡周辺の食料獲得や加工に使われた石器をみると、堅果類やイモ類などを磨りつぶす石皿や磨り石が中期では八～九割を占めていた。後期になると四～六割にまで減少し、弓矢の鏃《やじり》が大幅に増加する。植物質の食料が減り、狩猟に依存するようになるのだ。狩猟はいつもうまくいくとは限らず、食料獲得は不安定にならざるを得ない。

寒冷化は、ボンドサイクルと呼ばれる地球規模での気候変動によるものといわれる。約一五〇〇年周期で

環状列石状の配石

滝沢市湯舟沢遺跡。縄文時代後期。（滝沢市教育委員会提供）

起きるもので、その原因として北半球の氷山の拡大と縮小、太陽黒点の変化などが考えられている。十度近い海水温の変化も想定されるという。

寒冷化のピークのひとつは約四三〇〇年前で、環状列石が造られた年代に近い。寒冷化と時期限定の大形環状列石との関係ははっきりしていないが、自然環境の激変が生み出した祭祀遺構の可能性が考えられる。自然のもたらす恵みと過酷な環境は現代でも私たちの生活に大きな影響を与えている。自然に大きく依存している縄文時代ではなおさらだ。自然に対する祈りの力は強く意識されていたのだろう。環状列石はパワースポットともいえる祈りの場だった。

環状列石には、その設計から石の運搬や

実物大の土偶頭部

顔面に仮面をかぶせ、顎には髭を付ける小さな穴があけられている。縄文時代後期＝盛岡市萪内遺跡
（岩手県埋蔵文化財センター写真提供）

築造作業の指示、祈りの先導まで、リーダーとなる人間が必要となる。祈りの先導者はシャーマンとして、自然や祖先の霊との交感を行っていたのではないかと思われる。

縄文時代のイメージはこの二十〜三十年で大きく変わってきた。青森市三内丸山遺跡をはじめとする発掘調査の進展によって、高い精神性をもち豊かな生活だったことに光が当てられるようになってきたからだ。そうはいってもまだ解明されていないことの方がはるかに多い。

土偶や環状列石に込められた縄文人の意識は、現代人の感覚で推し量るしかない。そういった類推や想像をめぐらすことができるのが、「縄文」の魅力なのだろう。

第二章　蝦夷は何者か

志波城跡の外郭南門＝盛岡市太田・上鹿妻

エゾとエミシ

「蝦夷」はエゾと読まれることが多い。江戸時代には蝦夷《えぞ》はアイヌをさし、蝦夷地は北海道のことだったので、明治以降もその読み方が踏襲され、一般化してきた。

「エゾ」は、十二世紀の平泉の時代、和歌に現れる。ただこの頃はかなで書かれており、漢字での「蝦夷」表記が確認できるのは、鎌倉時代末期から南北朝の十四世紀になってからだ。

古代には「蝦夷」はエミシと読まれていた。七世紀の飛鳥時代に中央政府内で権勢をふるった蘇我蝦夷《そがのえみし》は蘇我毛人とも書かれ、遣隋使小野妹子の息子の小野毛人などとともにエミシと呼ばれていた。

エミシの古い例は、神武天皇が九州の日向からヤマトに攻め込んだときに歌ったとされる、「愛瀰詩《えみし》は百人力の強い人たちというけれど、実際に戦ってみるとそれほどでもない」という意味の戦勝歌に出てくる（『日本書紀』歌謡）。この神武東征伝説は神話だが、エミシには天皇に刃向かう東の土着の人たちといった意味合いを読み取ることができる。

人名として使われるようになるのは、「勇猛な人」という意味が強調されたからで、蝦夷は現代風に言えば「勇人」（はやと・ゆうと）のような名だった。ただ次に述べるように、決して良いとは言えないイメージの「蝦夷」を人名に用いたのは、その荒々しい強さを取り込むためのことだったのかも知れない。現代人とは異なる古代人の感覚だ。

古代東北の人々も、東の土着民の総称として蝦夷《えみし》と呼ばれるようになっていた。そこには天皇に服従しない辺境の野蛮人という蔑《さげす》みが多分に含まれていた。

ヤマトタケルが、父の景行天皇から蝦夷征討を命じられたときの天皇の言葉には、中央の蝦夷観が如実に表われている。「蝦夷は、獣のように巣や穴に住み、弓矢や刀を隠し持って、山野を駆けめぐる。親子や男女の礼節もない。恩を受けても忘れるが、怨みは必ず報復する。徒党を組んでは境界を侵し、農村を襲う」というものだ（『日本書紀』）。蝦夷が竪穴住居に住み、農耕とともに狩猟も行っていたので、礼節を知らない獣のような野蛮なイメージづくりに利用されたに過ぎない。

かなができる前の日本語は漢字で表記されていた。漢語として中国の漢字をそのまま受け入れた単語もあるが、もともとの日本語に漢字をルビのように振っていった。「毛人」や「蝦夷」もエミシという古くからの日本語に後から漢字を当てたものだ。

蝦夷が着用した鉄製冑（かぶと）
盛岡・上田蝦夷森古墳群出土（盛岡市教育委員会写真提供）

「毛人」の表記は古く、古墳時代にさかのぼる。四七八（中国宋の昇明二）年、倭王武《ぶ》＝雄略天皇）が宋へ死者を送り、皇帝にあてた文書に、「倭《わ》国（日本の古称）の東にある毛人の五十五国、西の衆夷六十六国を征服した」と、倭の広い領域を統治するようになったことを誇示している。五十五国や六十六国は数字の語呂合わせだが、注目すべきは関東や中部地方の人々を「毛人」と呼んでいたことだ。中国の『山海経《せんがいきょう》』に、東方に住み全身に毛が生えている「毛民」が登場するが、「毛人」はそれに由来する。

「蝦夷」という漢字表記は奈良時代の初めに完成した『古事記』や『日本書紀』に登場する。特に『日本書紀』には八〇ヵ所も登場し、東北の人をさす語として多用されるようになっている。「蝦」が用いられた理由について、蝦＝海老のように体が曲がった醜い姿を表したものなど、諸説あるが、十分な説得力を持つ説はまだないように思われる。「夷」は、中国からみた東夷《とうい》＝東の異民族に由来する。

古代中国は中華思想が強く、四方には東夷のほかに南蛮、西戎《せいじゅう》、北狄《ほくてき》という野蛮な異民族がおり、彼らを従えていることが中国皇帝の権威を示すものだった。倭国の天皇も蝦夷という野蛮人を従えていることを内外に誇示しようとした。

つくられた「異民族」

蝦夷《えみし》は政治的につくられた「異民族」だった。『日本書紀』に蝦夷の記事は数多く登場するが、『古事記』にはヤマトタケル伝説の記述として一ヵ所あるだけだ。

七一二（和銅五）年成立の『古事記』は、おもに天皇の歴史を記述することが目的で、国内向けに漢文と万葉仮名のような一字一音表記の、いわば日本語で記述されている。蝦夷の記述が少ないのは、天皇の歴史にとって蝦夷との関係が希薄だったことを示している。

その八年後にできた『日本書紀』は国家の歴史を記述したもので、国内だけでなく国外も意識し、漢文で書かれている。その中で蝦夷は国家に反乱と従属を繰り返す野蛮な辺境民として描かれている。

中国が周辺の野蛮な国々を従えているように、蝦夷を従えていることが倭国の格の高さを示すことになる。つまり、倭国にとって、中国のミニチュア版として対外的にも蝦夷は必要な存在だった。

倭国の積極的な蝦夷政策は、飛鳥時代が始まり、聖徳太子が登場する前後、六世紀終わり頃に開始される。五八九（崇峻天皇二）年、三人の役人が東山道、東海道、北陸道に派遣され、その終着地が蝦夷との国境に定められる。東山道は内陸の現国道四号沿線、東海道は海岸部の現国道六号沿線、北陸道は新潟方面のルートで、宮城県南の阿武隈川下流域から新潟平野が国境となった。

国境の南では国造《くにのみやつこ》が任命された。国造は、中央政府が地方を支配するために設けた制度で、各地の有力者がなった。地域の支配権を認める一方、特産物などを中央に納めることで成り立っていた。国造の任命された地域には、小形ながらも六世紀の前方後円墳が造られている。前方後円墳は、岩手でも奥州市角塚《つのづか》古墳があり、仙台平野でも大形のものが築かれているが、それらは四～五世紀のものだ。六世紀には前方後円墳は阿武隈川下流域より南に限定されるようになる。

国境より北の仙台平野以北は、六世紀の集落が減少し、前方後円墳が造られなくなった。その結果、中央に特産物などを納めるだけの有力者が現れず、国

前方後円墳

伝仁徳天皇陵（大仙古墳ともいう）に代表されるのが前方後円墳だ。３世紀の半ばから始まる古墳時代には、多くの前方後円墳が造られた。同じ形の古墳を造ることによって、現在の奈良や大阪のヤマト王権を頂点とする政治的ネットワークに参加していることを示した。全国の有力者とのそのネットワークを次第に強化した時代でもあった。

造に任命されることがなかった。気候の寒冷化などによって生産力が衰退し、人口が減少したと考えられている。

このように、中央政府の直接支配が及ばなかった地域が蝦夷の地とされた。仙台付近ではそれ以前は前方

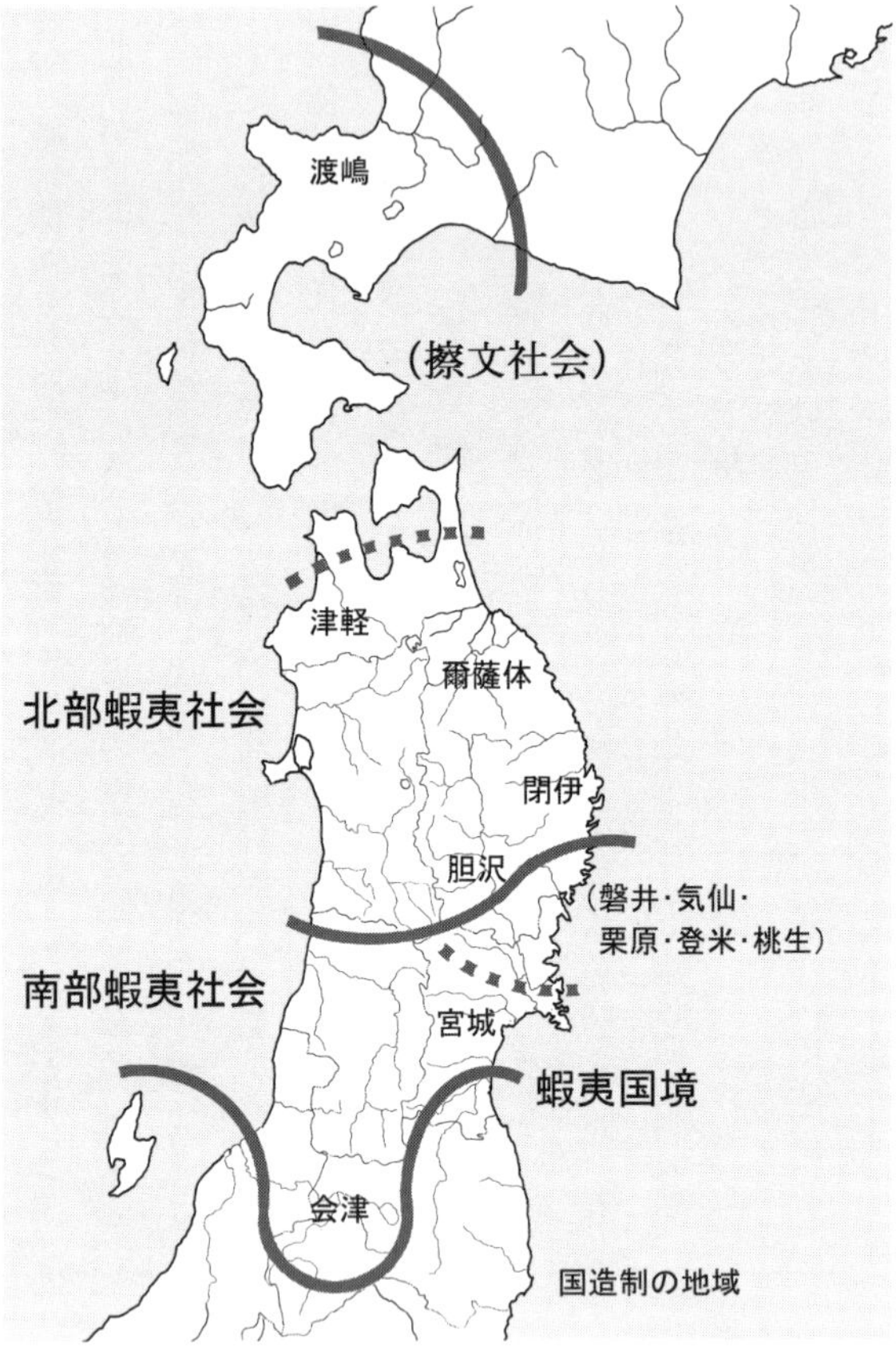

蝦夷との国境と地域性
国境ラインは国造（くにのみやつこ）と前方後円墳の範囲から推定される。

後円墳を造り、ヤマト王権とも深い関わりをもち、農耕生活をしていた地域だった。異民族でもなく、風習が大きく異なったりしたわけでもない人々が蝦夷とよばれるようになった。政治的につくられたというのはそのことを意味している。

国境を設けたことで、お互いが平和共存できるようになったかというと、まったく逆だった。国境の策定は国境をさらに北に広げる新たな政策の第一歩に過ぎなかった。

中央政府は、関東地方からの移民を開始する。茨城県南部～千葉県北部の常総地域から仙台平野などに移民を送り込み、農地の開発などとともに地域支配の基盤づくりを始める。関東系の住居や土器が仙台などで発掘されている。関東の有力勢力も積極的に東北をめざした。

七四五（大化元）年の乙巳《いっし》の変（大化の改新）以後の地方政策で全国に評《こおり》（のちに郡《こおり》）が置かれるようになるが、その基盤づくりが国境策定と移民から始まっていた。

東北に残るアイヌ語系地名

蝦夷《えみし》はアイヌか、という議論は古くから行われてきた。江戸時代は、アイヌが蝦夷《えぞ》と呼ばれており、古代蝦夷もアイヌであると、当たり前のように解釈されていた。新井白石や本居宣長もそのように考えていた。

アイヌ説は戦前まで一般的だった。盛岡出身の金田一京助氏は、アイヌ語地名が東北にも多く分布しているので、東北にもかつてはアイヌがいたと考えた。

戦後、北上出身の髙橋富雄氏は、エミシは中央政府に服従しない（まつろわぬ）辺境に住む人々をさしたもので、アイヌとは直接関係がないと考えた。また盛岡出身の工藤雅樹氏は文化要素（住居・墳墓・言語など）のうち北海道的なアイヌ語地名などを強調するとアイヌ説になり、東北的な農耕社会などを強調すると非アイヌ説になるとして、双方の説はともに正しいとした。

現在は、すべての蝦夷をアイヌに直接結びつける説は否定され、北海道の蝦夷はのちにアイヌとなり、東北の蝦夷は日本文化に内包されるようになったと解釈されている。ただその場合でも東北に残るアイヌ語系地名から、言語はアイヌ語と結びつけられることが多い。

アイヌ語系地名でもっとも一般的なのが、「ナィ」と「ペッ」を語尾に付ける地名だ。沼宮内《ぬまくない》や今別《いまべつ》などで、乙部《おとべ》もその変形だ。ともにアイヌ語で川や沢を意味する。二つの地名を全国地図に落としてみると、ナィは全国にみられるが、一定の密度で分布するのは関東地方まで、さらに密度が高くなるのが、北東北三県と北海道だ。北海道は面積が広いので数は多いが一万平方キロあたりでは七二ヵ所、岩手は六五ヵ所、秋田に至っては一一三ヵ所と、北海道と同等、またはより高密度の分布となっている。興味深いことに、ナィ密集地域の南限が、前回示した北部蝦夷社会の南端と一致する。地名と社会のあり方が連動している。

ペッは、北海道ではナィより高い密度となっている。東北地方では少なくなるが、その中で秋田県鹿角から岩手県花巻あたりまではやや密度が濃い。また附馬牛《つきもうし》などの「ウシ」、袰野《ほろの》や袰岩《ほろいわ》などの「ポロ」（ホロに転訛）も、ペッとほぼ同じ範囲に分布している。ナィはウシやポロの地名と組み合わさることは少ない。

多くの種類の地名がペッの分布範囲内に残るのは新しく使われ出したためとみられる。ナィとペッは系譜や形成時期が異なるのだ。ナィ、ペッの形成はいずれも縄文時代にさかのぼるとみられる。ナィが古く形成され、関東まで広がるナィの分布圏となり、北海道からペッやウシ・ポロの地名が花巻あたりまでのびてきている。

ところで、東北南部では、奈良時代の歴史書『続日本紀』には既に「麻呂」や「足《たり》」などが付く日本語的

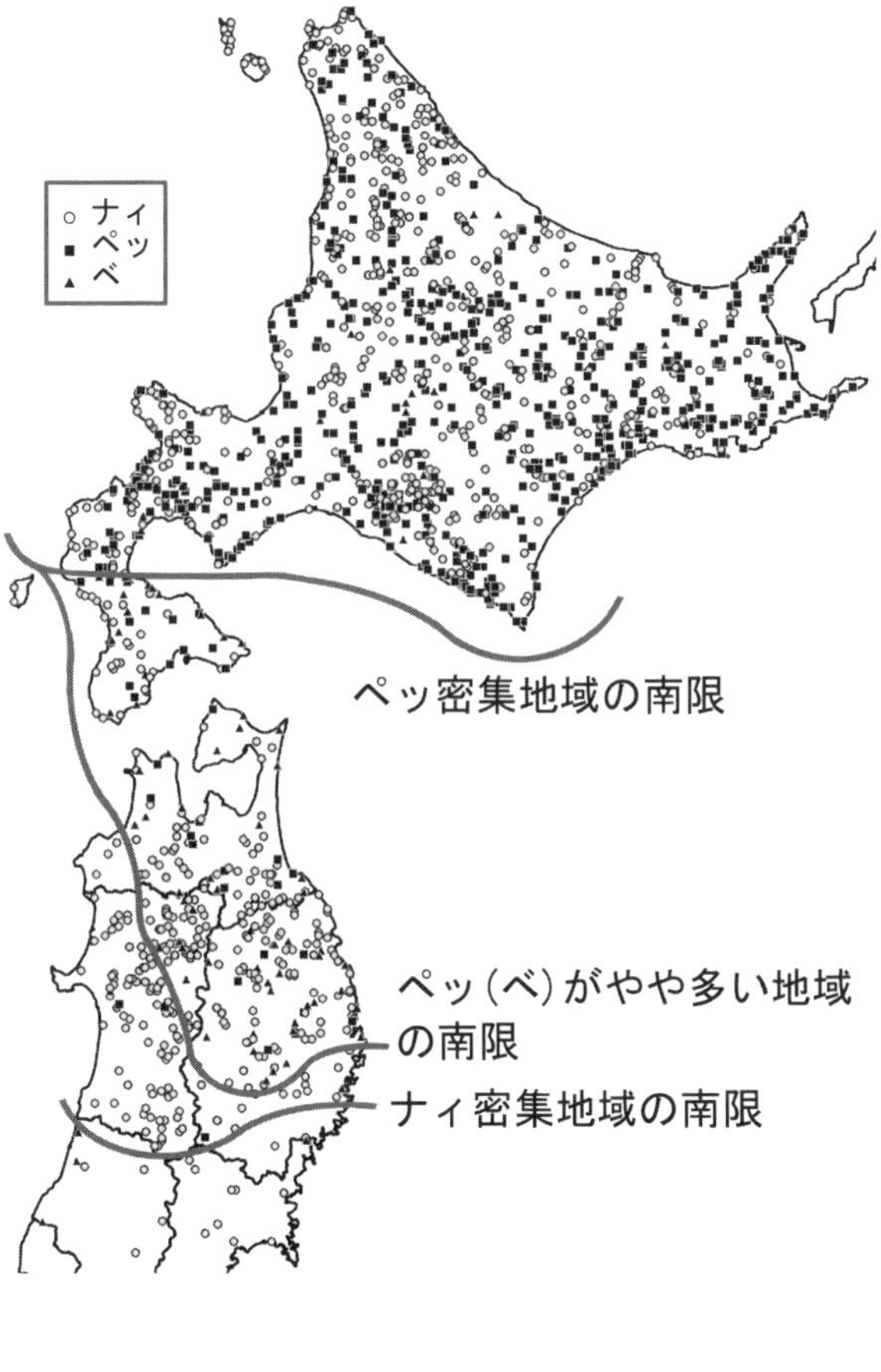

アイヌ語系地名のナィとペッの分布
1：2.5万地形図掲載の地名から作成

な人名が多くみられる。地名も日本語系が多くなっている。おそらく古墳時代の早い段階で東北南部は日本語系言語が普及したものとみられる。

東北北部には「訳語」と呼ばれる通訳がいた。方言程度の違いか、文法もまったく異なる言語だったかはっきりしないが、少なくとも直接の会話に通訳を必要とするほど、蝦夷の言葉は日本語と異なっていた。東北北部で日本語的な人名が現れるのは九世紀後半になってからで、この前後から日本語系言語が一般化すると考えられる。ただし地名は大きく変えず、従来通りのアイヌ語系地名を使い続けており、それが現在に至っている。

このようにみると、東北北部の蝦夷の言葉は、アイヌ語系であるかはともかく、地域性の強いものだったに違いない。それも人名と同じように、次第に変わっていったのだろう。

住居や墓からみた北の蝦夷社会

蝦夷《えみし》は、仙台平野から北海道の石狩低地帯まで、大ざっぱにいうと現在の仙台から札幌あたりまでの地域の人たちをさしていた。当然、単一の生活様式や文化ではなく、いくつもの異なる地域性をもっていた。それまでの生活様式や墳墓などをみると、仙台平野から磐井、気仙までの南部と、胆沢から石狩低地帯までの北部に分かれる。

南部の蝦夷社会の多くは、古墳時代から定住、農耕生活が行われていた地域だ。生活様式がそれより南の地域と大きく異なるものではなく、東国からの移民や評《こおり》（のちの郡）の設置が早く行われた地域だった。その中で宮城県北の栗原、登米、桃生から岩手県南の磐井、気仙地域は郡の設置が遅く、中央政府側との軋轢が大きい地域だった。

北部の蝦夷社会は生活、風習、国家の地域支配のあり方など、南部とは大きく異なっていた。縄文時代以来、竪穴住居に住む定住生活だったが、北部の地域では胆沢地域を除き、弥生時代の終わり頃から古墳時代にかけて竪穴住居がつくられなくなり。テントでの移動を繰り返す遊動生活を送っていた。久慈や八戸では一時的に南東北などからの移住者が住むことはあったが、多くの地域では遊動が一般的だった。

この頃は、古墳寒冷期と呼ばれるほどの過酷な気候条件が続き、このため定住ができず、農耕も行われなかった。文字通り冬の時代だった。春の訪れは、東北南部で蝦夷国境が引かれた六世紀終わり頃から始まる。気候の温暖化により、農耕が可能となって定住が促進された。竪穴住居がつくられ、集落が形成されて、北部蝦夷社会が成立する。東北北部は深い雪が融け、新たな芽吹きの春を迎えることとなった。

竪穴住居を建てるためにはそれなりの技術が必要となる。数百年にわたって竪穴住居がつくられなかった地域へ技術を伝える動きは、北上川を北上するルートと、東北南部や関東から太平洋沿岸を経由し、八戸から馬淵川を南下するルートがあったようだ。

この頃の竪穴住居には煮炊きのための竈《かまど》が住居の壁に取り付けられていた。壁から外に向けてトンネルを掘り煙を外に出す煙道方式と、煙道をつくらずに草葺き屋根の隙間から出す方式があった。煙道方式は東北地方に多く、北上川流域はこの方式によっている。煙道が短いか、無いものは関東地方に多く、馬淵川流域の初期の住居はこの方式だ。

蝦夷の家長などの墳墓

長方形部分に木棺を入れて埋葬し、そのまわりの周湟から掘りあげた土を木棺の上に盛った＝二戸市諏訪前古墳群（二戸市教育委員会提供）

定住集落ができ始めると、「末期古墳」とよばれる墳墓が造られ始める。円形の墳丘の外縁に周湟《しゅうこう》を掘り、内部に長方形の埋葬部をもつ円墳だ。初期の墓は金ヶ崎町西根道場《どうば》古墳群、北上市岩崎古墳群などで確認されている。次第に北上盆地全域や馬淵川流域、三陸沿岸に広がる。いずれも竪穴住居数にくらべ、古墳の数が少ないので、集落の中でも特定の人物、例えば家長《いえおさ》や村長《むらおさ》が埋葬されたとみられている。

墓の中には副葬品が納められ、墳丘の上や周囲に葬送品が供えられたりした。副葬品などは、七世紀を中心とする飛鳥時代には、馬具、刀、環状錫《すず》製品、須恵器《すえき》などが多い。馬具は、チャグチャグ馬コの装飾品のような金銅製の金具や鉄製の轡《くつわ》、鐙《あぶみ》などがある。須恵器は窯で焼いた硬質の土器だ。いずれも東国（関東～中部）からの移入品が多い。

八世紀の奈良時代になると、副葬品は和同開珎《わどうかいちん》や銙帯《かたい》、蕨手刀《わらびてとう》に変わる。和同開珎は都周辺で流通した貨幣、銙帯も都の役人などが着用した革帯の飾り金具で、ともに平城京からもたらされた。蕨手刀は東北や北海道で全国の八割を占め、その多さから「蝦夷の刀」ともいわれる。

このように、飛鳥時代には東国からもたらされたものが多く、馬の交易などを通じて、家長などの権威を象徴するような貴重品（威信財）を入手していた。奈良時代には平城京からのものが増える。都での正月行事に参列するなど、都との関係が深くなるためだ。墓とその副葬品には、社会のあり方や交流などが示されている。

征夷という名の戦争

蝦夷《えみし》征討＝征夷は、蝦夷の反乱を制圧したという「正当」な理由が中央政府の史書には書かれている。しかし、その原因をつくったのはほかならぬ政府側だった。征夷は、そのための軍が編制される。鈴木拓也氏（近畿大学）によれば、七〇九（和銅二）年から八一三（弘仁四）年までの一〇五年間に一七回もの征夷軍が編成されている。

征夷軍は東国（関東・中部地方）や北陸から徴用した兵士で編成される。陸奥国には平時でも、千人以下の兵士が常駐する軍団が設置され、また鎮守府には東国の軍団から集められた鎮兵《ちんぺい》が配置されていた。征夷にはさらに東国から兵士を徴発して、大軍を編制した。

東国は鎮兵や征夷軍だけでなく、九州にも防人《さきもり》として兵士を送り出している。東国は重要な兵力供給基地としての役割が課せられていた。『万葉集』には防人の嘆きの歌が多く収録されている。奥羽に集められた兵士たちは、実際の戦闘で戦死することもあり、防人以上の苦しみにあえいでいたことだろう。

七二〇（養老四）年、蝦夷が「反乱」を起こして按察使《あぜち》を殺害する事件が起きる。按察使は地方行政の監督官で、陸奥守（陸奥国の長官）より高位の者が任命される。陸奥国の役人トップが蝦夷によって殺害されたことになり、中央政府に大きな衝撃を与えた。当然、征夷軍が組織され、蝦夷の征討が行われた。この事件をきっかけに多賀城（現宮城県多賀城市）を造営して、陸奥国府を移し、鎮守府を置くなど、大きな政策の転換が行われた。

「反乱」の原因の記録はないが、事件の前年と翌年に全国的な旱魃と飢饉が相次いで起きている。翌年の飢饉では全国で税の免除が行われ、さらにその翌年には陸奥で二十数年にわたる税の大幅軽減と蝦夷への禄物《ろくもつ》（穀物などか）の支給が実施されている。それほど深刻な状態になっていた。「反乱」のきっかけは、大飢饉への対応に対する蝦夷や一般農民らの不満の高まりだったのではないか。また栗原地方で関東からの移民集落が発掘されており、移民と現地の蝦夷との衝突が生じていたことも要因のひとつとみられる。

征夷の中でもっとも大きな戦いは、七七四（宝亀五）年から八一一（弘仁二）年までの足かけ三十八年間に及ぶ三十八年戦争だ。戦いの発端は、海道《かいどう》蝦夷によって桃生城（現石巻市桃生）が焼き討ちされたことに始まる。海道蝦夷は桃生や気仙など三陸沿岸南部や北上川下流域の蝦夷をさす。

桃生城は七五八（天平宝字二）年に海道地域の支配拠点として造られ始め、柵戸《きのへ》と呼ばれる移民も送り込まれた。このことが現地の蝦夷との間に軋轢《あつれき》が生じ、不穏な情勢となっていたようだ。中央政府も征夷軍を編成しようとしていた矢先に、蝦夷側が先手を打って桃生城を襲撃した。

当初、征夷軍は海道蝦夷の制圧に消極的だったが、時の光仁天皇の命により掃討作戦が実施される。しかし奥羽の緊張状態は変わらないばかりか、かえって拡大する。桃生城襲撃から二年後の七七六年には、志波（現盛岡～紫波郡）に出羽の四千人の兵が、胆沢（現奥州市）には三千人の征夷軍の兵が送られる。志波ではさらに援軍が必要になるほど、蝦夷側の抵抗は激しかった。

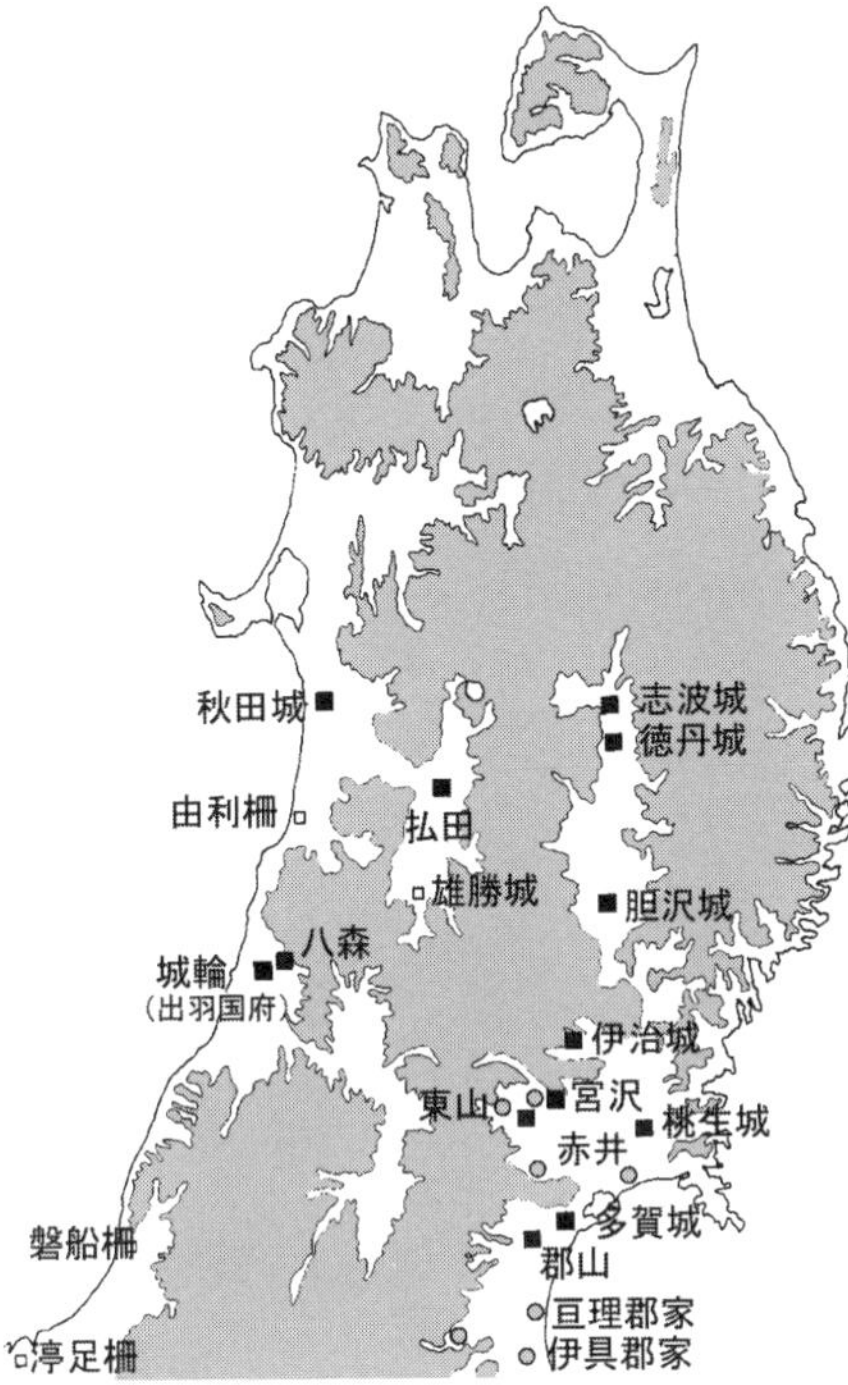

城柵の配置

東北地方には30ほどの城柵が建造された。城柵は蝦夷支配のための軍事と行政の拠点だ。

七八〇（宝亀十一）年、今度は伊治《これはり》城《じょう》（現栗原市築館）が伊治公呰麻呂《これはりのきみあざまろ》によって焼き討ちされる。伊治城は七六七（神護景雲元）年造営で、伊治（＝栗原）や磐井郡などの支配を担当していた。やはり多数の移民が送り込まれていた。呰麻呂は地元出身で、伊治郡の郡司（郡の長官）だったが、伊治城造営や移民によって地域の伝統的な社会が崩壊していくことに危機感を覚えたのだろう。

呰麻呂は伊治城に続き多賀城を襲撃した。陸奥国府の焼亡は政府側に大打撃を与え、奥羽全体を混乱状態に陥れたが、呰麻呂の行方が曖昧なまま、征夷はいったん終了する。

阿弖流為《あてるい》ついに落つ

七八〇（宝亀十一）年の伊治公呰麻呂による伊治城や多賀城の焼き討ちに対する蝦夷《えみし》征討＝征夷は、成果が上げられないまま、桓武天皇の代に変わる。天皇は失墜した国家の威信を回復すべく、積極的な蝦夷政策を推進する。

七八九（延暦八）年、準備に三年をかけて第一次胆沢攻略に着手する。五万三千の大軍を動員するが、胆沢の大墓公《たものきみ》（おおはかのきみ）阿弖流為《あてるい》ら地の利を生かした蝦夷側によって撃退される。蝦夷側の被害が斬首八九級、焼失十四ヵ村に対し、征夷軍は戦死二五人、北上川での溺死者一〇三六人など、征夷軍の惨敗だった。

このとき、征夷軍の別動隊が三陸沿岸に船で進軍してきているが、大きな戦いには至らなかったようだ。

政府側は雪辱を果たすべく、五年後の七九四（延暦十三）年、前回に倍する十万の大軍で再び胆沢を攻略した。蝦夷側の被害は斬首四五七級、捕虜一五〇人、焼失集落七五ヵ所と、前回よりかなり大きなものになった。

ただ阿弖流為らは健在で、次の第三次胆沢攻略まで七年もの間をおいている。征夷側は戦勝したものの圧勝と言えるものではなかった。征夷軍の被害は不明だが、かなりの打撃を受けたものとみられる。この年は平安京遷都の年でもあり、征夷軍の戦勝報告と同時に遷都の詔《みことのり》が発せられている。桓武天皇の威信高揚に利用されたことは間違いない。

七年後の八〇一（延暦二十）年に三度目の胆沢攻略が、坂上田村麻呂を征夷大将軍にして始まる。この時の史料が欠落し詳細は不明だが、翌年胆沢城が築かれ、阿弖流為と、ともに戦った盤具公《はくのきみ》（いわとものきみ）母礼《もれ》らが投降しており、蝦夷側は大きな痛手を受けた。阿弖流為と母礼は河内（現大阪府）で処刑される。

延暦二十年には「遠閉伊村」を征夷軍が攻めており、広く岩手の地に軍が入り込んだようだ。遠閉伊の位置は遠野説もあるが、三陸地方との見方もある（樋口知志『阿弖流為』）。

胆沢城は北上川と胆沢川の合流点近くの平野部（奥州市佐倉河）に位置する。一辺六七〇メートル（当時の単位で六町）の正方形に設計されている。中央南寄りには政庁があり、朝廷の代理機関としての威厳を示すように、都宮を模した建物が配置されている。胆沢の地は度重なる戦乱で荒れ果て、人々の戦死や他国への移配などで衰退していた。そこへ関東などから四千人の柵戸《きのへ》（移民）が送り込まれた。胆沢の激動の時期はまだ続くことになる。

翌八〇三（延暦二十二）年、最北の城柵として志波城《しわじょう》が築かれる（盛岡市太田）。基本構造は胆沢城と同じだが、一辺八四〇メートル（八町）と規模が大きい。内部に数千人の兵を収容する竪穴住居が配置され、蝦夷との緊張関係を反映したものとなっている。志波城は国家の領土拡大政策の最前線の城柵だった。

しかし、ここまで推し進めてきた大軍の派遣や相次ぐ城柵造営は、頓挫する。平安京の造営と蝦夷政策に

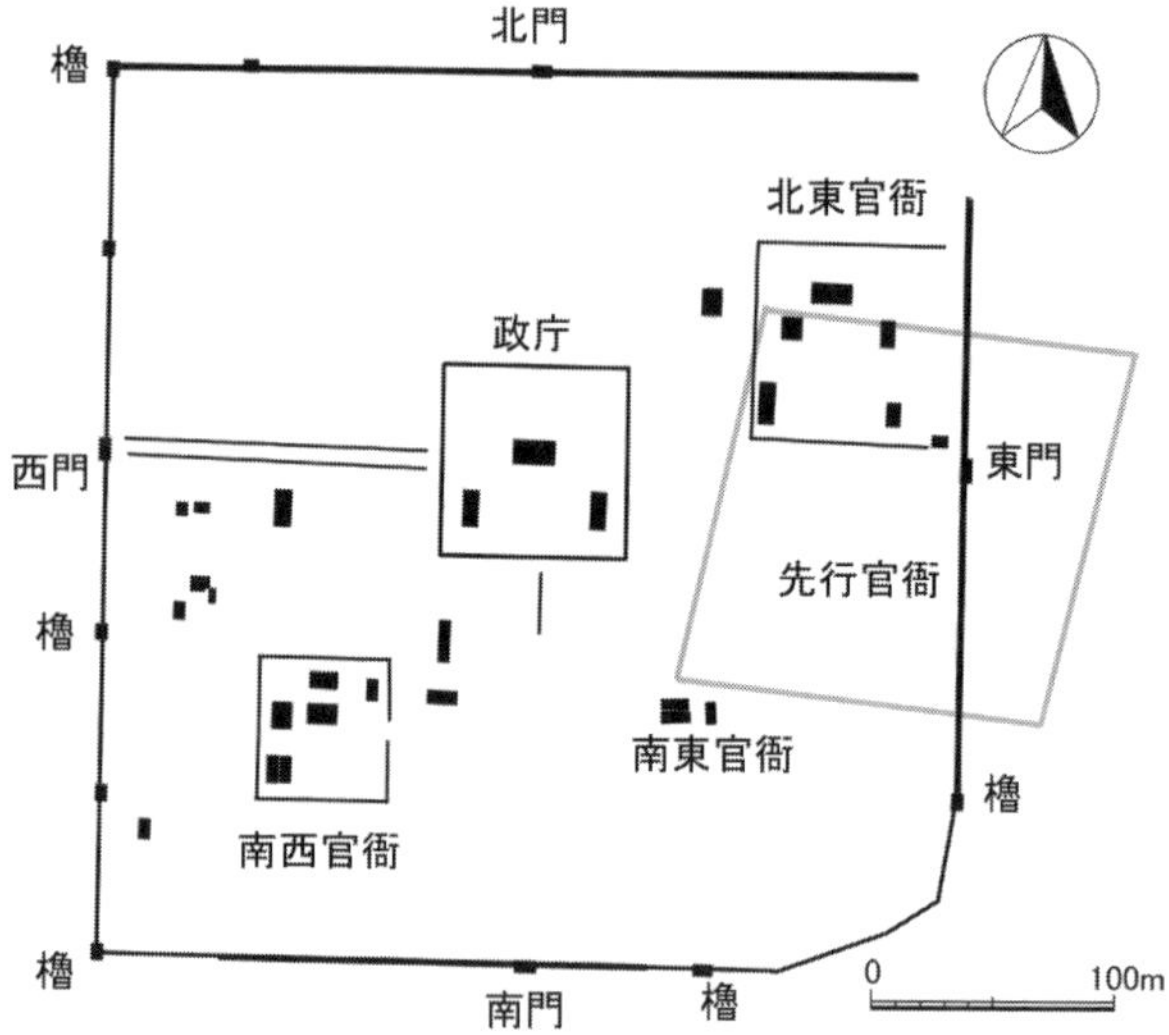

徳丹城跡

城柵の中で最後に造営され、蝦夷政策の転換を体現する意味でも重要な城柵遺跡＝矢巾町（矢巾町教育委員会各年度『徳丹城跡』から作成）

より莫大な経費を要し、これが民衆の大きな負担となって社会の疲弊を招いたことから、八〇五（延暦二十四）年、大幅な規模縮小を余儀なくされるのだ。それを反映して、八一二（弘仁三）年に志波城から徳丹城《とくたんじょう》に移転する（矢巾町徳田）。一辺三五〇《メートル》と大幅に小形化された。ただ城内の官衙（役所）群はコンパクトながらも計画的に配置されたものになっている。

徳丹城造営の前年には、三十八年戦争最後の征夷軍が派遣されている。対象は爾薩体《にさて》（二戸方面）と閉伊（三陸方面）だが、この地域の蝦夷の「反乱」を事前に抑止する意味があった。

ところで、蝦夷の「反乱」は、すべて中央政府側に対して自らの生活と伝統文化を守ろうとする戦いだった。三度の胆沢攻略も、阿弖流為ら蝦夷側の「反乱」が征夷軍を呼び込んだのではない。国家の威信をかけた露骨な領土拡大政策のために、蝦夷のみならず征夷軍の多くの兵士までもが犠牲になったのだ。

広がる田村麻呂伝説

坂上田村麻呂は蝦夷《えみし》征討の最前線に立った人物だ。それにもかかわらず、東北地方では英雄として多くの伝説を残している。これは一体どういうことなのだろうか。

田村麻呂伝説は三種類に分けられる。①蝦夷征討が変化して鬼退治をした、②毘沙門天の化身としてあがめられた、③東北地方を中心に五六〇以上の寺社を建立した。これらは史実が拡大解釈されて伝説化したもので、それだけ蝦夷征討の成果が大きく受け止められていたことを示している。

平泉町の達谷窟《たっこくのいわや》は、田村麻呂に討たれた伝説上の悪路王《あくろおう》の砦といわれ、そこには田村麻呂の化身といわれる毘沙門天が安置されていた。平泉を攻め滅ぼした二八九（文治五）年の文治奥州合戦の際、源頼朝が鎌倉に帰還する時に立ち寄った時の話として『吾妻鏡』に記録されている。既に十二世紀の平泉で蝦夷は賊となり、田村麻呂が英雄視されていたことが知られる。

悪路王は、最大十万人の征夷軍と戦った胆沢の阿弖流為《あてるい》と重ねられることが多い。平泉藤原氏は中尊寺建立供養願文で「俘囚之上頭《ふしゅうのじょうとう》」（蝦夷の頭領）と自らを呼んだが、既に蝦夷は地元の祖先ではなくなり、「脱蝦夷」が進行していたことになる。室町時代の御伽草子『田村の草子』では、悪路王は蝦夷から鬼に変形している。

達谷窟

田村麻呂伝説が残されている毘沙門堂＝平泉町

また大嶽丸《おおたけまる》という鬼を討って体を埋めたところが一関の鬼死骸《おにしがい》（江戸時代の村名、現一関市真柴）で、首が飛んでいったところが宮城の鬼首《おにこうべ》といった伝説が残されている。大嶽丸も征夷軍と戦った蝦夷の族長とされている。

鬼にされた蝦夷だったが、それを語り継ぎ定着させたのは、ほかならぬ東北人だった。田村麻呂を英雄として神格化すればするほど、蝦夷は非道な鬼におとしめられていった。戦前の日本は万世一系の天皇のもと、単一民族国家という認識が一般的だった。古代の蝦夷も日本人ではなくアイヌ民族と考えられ、日本人の歴史から切り離されてきた。東北に住む蝦夷の末裔からも、祖先とあがめられることは、不幸にしてなかった。

奥羽に毘沙門天像が多いのは、蝦夷との戦

いの地を鎮護するためという説が有力だ。平安時代の毘沙門天像は、岩手に八躯が残されており、鎌倉時代を合わせても多い。毘沙門天は、北方の守護をつかさどるといわれている。奥羽では毘沙門天は坂上田村麻呂伝説と結びつき、北方鎮護の象徴となった。

十一面観音像も岩手に多い仏像だ。岩手では平安仏五十八躯が確認されており、もともと東北の他県よりかなり多いが、十一面観音像は二二躯と、その四割近くを占める。頭部に様々な表情の十一の仏面を表現して、十種類の現世利益と来世での果報をもたらす観音といわれる。

田村麻呂建立の伝承をもつ東北の寺社は、福島を除く東北地方で七十六を数えるが（及川洵『阿弖流為と田村麻呂伝説』ほか）、十一面観音像を伝えるところが二一あり、他の仏像よりはるかに多い。田村麻呂伝説の流布と十一面観音の信仰は密接に結びついていた。

田村麻呂は、京都清水寺の建立に大きく寄与したと伝えられる。その縁がもとで、蝦夷の阿弖流為と母礼《もれ》の慰霊碑が一九九四年に建立されている。同寺は、本尊が十一面千手観音像、法相宗《ほっそうしゅう》の寺院だ。

これに対し、天台宗の慈覚大師（円仁）も多くの寺院の建立伝承をもつが、それらの寺院では北東北では聖観音像《しょうかんのん》が多く、十一面観音像との共存は少ない。仏像だけで宗派を特定することは難しく、また寺院の開基伝承が元になっているので個別の実証性に欠けるが、伝承と仏像の間に強い関連が読み取れることは無視できない。

大胆な推測が許されるのなら、以上のことから法相宗の僧が田村麻呂伝説の普及に深く関わっていたものと推察される。田村麻呂を英雄視し、蝦夷を賊とする風潮を広めたのは、意外にも仏教を普及させた僧たちだったのではないか。

蝦夷の自立・発展

中央政府は胆沢城や志波城を造り、地域支配を強化しようとしたが、その計画はまもなく大きく崩れる。積極的な政策が全国的な社会の疲弊を招き、財政危機に陥ったからだ。

胆沢城などの城柵は、最初の渟足《ぬたり》柵が六四七（大化三）年に築かれた後、三〇前後が設置される。十世紀中頃まで、約三〇〇年にわたって奥羽支配の拠点となっていたが、その前半と後半で城柵の目的や役割が大きく変化している。後半期に造られた唯一の城柵が八一二（弘仁三）年造営の徳丹城だった。

当初、城柵は軍事力で蝦夷《えみし》を統制するとともに、蝦夷から地域の特産物などの貢納物を受ける役割が大きかった。後半期になると、蝦夷からの貢納は継続されるが、兵を他国から集めることができなくなり、軍事力は規模縮小する。また、全国では各地に郡とその役所を設置し、税の徴収など地域支配を強化しており、城柵の造営はそのような支配を目標としていた。しかし郡の設置は北上盆地まで実施されるものの、税を納める倉を備えた郡役所が設置されることはなかった。城柵の役割は大きく後退して、政府の強権的な地域支配は緩やかなものになる。蝦夷の中には城柵組織の中に入り込み、次第に地域の有力者として頭角を現す者も出てくる。

城柵の役割の中では唯一、馬・鷲鷹の羽・クマやアザラシの毛皮・昆布など、北方産物交易の拠点としての役割が拡大した。陸奥の駿馬はブランド品として全国に知られ、北海道島からの獣皮や昆布も都で重宝された品々だった。城柵は当初の軍事、行政的性格から、利潤追求の経済的役割に重点が置かれるようになっていった。

「蝦夷」という呼び方も次第に消える。古代の記録から「蝦夷」やその変形の「夷俘《いふ》」の文字が、ほぼ九世紀代で見えなくなる。政府が編纂した六国史《りっこくし》の記述が九世紀で終わっているためでもあるが、他の記録と合わせてみると、蝦夷は「反逆の野心」を秘めているとの認識が、都でも次第に薄れてきていることが読み取れる。

蝦夷はまた「俘囚《ふしゅう》」と言われる場合もあった。俘囚は「反逆の野心」がないとみなされて、それぞれの居住地に留まることを許された蝦夷たちが、こう呼ばれた。

他方、全国各地に強制移住させられた俘囚もおり、一般農民の公民よりも下層の被差別民に位置づけられていた。故郷から遠く離されて、「野心」を心に秘めていた者も少なくなかった。そういった「俘囚」の表現も九三九（天慶二）年頃にほぼ終了する。蝦夷や俘囚といった差別的呼称は、遅くともこの頃には消滅していた。なお、前九年合戦（一〇五一〜一〇六二年）に登場する安倍氏や清原氏も俘囚と呼ばれているが、かつて蝦夷や俘囚がいた僻遠《へきえん》の奥羽の人間とい

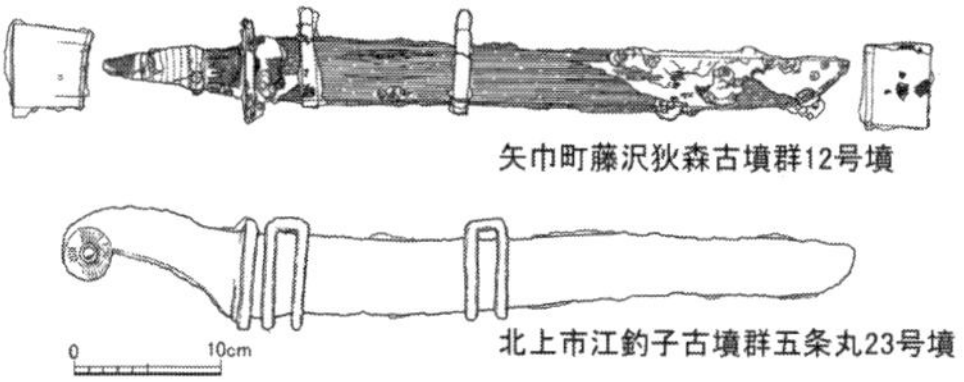

蝦夷が愛用した刀

上：「北の方頭」は方形の柄頭《つかがしら》をもつ飛鳥時代の北日本の刀（矢巾町歴史民俗資料館所蔵）

下：蕨手刀《わらびてとう》は柄頭が早蕨のように丸くなることから名付けられ、奈良時代に多く作刀された（北上市立博物館所蔵）

う程度の意味合いに変わっている。

人々は竪穴住居に住んでいたが、九世紀の終わり頃から十世紀にかけて住居の数が急激に増加し、大幅な人口増が起きた。それに伴って、主要河川近くでの生活の場がやや高い段丘にも進出し、広い地域で農地開発が進められるようになる。

三陸では砂鉄を原料とする製鉄が盛んになり、各地に鎌や鋤などの農具、銛などの漁具を供給していた。馬の生産や北方交易も、城柵が経済的役割を強めたこととも相まって、盛んになっていった。いわば古代の高度経済成長期を迎えることになる。

このように、九～十世紀半ばの間に蝦夷社会は大きく様変わりする。城柵の役割の変化や蝦夷・俘囚の身分の消滅と入れ替わるように、人々の自立、発展が促進された。

蝦夷の歴史は、六世紀の終わり頃中央政府から国境を引かれて始まったが、蝦夷と呼ばれた北の人々は独自の地域文化を創り上げてきた。また政府側の強引な政策には阿弖流為《あてるい》らのように実力で抵抗し、一方で城柵などの組織に入り込むなど、したたかに生きてきた。

東北人の粘り強さは、蝦夷の時代にまで遡って育まれたのかも知れない。

第三章

前九年合戦再考

『前九年合戦絵詞』（部分）安倍貞任を中心に宗任や則任ら一族が、源頼義軍と戦うべく軍を進めている（国立歴史民俗博物館写真提供）

勝者のための虚構も

前九年合戦は、北上盆地の安倍氏と陸奥守《むつのかみ》（陸奥国の長官）との戦いで、横手盆地の清原氏が参戦したことにより、安倍氏が厨川柵《くりやがわのたて》で敗れ、終結した。この合戦にはさまざまなエピソードが盛り込まれ、また当時の社会情勢や東北人への見方が反映されていて、興味が尽きない。

前九年合戦の経過については、『陸奥話記《むつわき》』という戦記物語に記されている。作者としては、都の知識人藤原明衡《あきひら》や大江匡房《まさふさ》の名が上がっている。従軍者からの聞き取りや公文書を閲覧して書かれているが、物語としての脚色も施されている。当然敗れた側の考えや言い分は反映されていないので、注意して読んでいく必要がある。

『陸奥話記』によれば、前九年合戦は一〇五一（永承六）年、北上盆地の奥六郡を実効支配していた安倍頼良が境界の衣川を越えて磐井郡に進出、これに対して陸奥守藤原登任《なりとう》が安倍氏を討とうとすることから始まる。奥六郡は岩手・志波・稗抜・和賀・江刺・胆沢をいう。

緒戦は陸奥守軍を迎え撃った安倍軍が圧勝する。その合戦場が鬼切部《おにきりぶ》で、現在の宮城県大崎市鳴子の鬼首《おにこうべ》とされてきた。しかし「部」は村と同様の意味で使われており、鬼切部は鬼切村と解される。またこれ以後の戦いは磐井郡が主な戦場となっており、鬼首では磐井郡から遠すぎて不自然だ。合戦場を鬼首とする説には再検討の余地がある。一仮説として江戸時代に実在した鬼死骸村《おにしがい》をあげたい。

現在の一関市真柴にあった鬼死骸村には、坂上田村麻呂が鬼征伐にやってきて、切られた鬼の胴や肋《あばら》が石になったという伝説が残されている。鬼切にふさわしい伝説だ。真柴は緩やかな丘陵が多く、兵を忍ばせ迎撃にうってつけの地形となっている。また奥州・一関・迫（松山）の諸街道が通る交通の要衝で、陸奥守軍がどのルートから攻めてきても迎え撃てる場所だ。

緒戦に敗れた陸奥守軍の報告を受け、中央政府は名将として知られた源頼義を陸奥守兼鎮守府将軍に任命して、安倍頼良を討たせようとした。頼義が陸奥国に着任したとき、天皇の祖母の病気平癒を祈願して全国に大赦が発せられ、安倍氏の罪は許される。頼良は、頼義と同じ読みであることをはばかり頼時と改名し、ひたすら頼義に従順の意を示した。

一〇五六（天喜四）年、頼義の任期が終わり、まもなく都へ帰ろうとするとき、阿久利《あくり》（あくと）川で事件が起きた。頼時の子の貞任《さだとう》が国司軍の人馬を殺傷したというものだ。頼義は貞任を引き渡すよう頼時に命ずるが、頼時はこれを拒否し、奥六郡の境にある衣川関を閉じ、守りを固めた。頼義は衣川を攻め、前九年合戦第二幕が開かれることとなる。

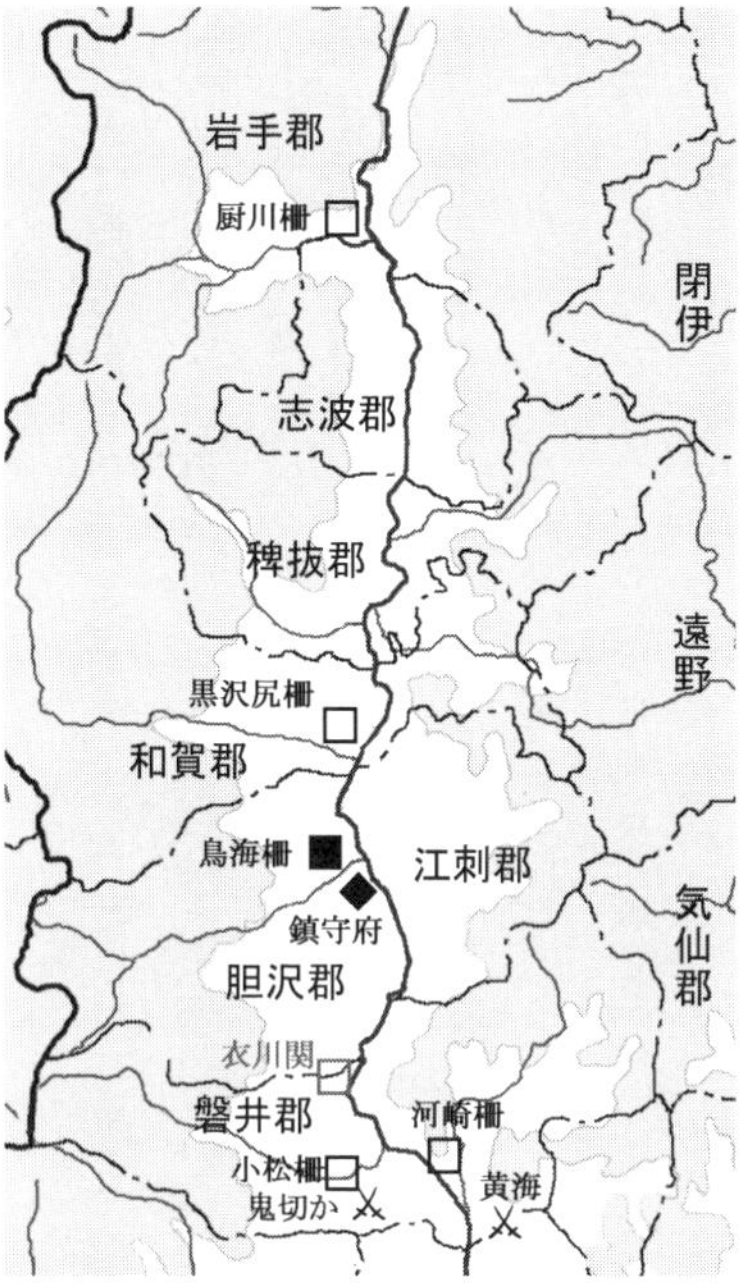

前九年合戦要図

この事件は頼義側が仕組んだ挑発とみる見方が一般的である。なお古代史研究者の樋口知志氏（岩手大学）は、鬼切部の戦いも阿久利川事件いずれも実際に起きたことではなく、安倍氏を悪人とするための虚構であるとみている。

頼義は勝算があったからこそ挑発したと思われるが、以後の展開も安倍軍優勢で推移する。その過程で頼時の娘聟にあたる藤原経清《つねきよ》が私兵八百余人を率いて、頼義軍を抜け出し安倍軍に合流する。

ただひとつ安倍軍にとって打撃となったのは、頼時が北方の安倍富忠軍の矢を受けて落命したことだった。富忠は宇曽利《うそり》、仁土呂志《にとろし》、鉋屋《かなや》の三つの部（村）の長で、頼義側の工作を受けて頼時に敵対する道を選んだ。頼時はその富忠を説得しようと北に向かい、攻撃を受けてしまった。宇曽利などの三部は下北半島から八戸あたり、今の青森県東部とみられる。

頼時の死後、貞任を大将に安倍軍は善戦を続ける。河崎柵《かわさきのたて》や黄海《きのみ》での戦いでは四千人余の兵で、一八〇〇人余の頼義軍を圧倒した。

歴史をつないだ清衡の母

前九年合戦の前半は安倍軍優勢のまま推移する。源頼義は不利な状況を打開するため、山北《せんぼく》三郡（横手盆地の山本・平鹿・雄勝郡）の清原光頼に援軍を懇願する。光頼は快い返事をしなかったが、一〇六二（康平五）年、弟の清原武則が一万余の兵を率いて、三千人余の頼義軍に合流する。前九年合戦三幕目が開かれることになる。

戦いの場は、磐井郡内が舞台となった。安倍氏が奥六郡の南境の衣川を越え、磐井郡に入ったことが安倍氏追討の理由となったが、安倍氏は前九年合戦以前から磐井郡の掌握を図っていたとみられる。合戦の期間を通じて磐井郡を実質的に領有化し、小松・石坂・藤原業近柵《なりちかのさく》などを設け、連合軍を迎え撃った。小松柵《こまつのたて》を中心に十八日間の熾烈な戦いが展開された。この時の安倍軍は八千人余にふくれあがっていたが、頼義・清原連合軍一万数千人の兵力に圧倒される。

磐井郡内の柵が破られると、安倍軍は自らの本拠地である鳥海柵《とのみのたて》（金ヶ崎町）を捨て、北端の厨川柵（盛岡市）に敗走する。連合軍が胆沢郡に入ってから厨川までの八日間、胆沢以北では黒沢尻柵《くろさわじりのたて》（北上市）を除き、大きな戦いは行われず、厨川柵が最後の決戦場となった。

厨川柵に籠城した安倍軍は連合軍に矢石を雨の如く浴びせて、一兵たりとも柵の中には入らせなかった。柵内にいた数十人の女が楼の上で連合軍を挑発したりもした。これに対し連合軍は周辺の家屋を壊し、木材や萱を柵のまわりに積み、火をかけた。柵内の男女数千人は騒乱状態となり、逃げ出た者はすべて殺され、厨川柵は陥落した。

厨川柵の攻防で傷ついた安倍貞任は、頼義の前に引き出されるが、頼義をにらみつけたまま息絶える。その子千世童子は十三歳の美少年で、果敢に戦ったのを哀れみ頼義が助命しようとしたが、武則に反対されて斬られた。藤原経清は旧主の頼義に背いたことを責められ、鈍刀で苦しみを与えられて斬首された。貞任の兄弟の宗任や則任らはいったん逃亡するが後日降伏してきて、翌々年四国の伊予国に流された。

柵の内には兵士ばかりでなく、彼らの妻子もともに籠城していた。綾絹《あやぎぬ》や翡翠《ひすい》などで着飾った美女数十人は、勝った兵士たちに与えられた。

安倍氏側に注目すべき一人の女性がいる。藤原経清《つねきよ》の妻だ。安倍頼時には、有・中・一の名をもつ三人の

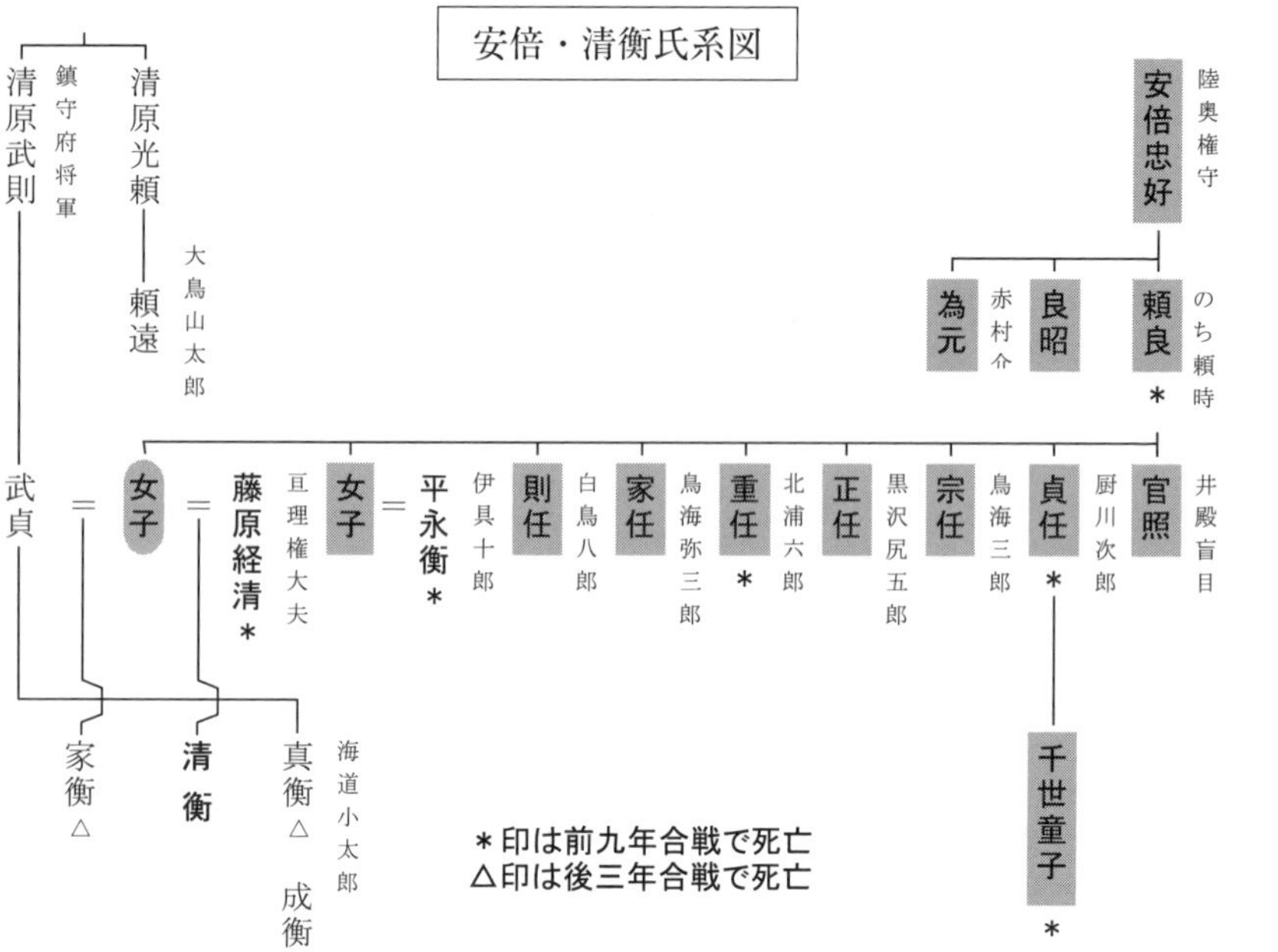

娘がおり、その一人が経清に嫁していた。経清は亘理権大夫《わたりごんのたいふ》を名乗り、阿武隈川下流域の亘理郡に本拠を置いていた。遠く離れた二人の婚姻であるが、当時は各地の有力者が姻戚関係を通じ、同盟を結ぶことが一般的だった。

合戦後、彼女は清原武則の嫡男武貞に再嫁させられた。勝った側の戦利品のような扱いとこれまで言われてきたが、近年は別の解釈が出されてきている。彼女の母、つまり頼時の妻が清原氏の出身で、清原氏の血を引くものとして応分の待遇で迎えられたという解釈だ。

大きな力を誇った安倍・清原両氏が姻戚による同盟を結び、地域の安定に大きく寄与したことは想像に難くない。清原光頼が源頼義からの援軍要請を渋ったのもそのような事情があったからではないか。また彼女と経清の間には男児（後の藤原清衡）がいたが、連れ子として入った清原家でほかの兄弟と同じような処遇を受けて育てられている。

安倍氏滅亡後の奥六郡を清原氏が支配することになるが、安倍氏の血を引く彼女を妻とすることによって、地元の反発を和らげる役割もあったのだろう。

清衡は後三年合戦を経て、実父の藤原姓を名乗り、平泉に拠点を築くこととなる。安倍・清原・藤原氏へと、一人の女性が歴史をつないだのだった。

「兵《つわもの》」安倍氏

前九年合戦を戦い抜いた安倍氏は、これまで蝦夷《えみし》の末裔と言われることが多かった。蝦夷は東北地方に住む人々に対し中央政府に服従しない民の意味を込めてつけた呼称だ。『日本書紀』には野蛮な異民族のように書かれているが、事実ではない。

高橋富雄氏（東北大学）は、安倍氏やのちの平泉藤原氏の独立的な政権は、征伐と忍従を強いられた蝦夷の自立と発展が結実したものだと説いた。この説は東北人を奮い立たせるものとして多くの人に歓迎された。

これに対し、中央から赴任してきた鎮守府将軍など、安倍姓をもつ役人の血筋を引いているという説が近年は強くなってきている。将軍などは軍事力をもつ中央の貴族が多く、赴任地の女性との間に生まれた子が父の姓を名乗り、血筋の良さで勢力をもつようになったという説だ。ただ血筋だけでまわりの人々が臣従したかについては議論が分かれる。安倍姓をもつ者が次第に勢力を伸ばし、また勢力争いを勝ち抜いて最終的に安倍氏が台頭したと考えるのが妥当だろう。

九世紀初めに胆沢城や志波城、徳丹城が築かれてから十一世紀の安倍氏台頭まで二世紀余の間に、役人の赴任はじめ多くの人々がやってきている。また広域の姻戚関係を結ぶ動きも進行していた。こうした中で在

安倍氏と清原氏の勢力図

地の人間だけの純血を保つことは難しくなっていた。人や文化の交流が進み、蝦夷社会も変容していた。合戦で安倍氏側についた者には、藤原・平・金・物部の姓を持つ者が多くいる。姻戚関係も含め、多様な人間で構成される社会になっていたのだ。

安倍氏の出自も気になるところだが、それよりも地域に根付き、自らの社会を守ろうとしたのが安倍氏一族だったことを重視すべきだろう。

安倍氏は、「兵《つわもの》」でもあった。「兵」は武士のことだが、この時代は武士という言葉はまだ使われておらず、しかも特定の者だけが「兵」と呼ばれていた。『今昔物語集』に「今は昔、陸奥の国に安倍頼時と云ふ兵有りけり。」から始まる段がある。『今昔』は短編の物語を集めて、十二世紀前半に編纂された。

別の段では、武勇にすぐれた藤原保昌や橘則光に対しては「家を継ぎたる兵にも非ず」と「兵」とは認められていない。二人とも武勇だけでなく、度量が広く、豪胆でしかも思慮深いと評される人物だ。保昌は源頼光らと酒呑童子《しゅてんどうじ》を討った伝説をもつほどの人物でもあった。

当時はどんなに武勇にすぐれた者であっても、兵の家柄でないと「兵」とは見なされなかった。兵の家は、前九年合戦より一〇〇年ほど遡る承平～天慶年間に起きた平将門・藤原純友の事件に由来する。その制圧に功績のあった藤原秀郷《ひでさと》、平貞盛、源経基ら天慶勲功者の子孫が武芸の家柄として、兵の家と呼ばれた。これが畿内に住む「兵」の基準だった。

一方、みちのくの安倍氏が「兵」と見なされたことは、中央と異なる基準があったようだ。安倍頼時は五位の位階または国府などの主要な官人を指す大夫《たいふ》と呼ばれていた。また安倍氏は北上盆地の六郡を領有し、館《たち》を本拠にしていた。これらは横手盆地の清原氏にも共通する。つまり、地方における「兵」は大夫という位、経済基盤としての領地、居宅や統治拠点の館を有し、武芸の家柄であることが条件だった。

安倍氏と戦った源頼義は天慶勲功者を祖とするれっきとした「兵」だった。頼義は陸奥守の役職を帯びて派遣されているので必ずしも対等の立場ではないが、前九年合戦は「兵」と「兵」との戦いといえる。

安倍氏を「兵」、後の武士と位置づけることによって、従来のような特異な辺境の氏族との見方も変わってくる。古代末期における地方勢力の台頭の流れは、東北に限られたものではない。安倍氏も時代の流れの中で一時代を築いたのだ。

東北像の変遷

前九年・後三年の役は、近年、前九年合戦・後三年合戦と呼ばれるようになった。教科書も現在半数以上がその呼び方に変わってきている。

「役《えき》」と「合戦」とはどう違うのか、一言でいうと、役は明治以降使われるようになった歴史的な用語で、合戦は古くから戦争や戦闘を表す一般的な単語ということになる。前九年合戦も鎌倉時代以降明治まで「奥州十二年合戦」や「前九年の戦い」と呼ばれていた。

「前九年の役」という名称が書籍に登場するのは、一八九〇（明治二三）年出版の『稿本国史眼』が初めてといわれる。この本には蒙古襲来を「文永・弘安・応永の三役」、秀吉による朝鮮出兵は「征韓の役」と記述している。前九年以外は外国軍との戦いという点で共通している。なおこの本では後三年合戦は「後三年の戦」となっている。合戦の主役だった清原氏が鎮守府将軍という公職に就いたことがあるので、「後三年の役」とはしなかったようだ。

明治には、九州での西南戦争を公文書で「西南ノ役」と書くようになって、戦役や役の表現がよく使われるようになる。戦闘をあらわす広い意味を持っていたが、『稿本国史眼』のように「役」に特定の意味をもたせる場合もあった。

つまり前九年の役という呼び方によって、中央の支配の及ばない辺境の夷狄《いてき》安倍氏を征討する戦いとの意味が強調されるようになったといえる。呼び方だけでなく、安倍氏への見方も辛辣になってくる。一九一五（大正四）年に平泉中尊寺で、平泉前後の歴史をテーマに講演会が開かれた。その中で喜田貞吉《きださだきち》（京都帝国大学、のちに東北帝国大学国史学研究室）は、安倍氏が日本の勢力範囲の六郡を私領化し、さらに衣川の南の内地に向かって勢力を伸ばした逆賊と述べている。講演記録が翌年発行の『奥羽沿革史論』に収められている。

同書では盛岡出身の原勝郎（京都帝国大学）も東北の後進性について触れ、東北人の発奮を促している。著名な歴史学者たちが後押しするようにして、安倍氏逆賊説と後進的な東北観は長く続くことになる。

戦後になると、地方の独自性を重視し、地方の視点から歴史を考える気運が全国的に高まってくる。安倍氏についても、馬や金などの経済的な基盤や台頭の原因などの研究が進められるようになってくる。そして昭和三十年代以降、蝦夷の研究を積極的に進めた高橋富雄氏（東北大学）や板橋源氏（岩手大学）らによって大きく見直しが進められる。

厨川柵跡の擬定地・盛岡市安倍館遺跡（北上川の対岸から撮影）
安倍館町から天昌寺町、大新町までの擬定地には前九年合戦や安倍氏にまつわる伝説が残されている。

両氏は、安倍氏が代々の俘囚《ふしゅう》長として北上盆地の六郡を固有の領土にして「俘囚国家」を打ち立てたと、それまでとはまったく異なる評価を下した。俘囚とは国家側に内属した蝦夷のことをいう。日本という国家から独立した政権を蝦夷の末裔が創り上げたというもので、次の時代の平泉も独立政権と考えられた。中央政府の支配の及ばない俘囚国家や独立政権説は東北人の心を奮い立たせ、広く受け入れられた。

その俘囚国家論も昭和五十年代になると異論が出されるようになる。まず平泉の独立政権も朝廷から認められた権限の枠内であったことが明らかにされ、その前の俘囚国家も独立政権に達していないとみなされるようになった。また安倍氏や清原氏が鎮守府や秋田城の在庁官人（在地出身の役人）として勢力を蓄えたことも強調され始めた。この視点は現在も基本的に引き継がれている。

平成になってからは、『陸奥話記』や関連史料の見直しによって、新たな安倍・清原氏像が描き出されている。頼良の父忠好が陸奥権守《ごんのかみ》（臨時または名誉職的な陸奥国の長官）に任ぜられていたことや、安倍氏と清原氏が姻戚関係で結ばれ敵対関係にはなかったことなどがわかってきた。また関連遺跡の調査も進み、考古学上の研究からも新たな見解が生まれてきている。

安倍氏の本拠地だった鳥海柵

前九年合戦を描いた『陸奥話記』に登場する十二の柵のうち唯一確認されている遺跡が金ヶ崎町西根の鳥海柵跡《とのみのたて》だ。「柵」はサクと読むのが一般的だが、安倍氏の柵は「楯」とも書かれ、ともにタテと読まれていた。

鳥海柵は安倍氏の本拠地だった。源頼義が赴任してきたとき、頼時はひたすら供応に努めたが、鳥海柵にだけは招き入れていない。最も重要な柵のため用心して入れなかったのだ。合戦の終盤でようやく入城した頼義は、その感激を言葉にしたほどだ。

また安倍頼時は、敵方に付いた北方の安倍富忠を説得に行き、逆に矢傷を負わされ鳥海柵まで戻って落命した。瀕死でも戻るべきところが鳥海柵だった。

鳥海柵は、頼時の三男宗任と七男家任が居住していた柵でもあった。二人の兄弟は共に合戦で生き残って

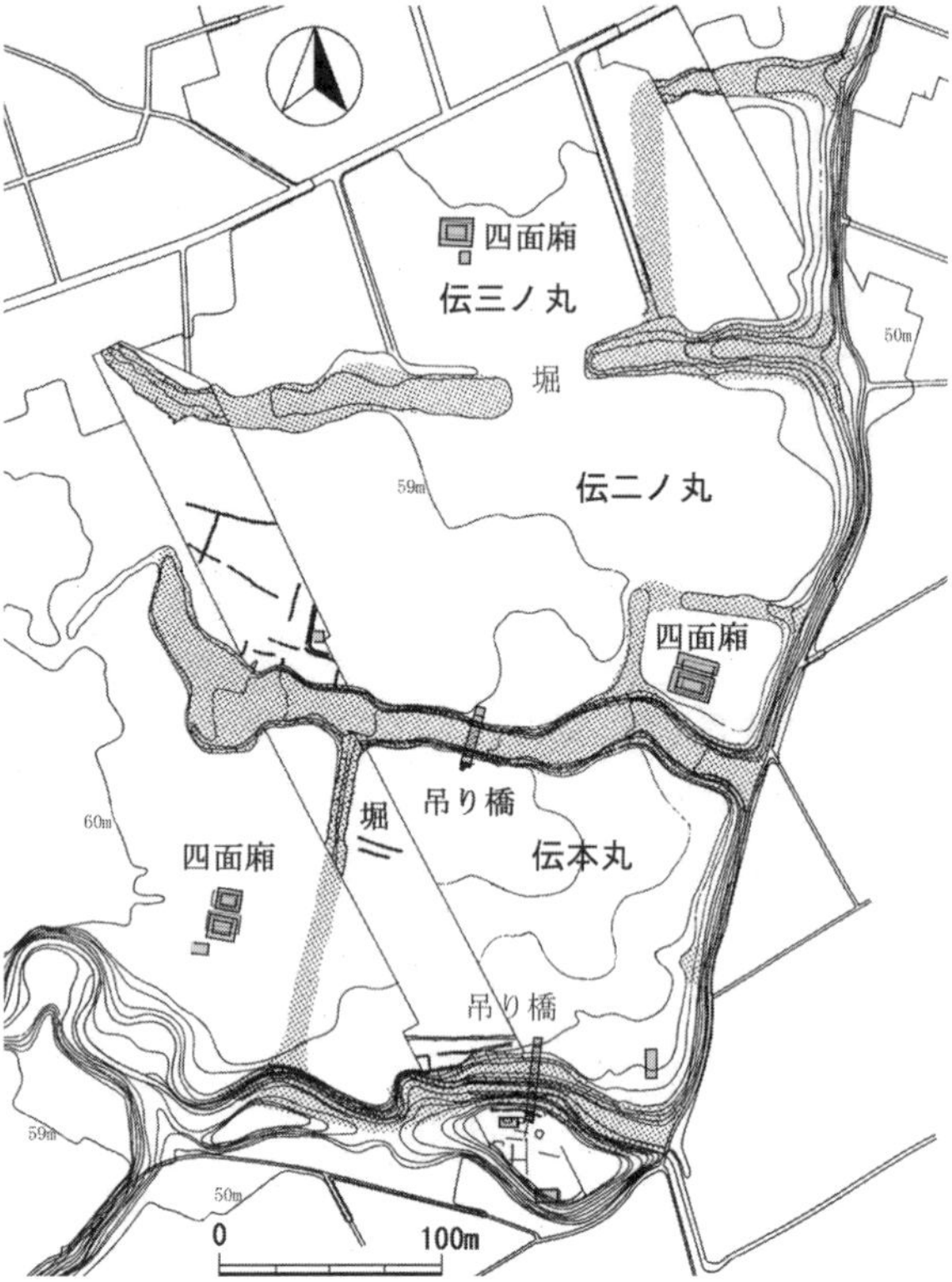

鳥海柵跡

いる。宗任の母が清原氏の出身だったため、源頼義についた清原武則によって助命されたためと、樋口知志氏（岩手大学）はみている。その上で本拠地に住む宗任こそが嫡男＝後継者だったとしている。

　鳥海柵の遺跡は、奥州市にある胆沢城跡から胆沢川を約一キロさかのぼったところに位置している。周囲から八〜十メートルほど高い河岸段丘上の平坦面で、軍事的な防御よりも生活に適した地形である。柵は自然の沢を利用した幅広の堀で大きく五区画に分けられ、さらに内部を人工的に掘った堀や大溝で細分している。沢状の堀には吊り橋が架けられ、区画ごとの行き来に使われていた。

　内部には四面廂《しめんびさし》建物が三カ所で確認されている。四面廂建物は建物本体（身舎《もや》）の周囲四面に廂がついた格の高い建物で、居住のほか集会、饗宴などに用いられ、権威を示す建物となっている。遺跡の中心にあたる地区は人工の堀で囲まれた中に大形の四面廂建物が建てられ、その西側では沢状の堀に大量の小皿や坏《つき》が捨てられている。土器の大量消費は幾度にもわたる饗宴によるものだ。

『陸奥話記』には、源頼義の兵士がいくつもの甕に入れられた芳醇な酒を見つけ、皆で酒を飲み気勢をあげたことが記されている。毒が入っているかも知れぬという制止を振り切って最初に飲んだ兵士はよほどの酒好きだったのだろう。ともあれ鳥海柵では地域支配の有力な拠点として饗宴のための酒が常備されていた。饗宴には配下の者や地域のおもだった者が集まり、政治的な取り決めなどが行われていたとみられる。

安倍氏は「兵《つわもの》」として、堀で区画した館《たち》をもち、四面廂建物で饗宴を開いていたことが、鳥海柵跡の発掘調査でわかった。土器の大量消費とともに、饗宴政治は平泉にも受け継がれている。

柵の時期は十一世紀前葉〜中葉で、特に中葉には四面廂建物や吊り橋が整備されている。安倍氏の本拠地が十一世紀初めからこの地にあったとするなら、勢力のピークは前九年合戦を含む三十〜四十年ほどとなる。安倍氏が隆盛を極めた期間はそれほど長いことではなかったようだ。

このほか安倍氏の時代の遺跡としていくつか発掘調査が行われている。滝沢市大釜館遺跡は、雫石川北岸の河岸段丘上にある地区の有力者の屋敷跡だ。四面廂建物を中心に中〜小形の建物や竪穴がまわりに配置されている。堀などの区画施設がなく、土器の大量消費もなく、「兵」としての権力の集中は読み取ることができない。しかし古代末期の地域有力者の屋敷跡の発掘例は稀少で、注目される遺跡といえる。

また岩手町川口の沼崎遺跡は、北上川に張り出す台地を横断する大溝と土塁が確認された。十一世紀中葉の坏や小皿がまとまって出土している。工場建設工事の際の出土で内部の遺構は不明だが、小形の柵である可能性が考えられる。

一関市河崎柵や盛岡市厨川柵の擬定地なども発掘調査が行われているが、まだ確証を得られていない。今後の調査の進展が期待される。

前九年合戦の後日譚

一〇六二（康平五）年年九月十七日の厨川柵陥落後、翌年二月に源頼義は安倍貞任や藤原経清らの首を都に届ける。五ヶ月間塩漬けにしていたのだろう。頼義本人はまだ陸奥国に残り、藤原季俊《すえとし》という者が送り届ける役を担っていた。貞任の首を担いでいたのは貞任の従僕だった者で、都に着いて塩漬けの桶から貞任の首を出したとき髪が乱れていたので、季俊に櫛を借りようとするが断られる。やむなく自分の汚れた櫛で貞任の髪を梳《くしけず》りながら、我が主は高き天のようだったとむせび泣いた。見物に集まっていた都人の多くも涙をさそわれたという。

頼義はさらにその翌年の三月に十二年間在任していた陸奥から、捕虜となった安倍宗任らを連れて都に戻る。厨川柵陥落から一年半が経過していた。

宗任が都に入ろうとしたときの逸話が残されている。都人が梅の花を指して何の花かと宗任に問うた。宗任は「わが国の　梅の花とは見つれども　大宮人はいかがいふらむ」と答えたという。みちのくの梅の花と見受けられるが都人は何というのかと、和歌で返したのだ。安倍氏の教養の高さを示すものとして取り上げられることが多いが、この逸話を載せる『平家物語』は前九年合戦より二〇〇年ほど後に成立している。宗任はそのまま頼義の次の任地四国の伊予へ流され、さらに九州大宰府へ移される。

また、源頼義の嫡男義家と安倍貞任とのやりとりも残されている。合戦の最中、不利になって逃げようとする貞任に義家が「衣のたてはほころびにけり」と投げかけ、貞任は「年を経し糸の乱れの苦しさに」と返した。衣の縦糸がほころぶように衣川の館も破れてしまったという下の句に対し、年月を経た糸に乱れがあるように、戦いをこらえることができなかったと上の句を返した。これに感じ入った義家はつがえていた矢を下ろし、貞任を逃がしたという。『古今著聞集《ここんちょもんじゅう》』という説話集に載っているエピソードだ。やはり二〇〇年後の作であり、武士の情けに通じる義家の度量の深さを強調するために創作されたものといわれる。

前九年合戦の様子を描いた『陸奥話記』は、勝者の源頼義の立場で書かれたものだが、最後に作者は貞任の首を担いだ従僕が忠に篤いことを賞賛している。安倍氏への同情をにじませ、判官贔屓《ほうがんびいき》ともいえる従僕の話を挿入せざるを得なかったのは、物語として情に訴える趣向とも考えられるが、安倍氏への哀惜の念が当時わき起こっていたからではないだろうか。宗任の「梅の花」や貞任の「衣のたて」が、後年の創作だとしてもその逸話には安倍氏への敵意や差別は感じられない。

これに対し、十年ほど前の高校教科書には、前九年の役・後三年の役を頼義・義家父子がしずめて、武家の棟梁への地位を確立したと書かれている。鎌倉幕府や室町幕府といった中央権力者につながる源氏への一方的な賞賛であり、安倍氏や清原氏を源氏の引き立て役としか見ていない。

最近の教科書は東北地方に関する記述も増え、地方の歴史が取り上げられるようになってきている。各地

四面廂建物跡が発掘された鳥海柵跡
（2009年11月の現地説明会）（岩手日報社提供）

でそれぞれの土地に根ざした歴史像が描かれるようになり、その積み重ねが教科書にも反映されてきている。

前九年合戦の遺跡をかかえる金ヶ崎町では毎年「前九年合戦シンポジウム」を開催している。町内はもちろん、県内各地からも多くの参加者があり、合戦や安倍氏への新たな認識が広まりつつある。秋田県横手市でも「後三年合戦シンポジウム」が同じように開かれている。

こうした遺跡の公開研究発表は、このほか平泉フォーラムや縄文時代の一戸町御所野遺跡のシンポジウムなどがあり、やはり多くの参加者でにぎわっている。このような継続的な活動が教科書の記述をも書き換える原動力となっている。

第四章

都市平泉の風景

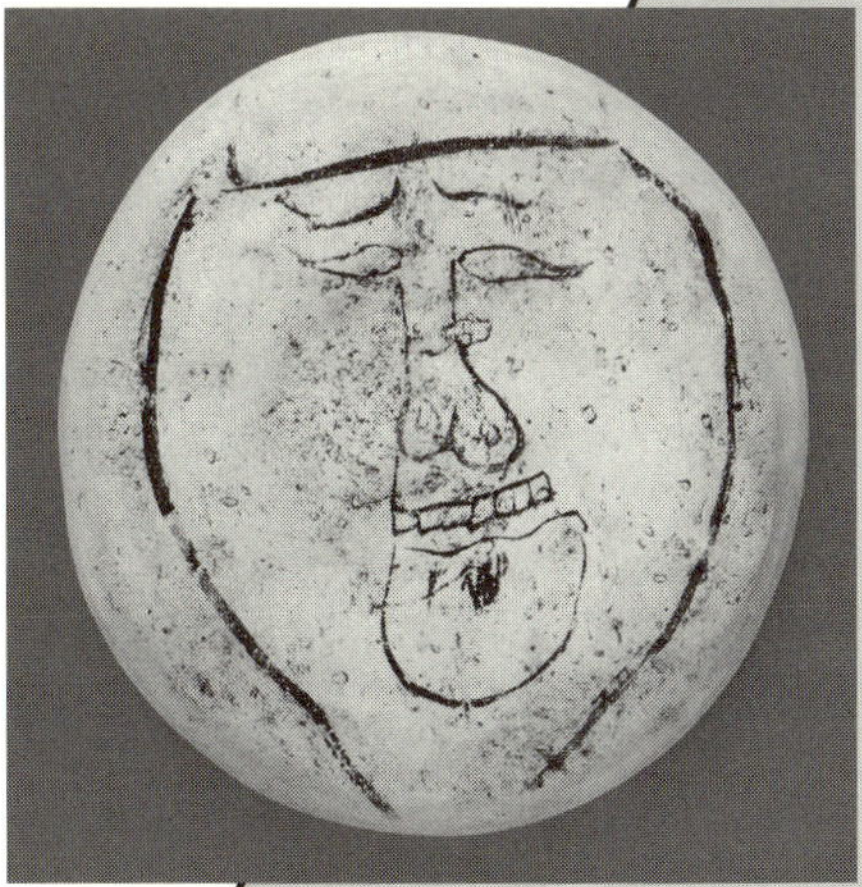

まじないのため、かわらけに描かれた人面＝平泉町柳之御所遺跡出土（岩手県埋蔵文化財センター提供）

藤原四代の栄華の跡

十二世紀の平泉の政治と文化は、東北全域に影響を及ぼし、日本史全体の流れと深く関わっていた。また、多くの県民が中尊寺金色堂や毛越寺庭園を訪れ、岩手県内のローカルニュースでも歳時記のように平泉の行事が紹介されるなど、なじみが深い。

平泉の歴史は、藤原清衡《きよひら》・基衡《もとひら》・秀衡《ひでひら》・泰衡《やすひら》四代の事蹟と関連づけて語られることが多い。

初代清衡は、父藤原経清《つねきよ》と母安倍頼良の娘（実名は特定されず）との間に、一〇五六年（天喜四）年に生まれた。五年前に始まった前九年合戦は、途中で中休みするように戦闘のない穏やかな歳月がしばらく続いたが、天喜四年に合戦が再開され、経清が安倍氏の敵方の源頼義軍から安倍軍に加わった。その節目の年に清衡は誕生した。合戦の後、経清は斬首され、母は頼義と連合を組んだ山北三郡（横手盆地）の清原武貞に再嫁する。七才の清衡は清原家の三兄弟の一員として成長することとなる。

安倍氏の旧領の奥六郡（北上盆地の岩手・志波・稗抜・和賀・江刺・胆沢郡）は、清原氏が領するようになる。清原氏は鎮守府将軍に任じられ、鎮守府のある胆沢に日常の活動の場を移す。

清原氏一族の内紛から始まった一〇八三（永保三）〜八七（寛治元）年の後三年合戦で、清衡は義兄の清原真衡《さねひら》と、後には異父弟の家衡と、まさに骨肉の争いを繰り広げることになる。この戦いで清衡は妻子を殺されている。

後三年合戦を生きのびた清衡は、十数年を費やして自らの地歩を固めた。前後関係ははっきりしないが、奥六郡を継承し、磐井郡に保《ほ》を立て、新たな経済基盤の確保を始めた。「保」は開墾した土地を国司の承認を受け、実質的に支配した一種の荘園のような土地をいう。また京の関白へ馬を贈るなど、中央とのパイプづくりに腐心し、清原姓から実父の藤原姓に変えたりしている（樋口知志『前九年・後三年合戦と奥州藤原氏』）。さらに、陸奥押領使《おうりょうし》となって軍事警察権を与えられたとも推定されている。その権限の範囲は、陸奥国全体ではなく、継承した地域を中心とするものとみられる。

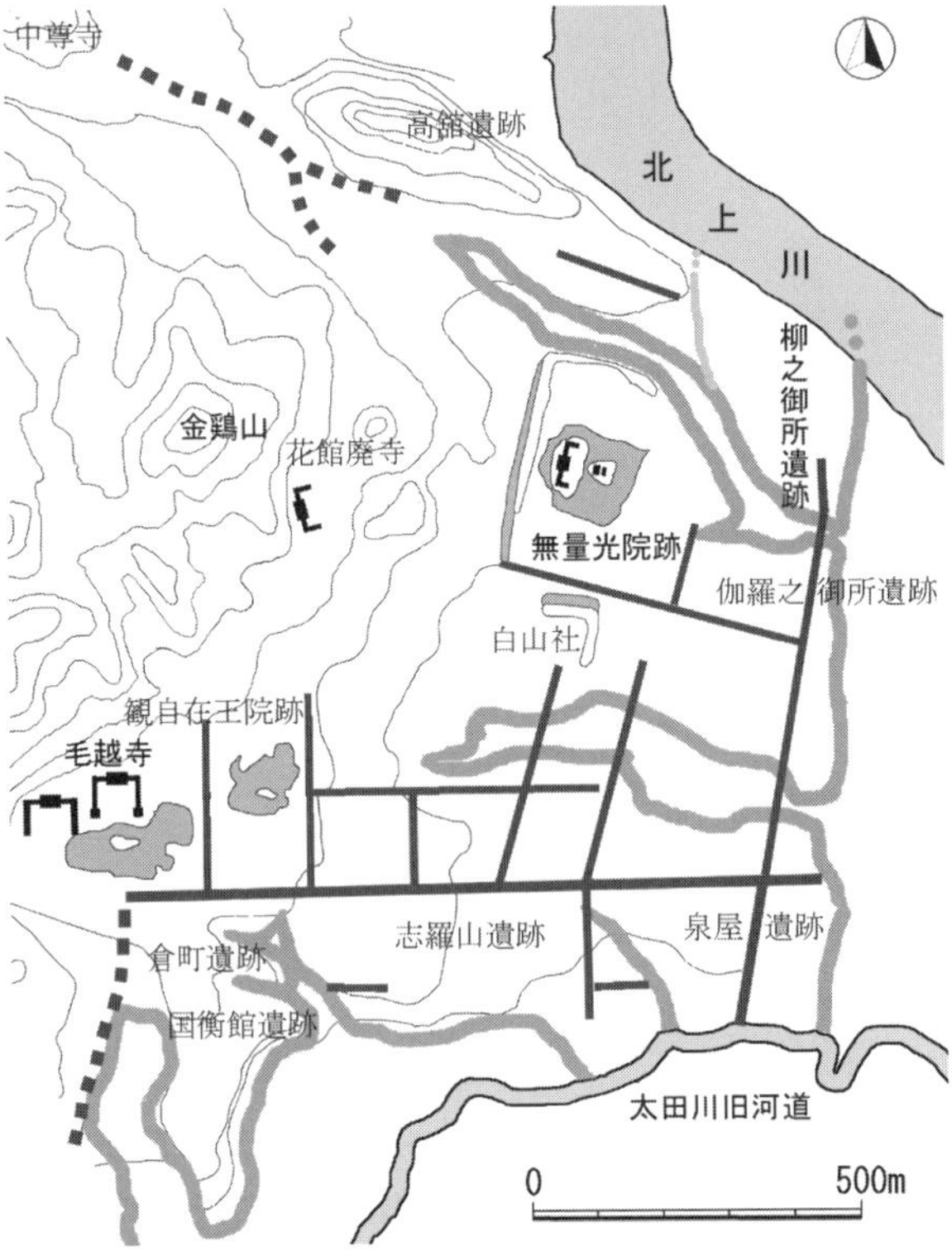

都市平泉
平泉中心部の寺院と街路。周辺にも 12 世紀の遺跡が広がる。

清衡は、江刺郡豊田館《とよだのたち》を経て、一一〇〇年頃平泉に本拠を移す。中尊寺を建立し、延暦寺などで千僧供養《せんそうくよう》という千人の僧を招いた大法要を行った。また奥羽一万余の村ごとに伽藍《がらん》（金堂や塔など）を建て、奥大道《おくのだいどう》（福島県白河から青森県陸奥湾までの幹線道路）に金色の阿弥陀像を描いた笠卒塔婆を設置したとされる。これらの事蹟は、源頼朝の平泉攻略（文治奥州合戦）の時に、藤原氏の遺臣や中尊寺の僧侶などによって語られたもので、清衡の篤い信仰心が強調されている。

二代基衡は、清衡の死後、異母兄の惟常《これつね》らと争って当主の座に着いた。毛越寺建立のほか、奥羽に点在する京都の貴族の荘園を管理し、年貢を安くさせるなどの政治手腕を発揮している。都市平泉の整備が大きく進んだのも基衡の時期からだ。

三代秀衡は、鎮守府将軍や陸奥守という要職に就き、藤原氏の威勢を大きく伸ばした。無量光院を建立し、都市整備もさらに進めている。京や関東では上皇や平氏、源氏の間での権力争いが熾烈《しれつ》を極めるが、次第に源頼朝の力が増すようになると、平泉としても傍観できなくなる。頼朝との衝突を避けながらも、頼朝と敵対する源義経を迎え入れる。義経は青春期に平泉で過ごしており、頼朝と対立して行き場を失い秀衡を頼ってきていた。

四代泰衡は、頼朝の再三の要請により義経を討つが、一一八九（文治五）年、頼朝は自ら兵を率いて奥羽に攻め込む。泰衡は北へ逃げるが、家臣によって討たれ、約九十年に及ぶ平泉藤原氏は亡ぶこととなる。

平泉の歴史を簡略的に述べるとこのようになるが、そこで展開された歴史の営みは多彩なものがあった。

政治都市を象徴する四面廂建物

都市平泉は、いくつもの顔をもっていた。近年は「仏教都市」の面が強調され、浄土の世界、平和希求の思想などと表現されることが多くなっている。仏教都市といわれるのは、初代清衡が総延長五〇〇キロの奥大道《おくのだいどう》の中心に中尊寺を建て、奥州の政治統合の宗教的・精神的中心としたことが、まずあげられる。毛越寺が街路の起点となっていること、都市の中で寺院の占める面積が圧倒的に大きかったこと、千人を超える僧とそれを支える人々が人口の多数を占めていたことも、仏教都市といわれる所以となっている（斉藤利男『平泉―北方王国の夢』）。

さらに、清衡の思想を物語るものとして『中尊寺建立供養願文《がんもん》』がある。東北地方での戦乱で亡くなった者の霊を敵味方なく慰め、仏国土を建設することを謳っている。その中心の平泉が仏教都市となって体現されているというのだ。

発掘調査は、これまで平泉町内いたるところで進められてきている。その結果、都市の実態が少しずつわかってきた。それは政治都市としての「顔」だ。それを端的に示す遺構として「四面廂《しめんびさし》建物」があげられる。飛鳥・奈良時代から四面廂建物は宮殿や役所、寺院の主要建物として、儀式などに使われていたが、寺院を除き、次第に饗宴の場としても使用されるようになった。饗宴は身分の上下を表す場であり、有力者同士の誼《よしみ》を通じる

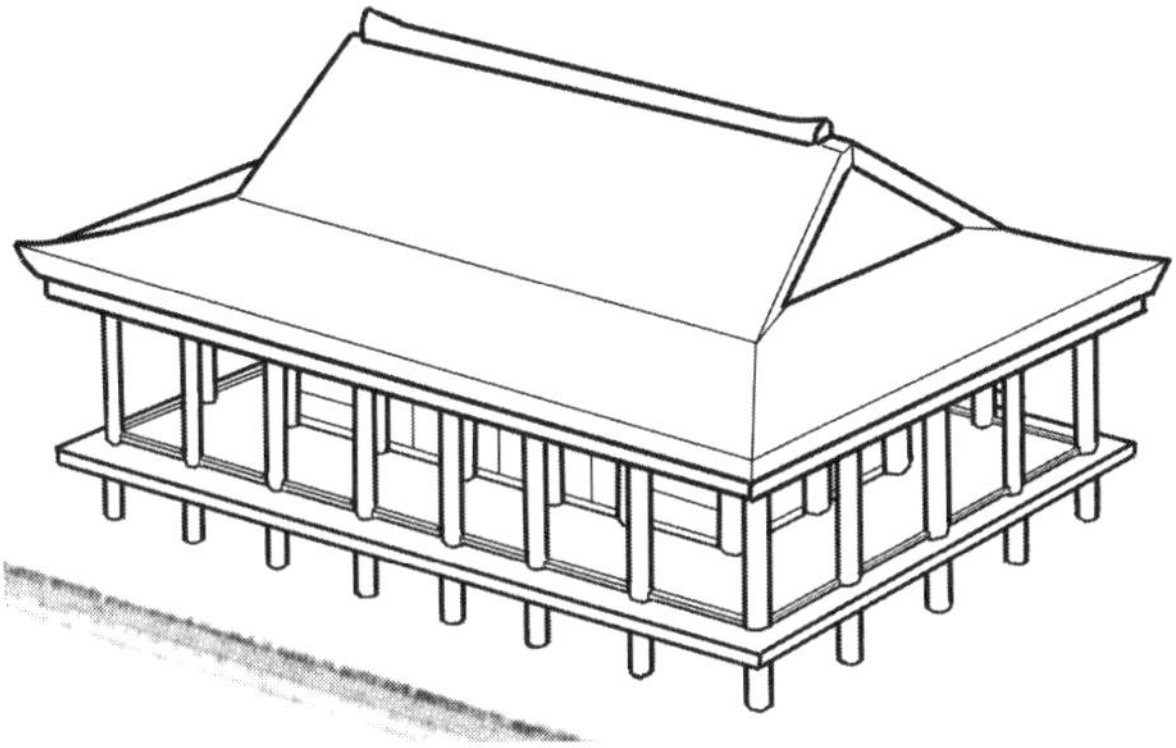

推定される四面廂建物の姿
壁や扉で取り付く本体部分（身舎もや）の四周に、廂が加えられた構造の建物。屋根が大きく張り出すため、廂の柱は屋根を支えている。図では廂の壁が透けて見えるように表現。
柳之御所遺跡中央の大形四面廂建物をイメージ。

場であり、四面廂は政治色の濃い建物だった。その建物の居住者、所有者は政治的に上位クラスの者に限られる。

平泉の発掘では、四面廂建物が集中する地区が何ヵ所も確認されている。最も多いのが堀で囲まれる柳之御所遺跡だ。堀は防御の意味もあるが、堀の内側の隔絶性を高め、容易に入り込めない特別な場所であることを印象づける意味もある。

柳之御所の中心部では大形の四面廂建物がほぼ同じ位置で何度も建て替えられており、大きな節目ごとに新築されていた。すぐ南には中島をもつ池があり、池を眺めながらの饗宴が催されたのだろう。この遺跡では素掘りの井戸も数多くみられ、杯や皿に用いられた大小のかわらけも十数トン出土している。新しい井戸から汲み上げた新鮮な水と未使用の清浄な器がくりかえし供されたことがわかる。ほかにも多くの建物跡や厠《かわや》状遺構も確認されている。深い堀で囲まれ、大形の四面廂建物をもつ遺跡は平泉では他になく、藤原本宗家の居館として平泉の中心の行政府だったことは間違いない。

また堀の外側の地区、泉屋《いずみや》遺跡（平泉駅の南側）、国衡館《くにひらだて》遺跡（平泉小学校周辺）、志羅山《しらやま》遺跡（役場のある地域）でも四面廂建物が複数棟ずつ確認されている。いずれも周囲を囲む堀はなく、建物も中形の大きさで、藤原氏一族や重臣級の居宅と推定される。各所に一族をはじめとする要人の邸宅が配置され、政治的な動きがみられた。

平泉では、大量のかわらけとともに、常滑（知多半島）や渥美（渥美半島）産の国内産陶器も多く出土する。柳之御所遺跡では渥美産が常滑産より多く、他の遺跡では常滑産が多い。きめの細かい土を使う渥美産の方が上等品だったようだ。中国産の輸入陶磁器も多く使われていた。

平泉中心部で発掘される堀や建物、井戸などの時期はほとんどが二代基衡以降のもので、初代清衡の時期のものはきわめて少ない。柳之御所遺跡では清衡期の井戸が存在するが、建物については同時期と断定することができない。清衡期では平泉はまだ「都市」にまで至っておらず、政《まつりごと》が行われた場所もはっきりしていない。基衡期以降の整備によって都市としての姿になり、政治的な四面廂建物も増えてくる（八重樫忠郎『北のつわものの都―平泉』）。

繁栄支えた北方交易

平泉の富を象徴するエピソードとして、藤原基衡が毛越寺の仏像制作を仏師雲慶に依頼した際の代価として、金や馬などを送った話が有名だ。

円金百両、鷲羽百尻、水豹《あざらし》皮六十余枚、安達絹千疋、希婦細布《きょうのせばぬの》二千端、糠部駿馬《ぬかのべしゅんめ》五十疋、白布三千端、信夫毛地摺《しのぶもじずり》千端のほか、絹を船六艘分、山海の珍物を支払った。円金は砂金を溶かして粒状にした金、百両は三・七五キロの重さになる。金は玉山金山（陸前高田市）などで産出したと伝えられる。清衡が中国の宋から数千巻の一切経を購入するために十万五千両（三九三七キロ）の金を支払ったという。約四トンもの金を厳重な警護をしながら運んだのだろうか。

鷲羽は矢羽根に使うもので、北海道に多いオジロワシやオオワシなどの尾羽が、模様の美しさと柔らかさから高級品とされた。アザラシをはじめ海獣やヒグマの毛皮は底冷えのする京都で重用された。

江戸時代の希婦細布《きょうのせばぬの》

鹿角錦木から盛岡南部家への献上品。江戸時代でも貴重品だった（もりおか歴史文化館所蔵）

安達絹は、安達郡（福島県伊達市周辺）で織られる絹織物で、現在は川俣絹としてブランド化されている。信夫毛地摺は、草の色素を石の上ですり込んだ布で、信夫郡（福島市あたり）の特産という。百人一首の「陸奥のしのぶもぢずり　たれ故に乱れそめにし　我ならなくに」（源融《みなもとのとおる》）にも登場する。希婦細布は鳥の羽毛を織り込んだ鹿角地方の麻布で、なめらかな手触りで珍重された。「けふ（きょう）のせばぬの」は、江戸時代に菅江真澄が著した鹿角地方の紀行文でタイトルにも使われている。

糠部駿馬は、名馬の産地糠部（岩手県北から下北半島にかけての地域）の中でも特に選りすぐった馬をいう。陸奥の馬が奈良時代から全国的に高く評価されていたが、特に糠部が馬産地として知られるようになった。一戸から九戸までの地名は、糠部地方の牧場に由来している。

このような東北から北海道にかけての豊かな特産物が、平泉の経済や文化を支えていた。

なお雲慶は、主に鎌倉時代に活躍する運慶が生まれた頃には既に名を馳せていたようだが、ほかの記録にまったくみえず、その正体は謎だ。

平泉に富をもたらした鷲羽や水豹などは、おもに北海道で獲れたもので、平泉には北方交易でもたらされていた。北海道と本州の交易は、縄文時代から石器の原石の交換などが行われていたが、古代に入り、七世紀には阿倍比羅夫が一八〇艘もの船団を率いて、北方交易を開始した。この時ヒグマの皮を持ち帰っている。九世紀にはアシカなどの海獣の毛皮や山地の異なる数種類の昆布などが加わる。公的な交易は胆沢城（奥州市）や秋田城などが交易の窓口となっていた。十世紀後葉には、ワシ類の羽、アザラシやテンの毛皮など、品目も増えてくる。

この頃まで、本州側の交易拠点は、太平洋ルートでは下北半島の大間や尻屋崎付近、日本海ルートでは津軽の岩木川河口（十三湖）と陸奥湾の最奥部の外ヶ浜だった。次第に外ヶ浜が有力になってきており、青森市の新田（2）遺跡（新幹線の新青森駅付近）などでは、交易に従事した人たちの遺跡が確認されている。

十一世紀になると、東西ルートの一本化が図られるようになる。岩木川・下北の拠点が外ヶ浜に吸収され、北の起点となる。胆沢城にあった鎮守府はこの時期にも残っており、一〇一八（寛仁二）年には前鎮守府将軍と陸奥守が北方の産物をめぐって、合戦に及んでいる。鎮守府の在地の官人トップだった安倍氏も、当然北方交易を実質的に仕切る立場にあった。

津軽と北上盆地との連絡路は九世紀の徳丹城造営後に、またその南の道路も志波城への官道として整備されていた。その幹線道路が十一〜十二世紀に引き継がれ、安倍氏の時期に、外ヶ浜から鎮守府のある北上盆地までの陸路が整備され、奥大道《おくのだいどう》と呼ばれるようになる。

藤原氏核に同盟関係

平泉藤原氏が全盛を誇った十二世紀の平泉以外の遺跡として、紫波町南日詰の比爪館跡《ひづめのたち》がある。「比爪」は樋爪や火爪と表記されることもあった。

比爪館は、平泉の藤原清衡の孫または甥にあたる樋爪俊衡《としひら》が居住した館《たち》だ。一一八九（文治五）年、源頼朝が大軍を率いて平泉を攻め、比爪館に迫ったとき、俊衡は自らの館を焼き払って北に逃れた。十日ほどして投降するが、法華経を読誦する以外は一言も発しなかったという。頼朝は自らも法華経を信仰していたので、俊衡に比爪の地を安堵したと、『吾妻鏡』は伝えている。

俊衡はこの時六十才過ぎ、生まれは一一二五年前後とみられる。比爪館跡を発掘すると、俊衡の幼年～青年期に相当する時期のかわらけなどが出土する。幼年期であれば父頼清の代に比爪に入ったことも考えられる。ともあれ北上盆地の北部に藤原氏が拠点を築いたのは清衡の晩年または基衡になってからということになる。

比爪館跡は、東西三〇〇メートル、南北二四〇メートルの規模が、幅一〇メートル前後、深さ約二メートルの大溝で区画されている。発掘調査が進んでいる北西部に、四回以上の建て替えが行われたやや大形の四面廂建物群があり、館の中心部とみられる。その東側には板塀を隔てて、中形の四面廂建物五棟や井戸、仏堂のような宝形造《ほうぎょうづくり》建物跡もみられる。南西部には池とみられる中島状の高まりがあり、池の汀線が確認されている。

遺物は十二世紀後半のものが多い。かわらけは近くの下川原遺跡の平窯で焼かれていたことが確認されている。渥美・常滑産の甕が多く、青磁・白磁などの中国産陶磁器は少ない。周辺には一族の居宅跡とみられる

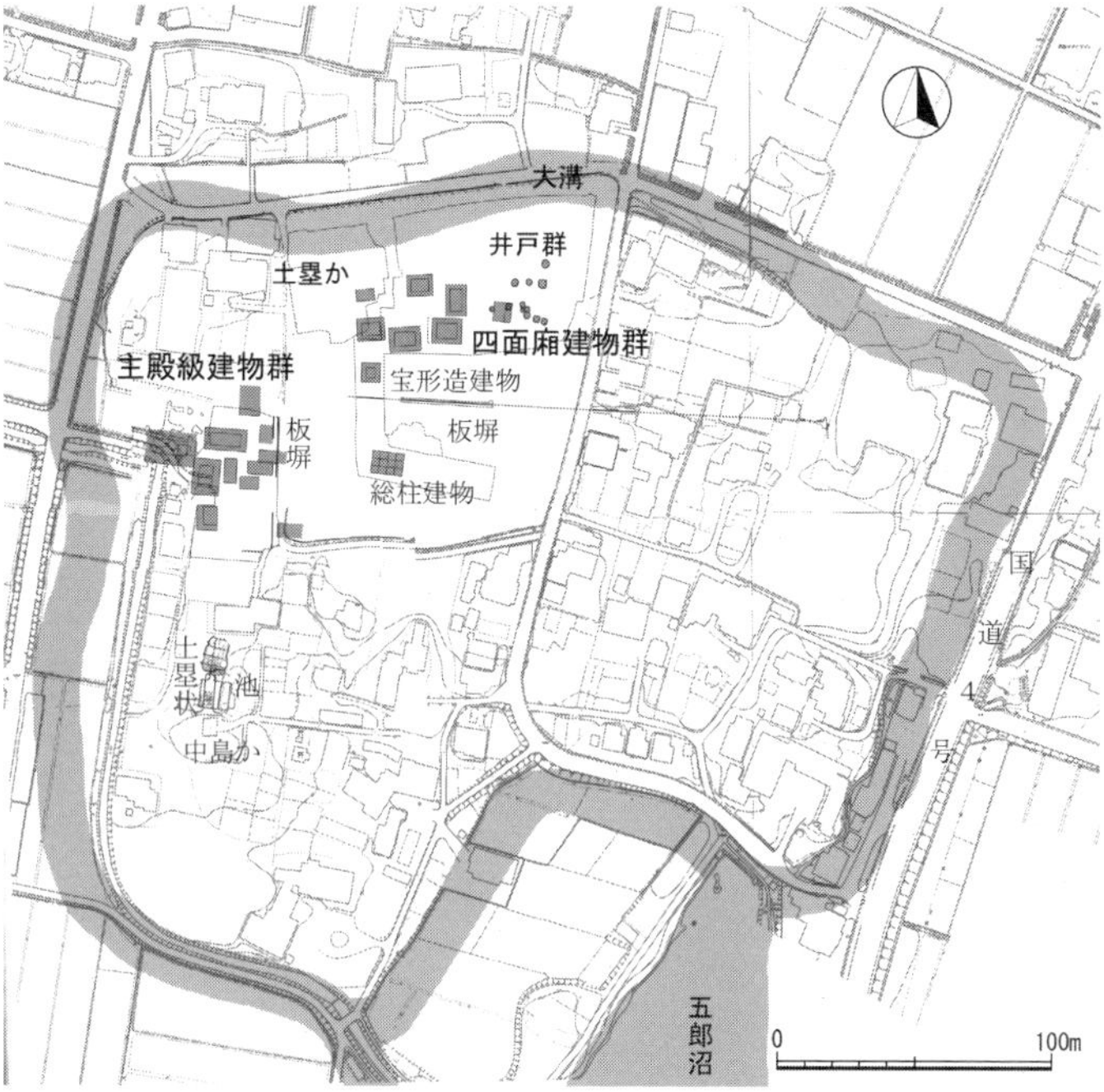

比爪館跡

遺跡の北側（現赤石小学校付近）に四面庇建物や井戸が集中している＝紫波町赤石

大銀Ⅱ遺跡などがあり、あたかも都市のような景観を呈する一帯だったとみられている。

また盛岡市浅岸の区画整理事業にともなって発掘された堰根《せきね》遺跡からも十二世紀の四面庇建物跡一棟やかわらけ、陶磁器が出土している。周りを区画する堀などはみられない。

北上盆地の郡は「奥六郡」と呼ばれていた。北から岩手・志波・稗抜・和賀・江刺・胆沢の六郡だ。清衡の母方の安倍氏が支配していた地域で、藤原氏にとって父祖伝来の地と言える。安倍氏は南の磐井郡に進出し、清衡はそれらも受け継いだ。

柳之御所は奥六郡の中心的位置を占め、藤原氏の権力が集中した居館であり、比爪館跡は藤原氏の一族として、奥六郡北部の中心的な居館だった。堰根遺跡は小地域の有力者の居宅（屋敷）とみられる。この頃は武士と農民の分離は判然としていないので、堰根の有力者は武力をもち、広域的な農業経営者でもあったようだ。

県外に目を向けると、青森県津軽では中崎館遺跡（弘前市）や高間《たかま》（1）遺跡（青森市）など、同時期の居宅跡が確認されている。複数の四面廂建物を並べるが、堀や土塁で周囲を区画しておらず、盛岡の堰根遺跡のような有力者の居宅とみられる。このほか四面廂建物はないが、矢立《やたて》廃寺（秋田県大館市）や青森市内真部《うちまんべ》（4）遺跡など、奥大道沿いの遺跡も有力者の屋敷とみられる。

それらの遺跡から平泉にみられるようなかわらけや中国産の白磁などが出土するので、平泉藤原氏が奥大道の要衝を押さえていたといわれた。ただ最も多く出土する国産陶器は能登半島の珠洲《すず》焼など日本海側に広く流通するもので、平泉のような渥美や常滑製品ではなかった。基本的な流通経済が異なるもので、平泉の勢力が直接及んでいたとは言えない。

これらのことから、平泉藤原氏は、奥六郡と磐井郡を中心とする直轄地をベースに、各地の有力者と交易や軍事同盟などを通じた連携関係にあったと考えた方が理解しやすい。奥大道の整備も、各地の利害を共有する有力者たちとの共同事業の可能性を考えてよいだろう。

仏教が帯びる政治性

十二世紀の平泉は仏教ときわめて密接な関係にあった。金色堂や浄土庭園が、平和で平等なこの世の浄土の建設をめざしたものとも言われている。だが、藤原清衡やその後継者たちが積極的に寺院を建立した理由は、それだけなのだろうか。

ここで京都の寺院造営について考えてみたい。金色堂建立のほぼ一世紀前の一〇二〇（寛仁四）年、関白藤原道長は阿弥陀堂や金堂、浄土庭園をもつ法成寺《ほうじょうじ》を建てている。道長の寺院建立は、疫病退散など国家的な祈願や大がかりな法会を行うことで、天皇に並ぶ権威を示すことにあった。また建設には、貴族たちに資材調達の負担を強いて、道長が貴族社会の頂点にあることを世に示した。

十一世紀後葉～十二世紀には、白河天皇から近衛天皇までの歴代の天皇や皇后も、白河に法勝寺《ほっしょうじ》、鳥羽離宮の上皇御所に複数の寺など、大規模な寺院を建立している。これらの寺院も国家鎮護をめざし、堂内の荘厳《しょうごん》具（寺院や仏像の装飾具）の調達を貴族層に割り当てていた。寺院建立や荘厳などに贅《ぜい》を尽くすのは、作善《さぜん》（善行を積むこと）によって自らが幸福となる功徳《くどく》を得られるという考えによる（上島享「中世王権の創出と院政」『日本の歴史08』）。

このように、十一～十二世紀は仏教が支配層にとって大きな政治的意味をもっていた時代だった。古今東西、宗教は社会全体での価値観や倫理観の共有に大きな役割を果たしてきており、日本では古代から仏教が国家政策の中に位置づけられてきた。十二世紀も仏教と政治は切っても切れない関係にあった。

平泉中尊寺の建立についても政治とは無関係ではない。初期の中尊寺伽藍は、陸奥押領使《おうりょうし》（軍事・警察の

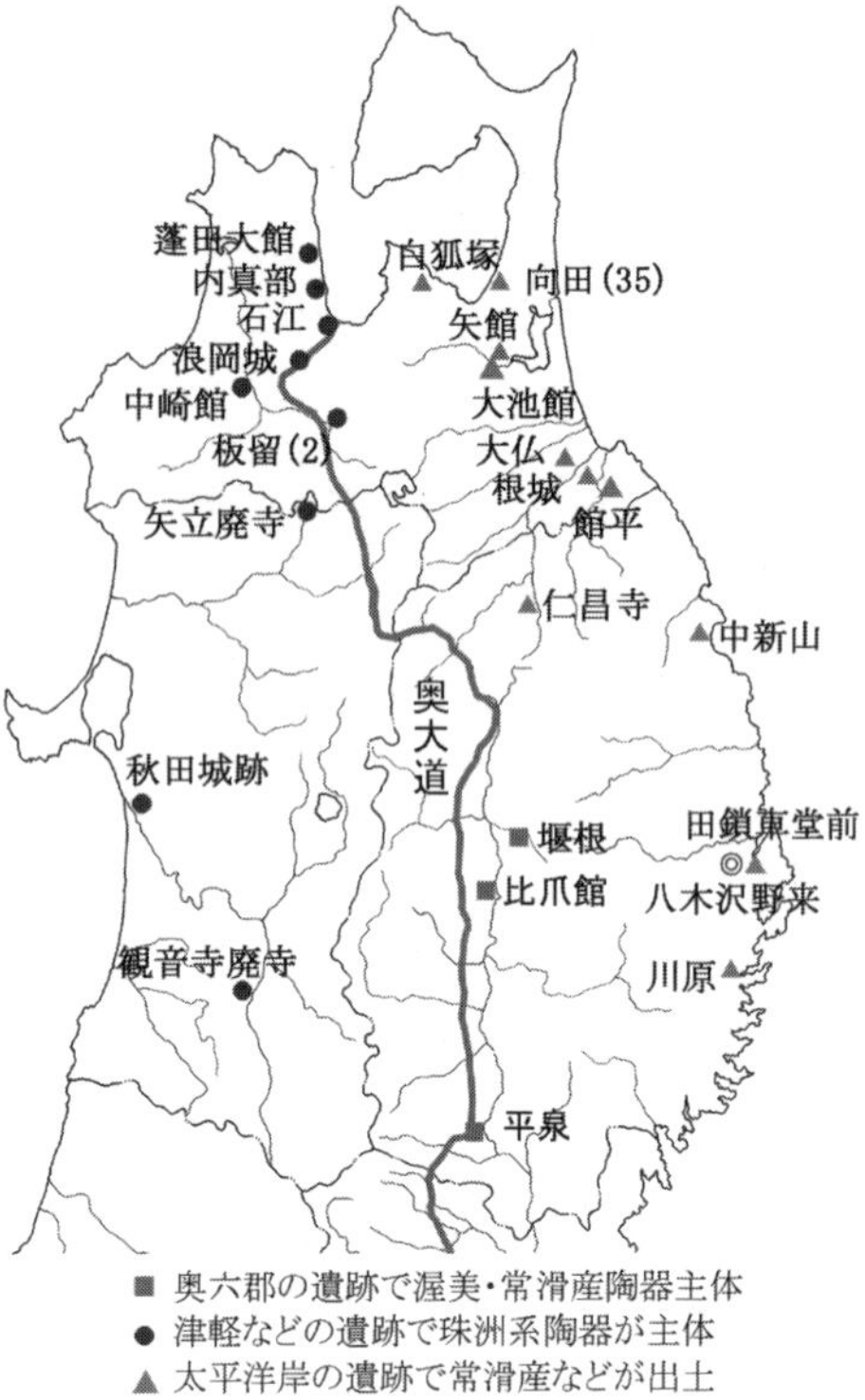

奥大道（平泉以北）と12世紀の遺跡
奥大道は福島県白河から陸奥湾（青森市）までの幹線道路。

長官）となった清衡が、奥羽支配の威信を誇示するために創建したとされる。（菅野成寛「平泉の宗教と文化」『平泉の世界』）。

毛越寺は京都の法成寺や法勝寺、無量光院は宇治の平等院を模して設計された。単なる模倣ではなく、平泉なりの独自性があることが指摘されている（誉田慶信「平泉・宗教の系譜」『兵たちの極楽浄土』）。

とはいえ、寺院建立の大きな目的である政治性は継承されたとみるのが自然だ。

『中尊寺建立供養願文』は、清衡の仏国土建設の理念が謳われたものと評価されているが、国家鎮護や、時の権力者である上皇や天皇の長寿についても言を尽くして祈願している。きわめて政治性を帯びた願文であることは間違いない。

政治と仏教の両面を合わせることによって、平泉の違った風景も見えてこよう。南北五〇〇キロにわたって陸奥国南端の白河から北端の陸奥湾までを縦貫する奥大道には、一町（約一〇八メートル）ごとに金色の阿弥陀像を描いた笠卒塔婆が五千本近く設置されたといわれる。

道路を開削し、橋を架け、悪路を直すなど、道路整備と維持管理は現代でも主要な行政の事業となっている。藤原氏だけで奥大道の整備や管理、警備まで行うことは難しく、交易など利害を共有する沿道の有力者たちとの連携があった。その協力を得るため笠卒塔婆を立てて、奥大道を仏の聖なる道としたといわれる（入間田宣夫『都市平泉の遺産』）。

また、一万余の村ごとに伽藍《がらん》（堂塔）を建てたことも、清衡の仏国土づくりを示すものとされる。しかし、村ごとに伽藍を建てた形跡は確認されていない。かわって経塚が各地で築かれていた。経文を甕や銅製の筒などに入れて塚に埋納するもので、十二世紀頃に流行する。人々の信仰の広まりが社会の価値観の共有につながり、奥羽の安定に寄与した。そのことが清衡の伽藍建立の功績として語られるようになったものと思われる。

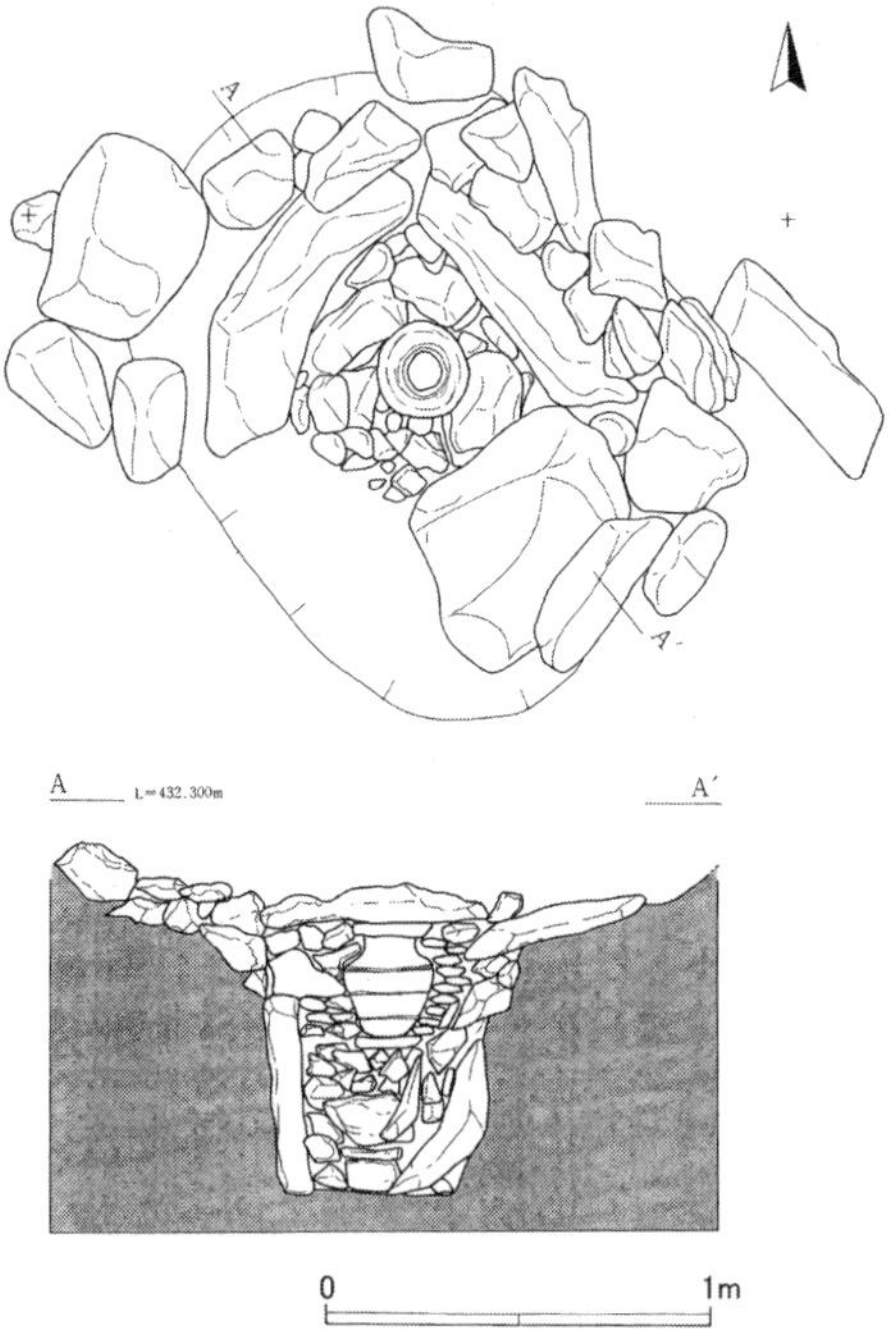

山屋館４号経塚跡
石組みの中央に経を納めた壷を埋納＝紫波町山屋（岩手県埋蔵文化財センター 1997『山屋館経塚・山屋館跡発掘調査報告書』から転載）

黄金の世紀の終わり

一世紀近い繁栄を誇った平泉藤原氏は、秀衡の死後、急激な状況の変化に見舞われる。

秀衡の死の翌一一八八（文治四）年、四代目を継いだ泰衡に対し、平泉に身を寄せていた義経を差し出すよう、宣旨《せんじ》（天皇の命を伝える文書）が届けられる。義経は兄の源頼朝との確執から逃れるため平泉を頼ってきていた。宣旨は頼朝が朝廷を動かして出させたものだ。

宣旨が二度出されたにも関わらず泰衡は動こうとしなかった。しかし度重なる頼朝の圧力に抗しがたく、翌文治五年閏四月に義経を襲撃し、自害させる。武蔵坊弁慶が無数の矢を受けて落命してもなお仁王立ちのまま義経を守ろうとした姿など、この時の戦いが後に壮絶なドラマとして脚色され、語り継がれている。

義経の首は黒漆の櫃《ひつ》に納められ美酒に浸されて、六月に鎌倉に送られる。これで平泉も安泰かと思われたが、既に頼朝は二月の時点で平泉攻撃を決めていた。

七月、鎌倉軍は奥羽へ三軍に分かれて行軍を開始する。文治奥州合戦の開始だ。中央軍は下野（栃木県）から白河を北上（国道四号線に近いルート）し、別動隊は常磐経由（国道六号線）と北陸（国道七号線）経由のルートをとった。

平泉側は、阿津賀志山《あつかしやま》（福島県国見町）から阿武隈川までの三・二キロにわたる防塁を築き、中央軍を迎え撃つ。防塁は二重堀と土塁から成るが、その規模が大きく、早い段階から備えをしていたとみられる。

しかし、阿津賀志山防塁線は頼朝軍の攻撃によって破られる。ここでの勝敗がその後の戦況を決定づけた。泰衡は国分原（仙台市榴岡付近か）に本陣を構えていたが、阿津賀志山敗退の報を聞き、北へ退却する。中

陣ヶ岡

源頼朝率いる鎌倉軍 28 万 4 千騎が、平泉を攻めた後に集結したと伝えられる＝紫波町

央軍は進軍を続け、敗走する泰衡は平泉に戻り、平泉館の高屋や宝蔵などに火を放つ。

北へ逃亡を続ける泰衡は、比内《ひない》（秋田県大館市）の贄柵《にえのたて》で、河田次郎によって首を獲られる。次郎は数代にわたる藤原氏の家臣だった。頼朝に首を届けたが、逆に忘恩の輩として斬罪に処せられた。

鎌倉軍のうち常磐地方をまわった軍は特に戦いをしていない。地元の武将がその後も存続を認められており、恭順したものとみられている。北陸経由の軍は出羽に入り、田河（山形県鶴岡市）などで、地元の武将らと戦い、これを破っている。出羽側の武将は泰衡の家臣と書かれているが、陸奥側の戦いには参加しておらず、自国のために戦っている。

陣ヶ岡（紫波町）に鎌倉軍三軍が合流した時には、二十八万四千騎に達したという。平泉側は十七万騎といわれるが、実態は不明だ。

鎌倉軍の遠征は、単に平泉藤原氏を滅ぼすためだけではなく、奥羽両国の軍事制圧が真の目的だった。その結果、頼朝は本州北端まで御家人を地頭に任じ、北海道を除く全国支配を成し遂げることができた。

奥羽側にとっても、この合戦は画期となった。奥六郡や糠部と呼ばれた広域的な行政区分は、地頭ごとの所領となって、地域のまとまりが細分化した。古代的な地域区分が中世の新たな地域割りとなったのだ。

一方、支配層が変化する中で、平泉時代からの各地の有力者の多くが存続しており、人々の暮らしに大きな変化はなかったのだろう。時代の画期にあっても地域社会は崩壊することなく、地域と人々は次の時代を担っていった。

平泉はその後、中尊寺や毛越寺が法灯を守り、遺跡は地中でながく保存されてきた。

江戸時代の俳人松尾芭蕉は、一六八九（元禄二）年、奥州合戦からちょうど五〇〇年後の平泉を訪れ、高館に登り「夏草や兵どもが夢の跡」、また金色堂を目の前にして「五月雨の降り残してや光堂」と詠んだ。二年後、芭蕉は『嵯峨日記』に、「高館天に聳え、星は冑《かぶと》に似たり、衣川海に通じ、月は弓の如し」（原文は七言絶句、前半部分）と記した。芭蕉にとって平泉の印象は忘れがたいものだったに違いない。

第五章　北の鉄文化を歩く

江戸時代のたたら製鉄跡＝岩泉町江川鉄山三号炉
（岩手県埋蔵文化財センター写真提供）

砂鉄に恵まれた三陸

東日本大震災の後、三陸での遺跡の発掘調査が急ピッチで進められた。高台移転や道路建設などにともなって工事にかかる土地の調査が必要となったからだ。その結果、縄文時代や古代の集落遺跡などとともに多くの古代～中世の製鉄遺跡も確認され、製鉄の様子が明らかになってきた。

三陸沿岸に古代～中世の製鉄遺跡が多いのは、原料の浜砂鉄に恵まれていたからだ。北上高地の花崗岩帯に含まれる砂鉄が川から海へ流れ、浜に打ち寄せられて浜砂鉄となる。内陸部では、北上高地から流れる砂鉄川など、川底に堆積した川砂鉄が原料として考えられるが、内陸部における古代～中世の製鉄遺跡は今のところ確認されていない。三陸の砂鉄は、東北地方の砂鉄の中で最も不純物が少なく、排出されるスラグ（鉄滓《てっさい》）の割合も少ない良質なものだった。

鉄生産の手順はおおよそ次のようなものだ。まず浜砂鉄は、磁石がなかった時代には根気よく砂浜で拾い集めることから始められた。製鉄は木炭を大量に使うので、併行して山中での炭焼きが行われる。炭となる木はおもにクリが使われている。砂鉄と木炭の準備が済むと、製鉄炉を作る。丘陵の斜面の裾に、直径数十㌢《センチ》、高さ一㍍《メートル》ほどの筒形の炉を粘土で作る。炉の斜面上には平坦面を削りだし、送風の作業場（鞴座《ふいござ》）を設け、斜面の下は燃焼中に不純物（スラグ、鉄滓）を流す排滓部とする。炉の一部が斜面に埋まるようにあるので、半地下式竪形炉と言う。

炉が完成すると、筒の上から砂鉄と木炭を投入して燃焼させる。高温にするため、革袋を使った革鞴《かわふいご》で、炉の壁に挿入した土製パイプ（羽口《はぐち》）を通して炉内に酸素を送り込む。火力がある間に、次の砂鉄と木炭を再び投入し、これを何度も繰り返す。その間に炉内にたまった不純物を外に流すため、小さな穴を炉壁の下の方に開ける。鉄より融点が低い不純物がドロドロに溶けて真っ赤になって排滓場に流れ出てくるが、すぐに冷えて黒光りする鉄滓となる。

　燃焼が終わると、しばらく冷ましてから炉壁をこわして、炉底に溜まった鉄塊を取り出す。一回ごとに炉を壊すので、製鉄炉が完全な形で発掘されることはない。取り出された鉄塊はもろい海綿状で、炭素分が多い。鍛造製品を作る場合は、鉄塊を小割りして、小形の精錬炉で再度燃焼させ、ハンマーで鍛打し、炭素分などを取り除く。この精錬で鉄として使えるようになる。最後に小さな鍛冶炉で鉄塊を熱しながら、鎌や斧などの製品を鍛錬して造り出す作業に入る。

　このように、砂鉄を原料に、製鉄、精錬、鍛錬鍛冶の三工程を経て、鍛造の鉄器が作り出される。

　製鉄技術はどのようにして三陸へ伝わってきたのだろうか。その参考になるのが、福島県浜通りから宮城県南の太平洋沿岸部で操業された大形の製鉄遺跡群だ。国家事業として七世紀の飛鳥時代に開始される。大規模な製鉄地帯を形成したことから「古代のコンビナート」と言われる。蝦夷《えみし》征討の武器や武具を作るた

三工程の鉄生産

砂鉄や鉄鉱石から鎌や斧などの道具を鍛造で作るまで、①製鉄（製錬ともいう）、②精錬、③鍛錬鍛冶の三工程がある。鉄瓶などの鋳物は①製鉄は同じだが、②甑炉《こしきろ》で溶融し、③鋳型での鋳造となる。それぞれに炉の大きさや形が異なる。

鍛造は鍛冶屋、鋳造は鋳物師《いもじ》と、それぞれ専門職人がいる。

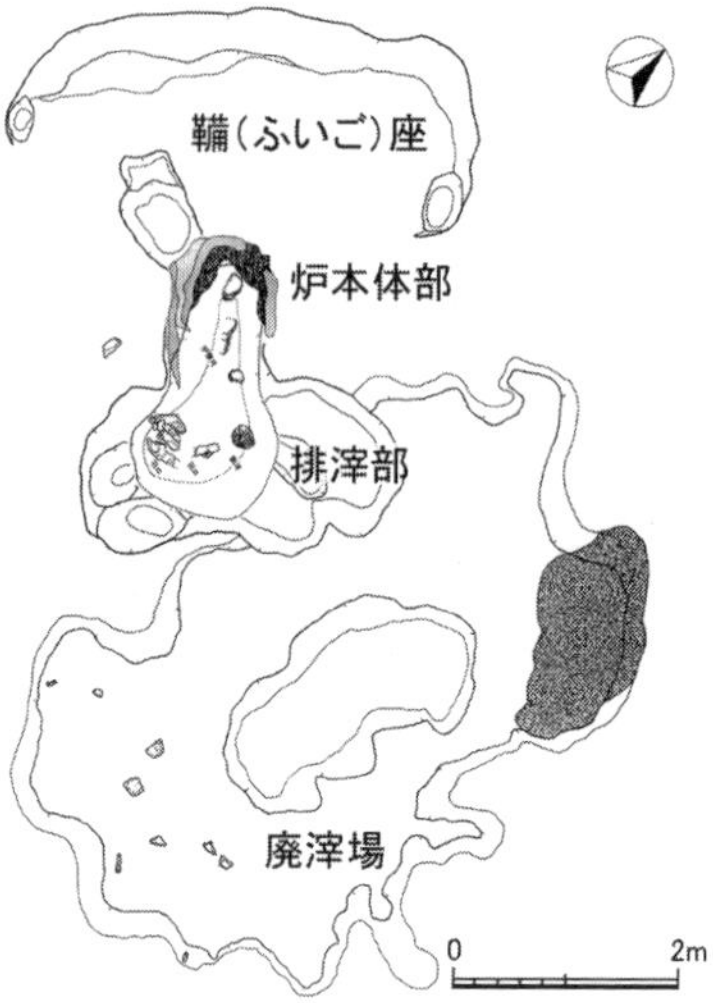

古代の製鉄炉

丘陵斜面に、鞴座を上にして、円筒形の炉本体を築く。排滓部に流れ出た不純物（鉄滓）を廃滓場にまとめて廃棄する＝宮古：萩沢Ⅱ遺跡（宮古市教育委員会 1993『萩沢Ⅱ遺跡』挿図を編集

めの鉄の供給基地といわれるが、それだけでは規模が大きすぎるので、東日本各地に向けた製鉄地帯とみるのが自然だ。

その浜通りと三陸の製鉄炉を比較すると、三陸のものは構造や送風の鞴が簡素化されている。三陸の蝦夷が、浜通りの技術を学びながらも、独自の製鉄方法を編み出したとみられる。

古代～中世の製鉄集団

三陸の山田湾を見下ろす山田町房の沢《ぼうのさわ》古墳群からは、多くの刀や轡《くつわ》などの馬具などの鉄製品が出土した。岩手内陸部の古墳より鉄器の割合が高い。その多さから、遠い地域から搬入されたものではなく、馬具などを蝦夷《えみし》自らが作った可能性も指摘されている。

宮古の長根古墳群は、房の沢よりやや新しい奈良時代の後半につくられたものだが、宮古湾沿岸で既に鍛錬鍛冶が開始されていた。重茂半島側の小堀内Ⅲ遺跡にみられる鍛冶炉がその時期にあたる。鍛冶炉は鉄生産の三段階目の工程で製品作りや鉄器の修理に使われる炉だ。この遺跡からは一三七キロもの鉄滓が出ている。鍛冶炉の量としては多いので、周辺に製鉄炉または精錬炉が造られていた可能性もある。

奈良時代の前半は、多賀城（現多賀城市）が築かれた頃で、多賀城の建設を支える製鉄炉が海沿いに設けられている。この時期の鉄生産の遺構は、三陸ではまだ確認されていないが、鍛冶炉の初源がもう少しさかのぼると、房の沢の馬具が地元産であることも裏付けられそうだ。内陸部では、七世紀末の鍛冶炉が奥州市石田遺跡で確認されており、福島などから調達した鉄素材を加工していたとみられる。

平安時代には、三陸でも砂鉄を原料とする製鉄が始まる。最初は家内工業的な小規模な製鉄だったが、次第に大規模な鉄づくり集団が現れるようになる。宮古市島田Ⅱ遺跡は、岩手県立大学宮古短期大学部の構内やその南西に広がる丘陵にあり、鉄づくり集団の様子がよくわかる遺跡だ。この丘陵は、リアス海岸と同じく木の枝のようにのびるやせ尾根とその間の沢で複雑な地形となっている。やせ尾根にはあわせて一七五棟もの竪穴住居跡、工房または木炭倉庫かと思われる竪穴が連なっている。尾根から沢に下がる斜面には、精錬や鍛錬鍛冶の鍛冶場などがひな壇状に配置されている。遺跡の東西端に製鉄炉も確認されている。

この遺跡では鉄生産の製鉄、精錬、鍛錬鍛冶の三工程の遺構がすべて揃っている。竪穴住居で日常生活を営みながら、集落全体で鉄生産を行っていた鉄づくり集落なのだ。時期は、平安中期の十世紀代、ほぼ一〇〇年近くにわたって営まれた。

このような鉄づくり集落は、アニメ「もののけ姫」の舞台の一つとなった「たたら場」を思い起こさせる。村全体が鉄生産に関わり、癩病患者や戦争で行き場を失った女性たちなどが働く、独立的な集団として描か

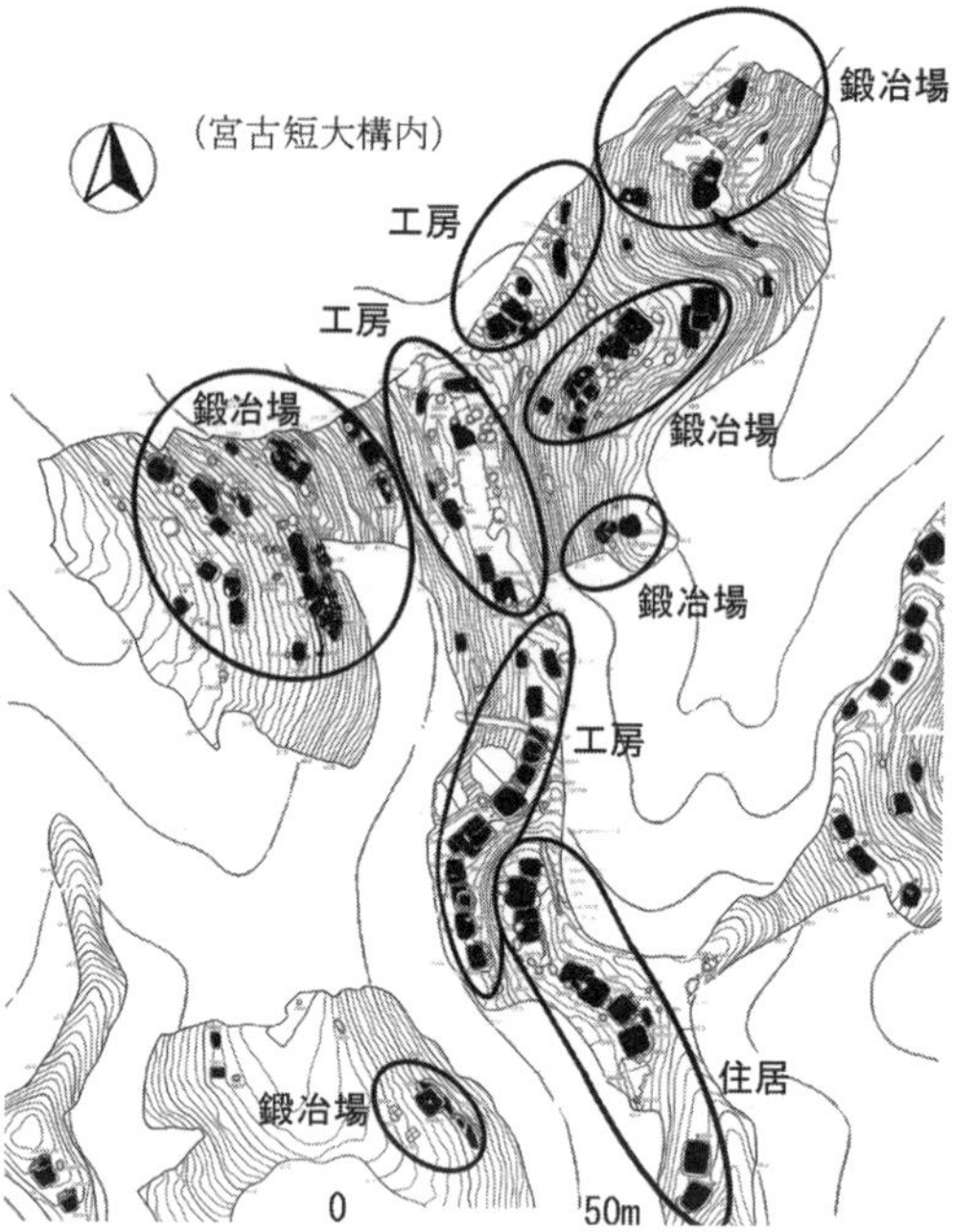

古代の鉄づくり集落

やせ尾根の頂部には住居や工房、斜面には精錬炉や鍛冶炉が設けられて、集落全体で鉄づくりを行っていた＝宮古:島田Ⅱ遺跡（岩手県埋蔵文化財センター2001『島田Ⅱ遺跡発掘調査報告書』挿図から作成）

れている。ただし「もののけ姫」の時代設定は室町時代なので、島田Ⅱ遺跡とは五〇〇年ほどの開きがある。

「もののけ姫」では鉄づくり集落が被差別民や社会的弱者のアジールとしても描かれている。アジールは、そこに逃げ込んだ者が保護される聖域のことをいう。ただ、右に挙げた島田Ⅱ遺跡の住人は蝦夷ではあるものの、周囲の人々から差別を受けていたとは考えにくい。当時の最先端技術を生業《なりわい》とするエリート集団と言えるかも知れない。

近年の発掘調査で、三陸の製鉄炉は古代に加えて、中世の製鉄炉の様子も次第に明らかになってきた。基本的な半地下式竪形炉の構造は踏襲されるが、炉の規模が大きくなっている。また炉の下から湿気が上がらないように、木炭と粘土を敷き詰めてしっかりと防湿工事を行い、同じ位置で何度も炉を築き直して、繰り返し操業するようにもなってきている。その結果、効率的でロスの少ない製鉄ができるように改善された。
さらに、古代では宮古市や山田町が製鉄の中心だったが、大船渡市から野田村まで、分布範囲が大きく広がることもわかってきた。今後さらにその範囲が広がることが予想される。

江戸時代の鉱害

江戸時代の盛岡藩の家老日誌『雑書』に、重臣桜庭氏が藩主へ細昆布（ホソメコンブ）を献上した際の口上が記録されている。「普代村の細昆布を以前は毎年献上していたが、近年は鉄山より悪水が流れ、昆布が生えなかった。去年から少しずつ生え、献上することができるようになった」という。一七二二（享保七）年のことで、鉄山からの泥水が海に流れ、昆布に大きな影響が出ていたことがわかる。

これより八十年さかのぼる一六四二（寛永十九）年にも小倉金（鉄）山（現久慈市宇部町）から流れ出た泥水が下流の水田に被害を及ぼす事件が起きていた。このような鉱害事件は、古代～中世の浜砂鉄利用が江戸時代には山砂鉄に変わったことによって生じたものだ。山砂鉄は風化した岩石中に含まれる砂鉄をいう。

山砂鉄の採取は、砂鉄の含まれるマサ土（花崗岩の風化土）などを切り崩して水路に流し、砂鉄と土を比重の違いで分離させていた。切り流し（中国地方では鉄穴《かんな》流し）と呼ばれる方法で、大量の土砂が水路から川に流れ出て、下流の農民や漁民との争いの原因になった。

また木炭も、砂鉄の数倍の量を必要としたため、山は広範囲に荒廃し、土砂崩れなどを誘発したりした。木がなくなると、三～十五年程度で別の山に移動して操業する。江戸時代の製鉄は鉱害と背中合わせだった。

「切り流し」の図（平船圭子校訂1988『三閉伊日記』より）
左上の沢の上流から水を引き、右下の砂鉄の露頭まで水路を通し、砂鉄を選別する。

盛岡藩や八戸藩では製鉄所のことを鉄山、仙台藩では炯屋《どうや》と呼んでいた。双方とも山陰、山陽地方のたたら製鉄技術を導入したものだ。「たたら」は、平安時代から送風のための足踏み鞴《ふいご》のことをいうが、江戸時代には製鉄炉のある建物全体を指すようになる。

たたら製鉄は、主に砂鉄を原料に木炭で還元、燃焼させる製鉄法で、鉄鉱石を高温で燃焼させる幕末以降の高炉《こうろ》製鉄と区別される。

中国地方は古代から国内有数の製鉄地帯で、戦国時代には屋内での効率的な製鉄法が開発された。製鉄炉の基礎を念入りに造ることで高い防湿性を確保し、その上に繰り返し炉を築く構造となった。戦国の世になって武器や武具の需要が高まることが製鉄法を変えたのか、製鉄技術が戦国の乱世をエスカレートさせたのか、いずれ天候に左右されることなく、ロスの少ない製鉄法は製鉄史を書き替えるものだった。

仙台領では大籠（現一関市藤沢町）で炯屋操業を示す

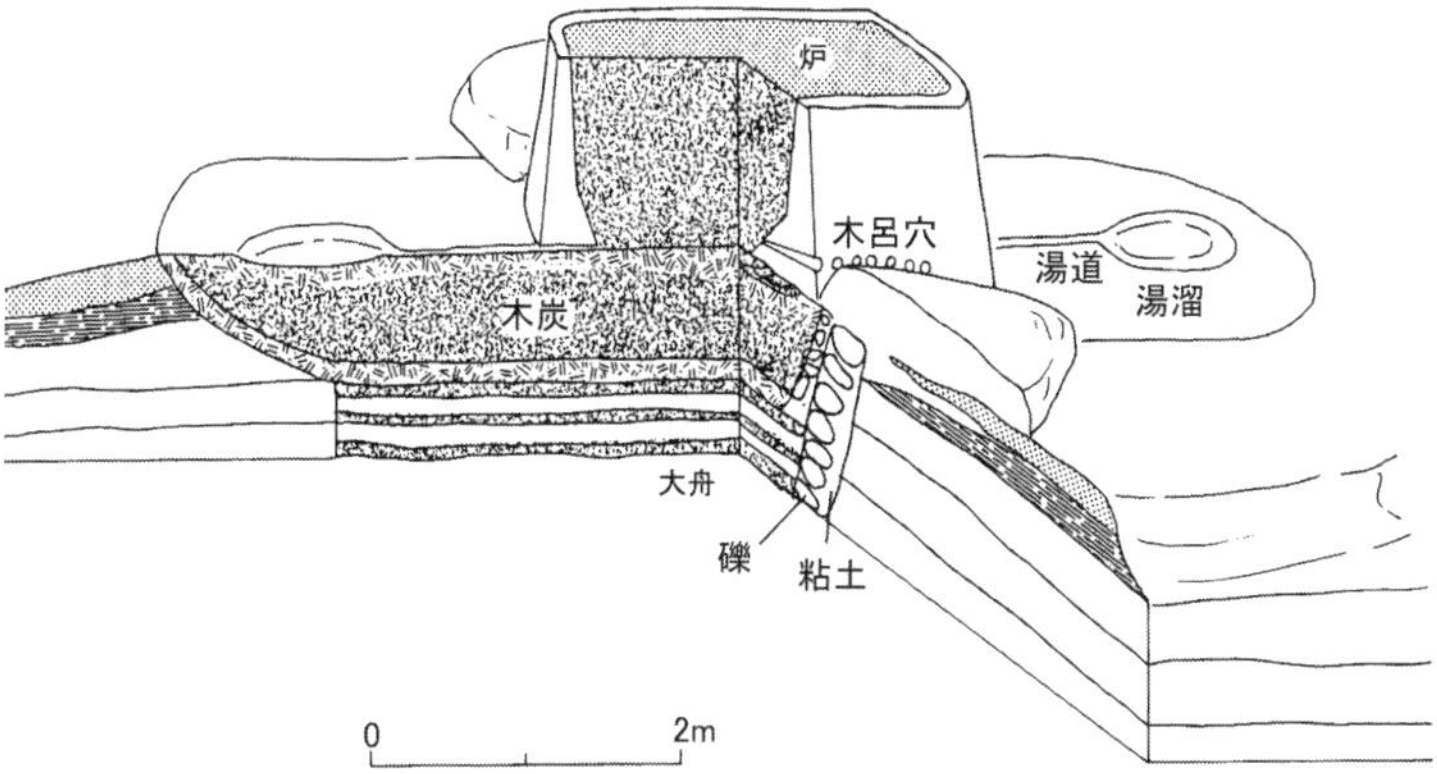

江戸時代のたたら製鉄跡の復元図

湿気防止の地下基礎工事の上に直方体の製鉄炉を築く＝軽米町玉川鉄山跡（軽米町教育委員会・岩手県立博物館 1988『玉川鉄山発掘調査報告書』から転載）

一五九七（慶長二）年以降の記録が残されている。伊達政宗が岩出山城や仙台城を築城する頃、盛んになったようだ。

盛岡領では上記の寛永末年がもっとも古い確実な史料だが、それ以前に盛岡城や街づくりを進めた南部利直が九戸地方に釘八八〇〇本を発注している。岩手のたたら製鉄の開始時期については、はっきりしないことが多く今後の研究課題となっている。

盛岡領での鉄山の経営は、藩営（直山《じきやま》または御手山《おてやま》）と民営（売山《うりやま》）とがあった。直山は藩が商人や地域の資産家を支配人として経営を委託していた。藩には「礼金」という形で一定額を納めさせ、製品も安価で納めさせるなど、藩にとっては有利な形での請負だった。森嘉兵衛氏（元岩手大学）は、このような藩のやり方に対し、産業を育成しようとする政策がなく、税収のみを考えていたと、批判している（森嘉兵衛『日本僻地の史的研究』）。

軽米町玉川鉄山跡は八戸領の鉄山として、また前述の大籠にあるドウメキ沢遺跡は仙台領の炯屋跡として発掘された数少ない遺跡だ。玉川鉄山跡は県指定史跡になっているが、川に面した崖が崩落の危機にあり、保護措置が望まれる。

製鉄の二番目の工程の精錬も同じ敷地内で行うことが多く、そこでできた鉄は鍛冶屋のある町場や村に運ばれ、鍛冶屋や渡り職人が鎌や鋤、鍬などの製品作りを行っていた。

鉄山の過酷な労働

県北地域では「鉄山稼ぎ」という言葉が「無駄骨を折る」という意味で使われている。江戸時代の鉄山で賃金の未払いがあったことに由来する。

それぞれの鉄山や炯屋には、数十人から数百人規模の従事者がおり、炭焼きから木炭、砂鉄、鉄を運ぶ牛方まで含めると、地域にとっては一大産業だった。一方で治安や労働環境など多くの問題も抱えていた。

鉄山は人里離れた所が多く、治外法権の場でもあった。鉄山の掟を犯した者はその山内で処罰することができた。鉄山経営の目的は効率的な鉄生産にあり、これに反する行為はかなり厳しく罰せられていた。

岩泉の万谷鉄山では、隠れて酒を飲み怠業する、博奕を打つ、炭を盗むなどの理由で、「縄下《なわさげ》」が毎月のように記録されている。縄下は縛り上げて吊す刑罰のこととみられる。中には暇《いとま》（退職）を願い出ただけで縄下にされた者もいた。また一年に数人の「欠落《かけおち》」も続いていた。欠落は鉄山からの逃散《ちょうさん》で、過酷な重労働に耐えかねて、あるいは悪事を犯しての逃亡だった。これを手助けした者はやはり縄下にされた。

鉄山では、労働者の多くが妻子などの家族と住んでいた。八戸藩領の軽米の元屋という商人が経営していた鉄山では、職人五八人とその家族一六七人が暮らしていた。幼子はともかく妻子も労働力の一員だった。鉄山の労働者は近隣の農村部から集められた。農耕地が少ない地域では農業に代わる大きな収入源だった。自主的な就労もあったと思われるが、鉄山経営者への借金返済の肩代わりとして鉄山に入ることが少なくなかった。賃金の前借りという側面もあり、経営者側にとっても労働者確保につながり、この制度は長く続いた。

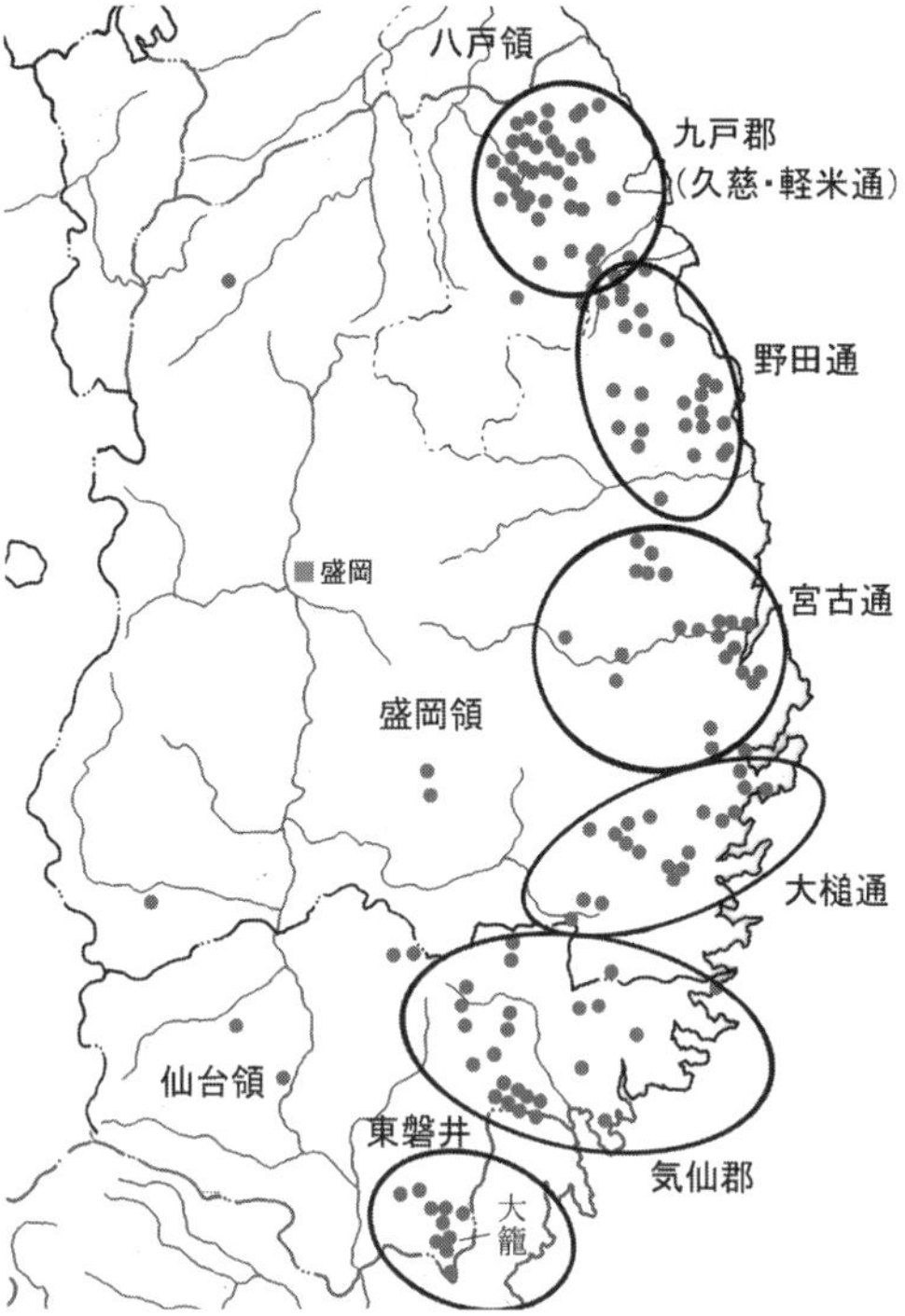

岩手のたたら製鉄遺跡の分布＝岩手県立博物館 1990『北の鉄文化』より作成

　妻子を担保にして借金した者の例も多くみられる。中には五〇才の母親や五才の孫も担保にされている。証文が貸し主である経営者側に残っているので、借金は返済されず、担保にされた家族は鉄山で働かされていたことになる。

　全国的にも最大規模といわれる嘉永年間の三閉伊一揆（嘉永）は、鉄山への襲撃から始まる。一八五三（嘉永六）年五月、岩泉門《かど》村の佐藤儀助が経営する大披鉄山《おおひらき》が、一揆衆によって打ち壊された。一揆が盛岡藩に改善を要求した五二ヵ条の中に、鉄山の人足として周辺の農民が度々徴用され、困っているとの項目がある。儀助が藩から経営を任されていることを楯に、農民を強制的にかり集め、しかも賃金を支払わなかったことが、明らかにされた。一揆勢は藩側との交渉の末に、人足の手間代は程なく支払うという確約を取りつけ、藩にも責任を取らせる形となった。

なお、一万六千人ともいわれる一揆衆には、鉄山労働者が入っていた様子がない。要求項目に鉄山内部からの訴えらしき項目がみえないからで、鉄山労働者は一揆にも参加できないほど、鉄山の掟や借金に縛られていたのだろうか。

仙台領の烔屋《どうや》は東磐井や気仙に集中する。特に一関市藤沢町大籠《おおかご》、気仙沼市本吉町馬籠《まごめ》に古くからの烔屋があったとされる。大籠では遅くとも慶長初年（一五九七年頃）には操業している。

大籠はキリシタン殉教でも有名だ。全国にキリスト教の禁教令が発せられる一六一三（慶長十八）なので、それ以前にキリスト教が入り、熱心な信者が増えていた。大籠では、まだ葛西氏領だった時期に備中（現岡山県）からたたら製鉄の技術者が入り、技術とともにキリスト教を伝えたといわれている。年代の裏付けが難しいが、大籠は製鉄とキリシタンが深く結びついた土地だった。仙台藩の烔屋は、盛岡藩と同じく治外法権が認められ、さまざまな素性をもつ人が入り込んでいた。キリシタンもそういった人々で、宗門改めが繰り返し行われている。大籠には烔屋遺跡とともに、殉教した人の墓や「踏み絵」の場所、処刑場跡などが残されている。

近代化された幕末～明治の製鉄

幕末、内外の緊張が高まっていた時代、大砲を鋳造するために大形の精錬炉（反射炉）が各地で造られた。しかし砂鉄を原料とする鋳物用の銑鉄《せんてつ》を使ったため砲身が破裂するなどうまくいかなかった。このため、磁鉄鉱など鉄鉱石を使い、それを溶融する洋式高炉が必要とされた。オランダ語で書かれた『大砲鋳造法』をもとに高炉建設が、鹿児島藩や蝦夷地箱館で試みられた。しかし送風量が少ないことなどが原因で失敗に終わっていた。

一八五七（安政四）年、大島高任（この時は総左右衛門と名乗っていた）が釜石大橋に築いた高炉で初めて出銑に成功させることができた。水車を使った送風が功を奏したのだ。翌年には橋野高炉も造られ、一八九四（明治二十七）年まで操業する。

釜石の大島高任に比べて、山田の貫洞《かんどう》瀬左衛門を知る人は少ない。貫洞は、大橋高炉の建設費や運転資金の調達を行った実質的な経営者で、彼なくしては高炉の成功はなかった。貫洞の女婿の湊市兵衛が大橋で鉄鉱石を使った製鉄を試み、失敗していたことが、高炉製鉄を目指す大島と貫洞とを結びつけたようだ。

資金面で盛岡藩の支援を得ることができなかった貫洞は、大槌の小川惣右衛門、久慈の中野作右衛門ら、沿岸の豪商たちに資金提供を依頼することにした。総費用は最終的に二万七六〇〇両を要した。成功を見越し、多額の出資を決断した豪商たちの先見の明と豪胆さが感じられる。

大橋高炉は二年後の安政六年には盛岡藩の直営となる。貫洞は大橋鉄山吟味役に任じられるが、翌年には、投資の果実を得られないまま、なぜか三河（現愛知県）の経営者に替えられてしまっている。藩の長期展望を欠いた政策に、貫洞の無念さはいかばかりであったか。

この間、遠野の佐比内など五ヵ所でも釜石の技術による高炉が築かれた。いずれも商人などが経営するもので、盛岡領の高炉経営は商業資本が中心となっていることに大きな特徴がある。ただ明治維新直後には、鉄の需要が伸び悩んだ時期があり、経営には苦労している。

明治になり、政府は殖産興業の政策のもと官営の製鉄所建設を計画し、ドイツ人技師の案により一八七四（明治七）年釜石鈴子に大形高炉を築いた。しかし実績をあまり残せないまま、十年後に廃止が決まり、政府御用商人の鐵屋田中長兵衛に払い下げられる。

大橋型の高炉とは異なるタイプの高炉を開発し、苦労を重ねた末、ようやく出銑に成功し、一八八七（明治二十年）田中製鉄所が設立された。その後、三井財閥系の釜石鉱山、日本製鉄、富士製鉄、新日本製鉄とその名を変えながら、同地で近現代の重工業の一翼を担い続けてきた。そして一九八九（平成元）年、釜石における製鉄の歴史は幕を閉じられた。

幕末の仙台藩に話を移すと、大橋高炉での出銑成功から遅れること数年、文久年間（一八六一～六三）に仙台領の磐井郡鳥海村（現一関市大東町）でも高炉が築かれていた。

仙台藩は、財政再建のため鉄銭の大量鋳造を、烔屋を経営していた芦文十郎に命じた。砂鉄を大量に採取すると水質汚染などの鉱害を引き起こすことから、人首村《ひとかべむら》根鍔《ねつば》と古哥葉《こかよう》（現奥州市江刺区人首川最上流部）から採取される餅鉄を原料とすることとし、鳥海村一之通に文久山高炉を築いた。餅鉄は磁鉄鉱が川で流されるうちに小石となったものだ。

文久山高炉跡
地元の興田史談会が建てた一本の標柱が遺跡をしのばせる＝一関市大東町鳥海市之通

文久山高炉は、大島高任と同じ大砲鋳造法の和訳本を元にしており、大橋高炉とほぼ同じ形だったと推定されている。高炉跡より大砲の弾が出土しており、大砲づくりも視野に入れていたのだろう。京津畑、子飼沢、古哥葉、栗木沢、小牧倉などの製鉄所も周辺に造られ、一九二〇（大正九）年まで約六十年にわたって高炉の火が燃え続けた。

「近代製鉄の父」といわれる大島高任とともに、経営面で高炉製鉄を軌道に乗せた貫洞瀬左衛門ら各地の商人たちや独自の高炉を操業させた芦文十郎ら、岩手の近代製鉄を築き上げた人々の功績も忘れてはならない。

南部鉄器の産地形成

南部鉄器は、盛岡市と奥州市で生産されている。「南部」の名は、盛岡のものは「南部藩」に由来することは明らかだが、奥州市は江戸時代には仙台領。この「南部」

は何を意味するのだろうか。

奥州市の鉄器は、江戸時代前期には田茂山村（現水沢区羽田）が鋳物の地として知られ、「田茂山鋳物」として、鍋や釜など日常品が主につくられていた。銅の鋳造も行われ、梵鐘や半鐘、鰐口などが生産されている。江戸時代終わり頃には、ほとんどが及川姓を名乗る二十軒ほどの鋳物師《いもじ》集落が形成されていた。仙台藩は田茂山の鋳物師を保護した。鍋釜の鋳造産業を育成、保護する目的もあったが、大砲の鋳造など武器製作を担わせるためだ。

明治になると、田茂山の鋳物師たちがつくっていた株仲間（企業連合）、今でいうカルテルが禁止され、仙台藩の保護もなくなって一時衰退する。そういった中でも水田、及源両鋳造所を中心に、鍋釜や鉄瓶、風呂鉄砲のなど生産が続けられた。

風呂鉄砲とは、風呂桶の中に銅や鉄の筒を縦に通し、筒の中に燃えている炭や薪を上から入れて、筒の熱で湯を沸かす装置をいう。のちに桶の下部に設けられた風呂釜から上に延びる筒を通して涌かす方法に改良される。いずれも鉄砲の形に似ていることからこの名がある。家庭風呂の普及の背景には、田茂山の鋳物の存在も大きかった。

明治の後半には鉄道が開通し販路が拡大したことや、日清・日露戦争の好景気もあり、鍋釜の生産は東北一を誇るようになった。大正に入ると、盛岡の職人が羽田で仕事をするようになり、南部鉄瓶の技術が田茂山に伝えられ、鉄瓶製作の技術交流も図られた。

昭和には、第二次世界大戦中鉄が兵器製造に回されたため、鉄瓶の生産が制限された。戦後も羽田大火が

明治初期の鋳物工場の様子

右の踏み鞴《ふいご》で風を送り、左の甑炉《こしきろ》で鉄を溶かしている＝奥州市伝統産業会館

起きるなど、苦難の時期が続いた。一九五四（昭和二十九）年には、羽田は水沢市と合併して、市内の業者で鋳物工業組合が設立された。

その後の高度経済成長にともなって、組合加盟企業の事業規模も大きく拡大している。現在、鉄瓶や風鈴などの工芸鉄器が二割、自動車部品やマンホールなどの機械鋳物が八割の割合で生産されている。

盛岡での鋳物生産は茶釜や鉄瓶が主流品だ。江戸時代前期、鋳物師の鈴木氏や有坂氏が藩に採用され、梵鐘などの鋳造にあたった。城下で茶道が盛んになるにつれ、一六五九（万治二）年に釜師の小泉氏が京都から招請され、茶の湯釜づくりが始まった。一〇〇年ほど経って、煎茶の普及により土瓶に代わる鉄瓶が作られ始める。全国諸大名への進物などによって、南部鉄器の名は広く知れ渡るようになった。鍋釜の鋳造は、「鍋善」といわれた藤田家が江戸中期頃に始めている。八戸藩の軽米では上舘《かみだて》烔屋でも、鍋や釜、鉄瓶などを製作していた。

江戸前~中期に盛岡に入った鋳物師や釜師は、代々盛岡の鋳物業の中心となり、明治以降も操業を続けた。しかし大正になると、使い勝手の良いホーローの登場により、盛岡の鍋釜生産は廃れ、茶釜や鉄瓶に特化されるようになる。南部鋳金研究所も大正年間に設立され、高い芸術性をもった作家が数多く輩出されるようになった。

奥州市の「南部」は、岩手県南部をさしているという。盛岡の南部鉄器と混乱を生じたため、一九五九（昭和三十四）年、水沢の鋳物と盛岡の鉄瓶の組合が結集して、南部鉄器協同組合連合会が設立された。これにより「南部鉄器」の名称を両地域それぞれの意味をもたせて正式名称とし、協力して品質の維持向上を図ることとなった。硬い鉄ならぬ柔らかな発想で解決したといえる。

現在、両地域の技術交流や商品開発競争により、伝統を生かしながらも種類や形や色を多様化させるなど新たな鉄器づくりが進められている。

第六章

東北を駆ける馬

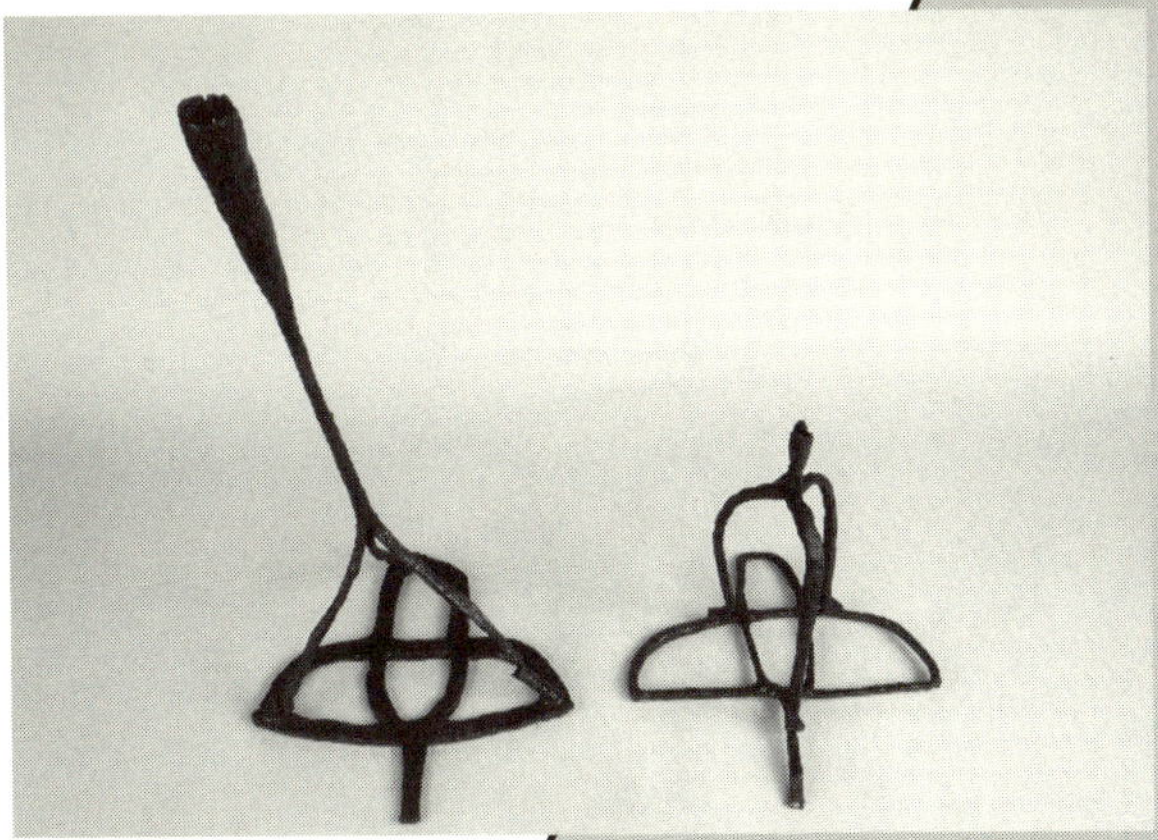

馬の焼き印　一戸町一戸城跡出土（一戸町教育委員会提供）

馬の戸籍

馬は、今では伝統行事のチャグチャグ馬コか競馬場で見るぐらいになってしまったが、馬産地岩手では古墳時代から昭和の時代まで、人々の暮らしとともにあるなじみ深い動物だった。昭和四十年頃まで各農家は農耕馬を飼い、馬車や馬そりが日常風景の中にあった。東京オリンピックや岩手国体の前後、トラックや耕耘機が急速に普及するまで、馬は社会の重要な一員だった。

盛岡市都南歴史民俗資料館に、一八七七（明治十）年の西見前村（現盛岡市見前）で作成された『馬帳《ばちょう》』という馬の戸籍簿が残されている。村では、村内一三二戸中八四戸で一二五頭が飼育されていた。多い家では九頭も所有していた。また村には十二人の馬喰《ばくろう》（家畜の仲買人、博労とも書く）がおり、馬に深く関わりのある村だった。

『馬帳』には、体高、毛の色、毛の渦巻《つむじ》、雌雄、馬齢、飼い主の戸番と氏名が記載されている。体高は前足から肩までの高さを計るが、当時は四尺五寸（一三六センチ）以下が七割近くを占め、人の肩より低い馬が多かった。これは江戸時代の在来馬の標準的な大きさの小形〜中形馬で、良馬として名高かった「南部馬」でも四尺八寸（一四五センチ）程度だった。一方で、サラブレッドに比肩する五尺五寸（一六七センチ）近くの大きな馬が十一頭も飼育されていた。その中には三閉伊一揆の翌年一八五四（安政元）年生まれの二十四歳の馬もおり、幕末にこのような大形馬がいたことは驚きだ。

馬齢という言葉は無駄に年齢を重ねる意味に使われるが、馬にとっては文字通り年齢をあらわす。西見前村では十歳以上、すなわち江戸時代生まれの馬が四分の三を占めていて、高齢化が進みつつあった。一方で、五尺以上の若い三歳馬を何頭も育てている馬喰もみられ、大形馬に転換する取り組みも進められていたことがうかがわれる。

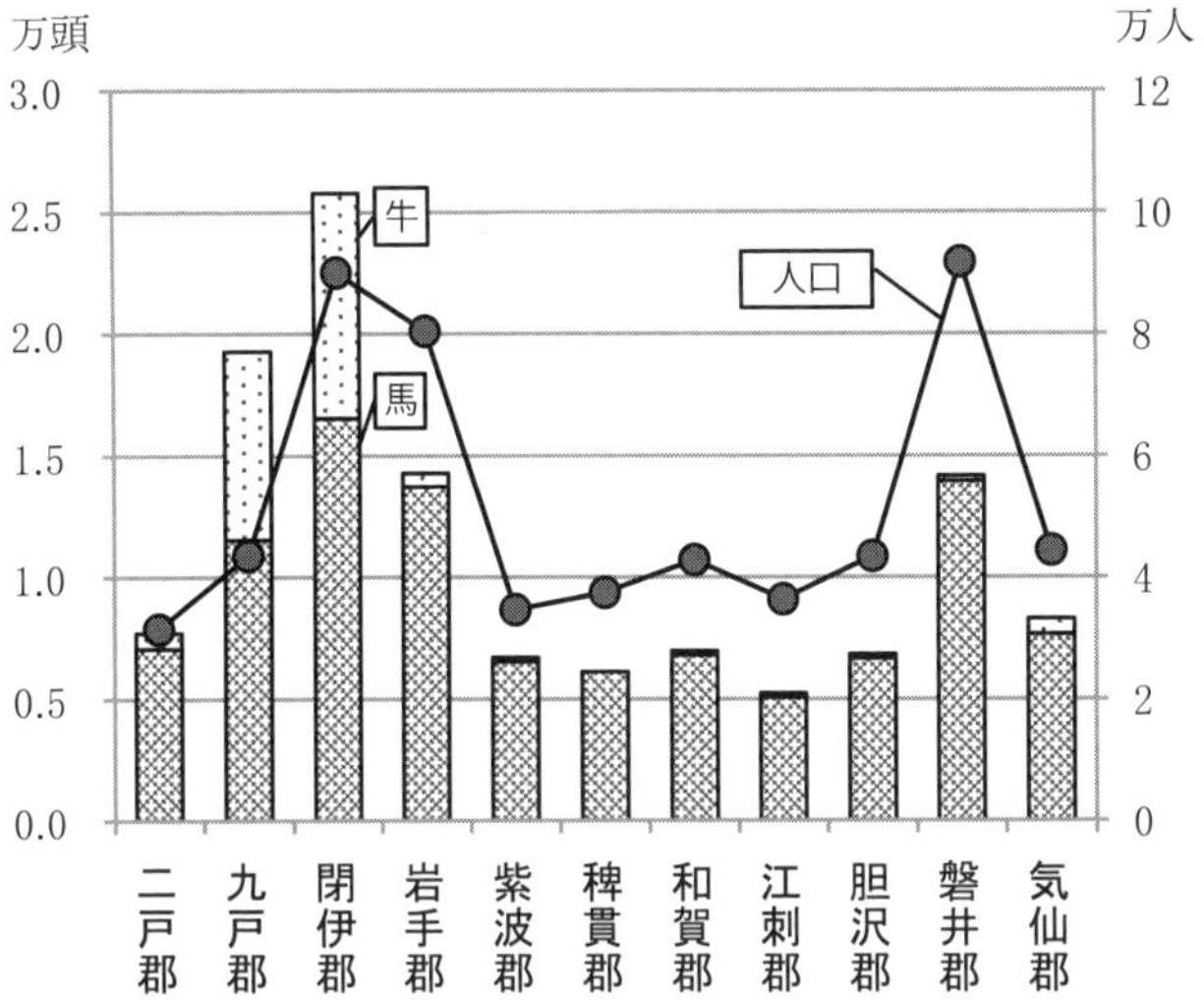

明治初年の人口と牛馬の頭数

両者はほぼ比例する。馬は全県で約10万頭、牛は約2万頭だった。また牛が九戸・閉伊郡で多く飼われていたのは特産物の塩や鉄などを運ぶためだった。(『岩手県管轄地誌』から作成)

西見前村の『馬帳』は明治の記録だが、馬の戸籍は江戸時代から作成されていた。藩の馬改めが毎年行われ、生死や売買のつど届け出が義務づけられていた。人々に対してはキリシタンを取り締まる意味もあって「宗門改帳《しゅうもんあらためちょう》」や「宗門人別帳」として戸籍が作られていた。馬が同じような戸籍で管理されていたのは他領への移出を統制するためだった。

盛岡藩では他領への民間での移出は馬市での売買を通して、代官の許可が必要だった。しかし密売が絶えなかったため、何度も密売禁止令が出されている。

農村で多くの馬が飼われたのは、荷駄を運ぶのがおもな役割で、厩肥を得て農業生産を高める意味も大きかった。田畑を耕す犂《すき》は牛に引かせるものだが、岩手では沿岸部を除いて牛がほとんど飼育されておらず、人力による耕起が行われていた。田の代掻きには馬が使われていたが、ひろく農耕馬として利用されるようになるのは馬体が大きくなる明治以降で、特に北海道では原生林を耕地にするため道産子が犂を引き、活躍した。岩手では馬に犂を引かせることに抵抗感が強くあったとみられ、昭和になって馬耕がようやく普及した。

馬の品種改良の歴史は古く、江戸時代初めの一六〇五（慶長十）年に伊達政宗がペルシャ馬を盛岡藩の七戸の牧（牧場）に預託、寛永年間（一六二〇年頃）徳川家光が南部家にペルシャ馬雌雄二頭を下賜し、藩の牧場の有戸牧《ありと》（青森県野辺地町）で飼養したあたりから始まる。一七二六（享保十一）年にも徳川吉宗からのペルシャ馬一頭を住谷牧（三戸町〜南部町）で飼養したとされる。在来種と西洋種との交配によって良馬が育ったのか、次第に南部馬として名声をはせ、幕府や全国諸藩からの引き合いが多くなった。

だが、東北地方が良馬の産地となったのは実に古代にまでさかのぼり、長い馬の歴史があった。

源流は渡来の小形種

明治以降に品種改良される前の馬は小形馬だった。古墳時代に日本にやってきたモウコノウマ（蒙古野馬）と呼ばれる小さな馬が元になっている。体高一二〇〜一四〇チセンで、ポニーに近い大きさだ。現代の私たちが目にするたてがみは寝ているものばかりだが、この馬の特徴はたてがみが立っているのが特徴だ。古墳時代に作られた馬の埴輪《はにわ》はすべて立ったたてがみが強調されている。

モウコノウマは、その名の通りモンゴルなど中央アジアの草原地帯に分布していたが、二十世紀半ばには野生種は絶滅してしまった。現在、世界各地の動物園で飼育されていたものが繁殖され、野生復帰が図られている。

日本に中国大陸や朝鮮半島から馬が入ってきたのは古墳時代の四世紀後半で、山梨県などでその頃の馬の骨や歯が出土している。渡来人が連れてきたものと考えられている。

日本海を越えて馬を船で運ぶのは容易ではない。唐招提寺を開いた鑑真和上も何度も暴風に遭い、命がけの渡航でようやく成功したことはよく知られている。船に馬のための水や食糧を積み込むと小形馬であってもかなりの重量になる。おそらく子馬を数頭ずつ載せてきたのではないだろうか。

五世紀には馬が

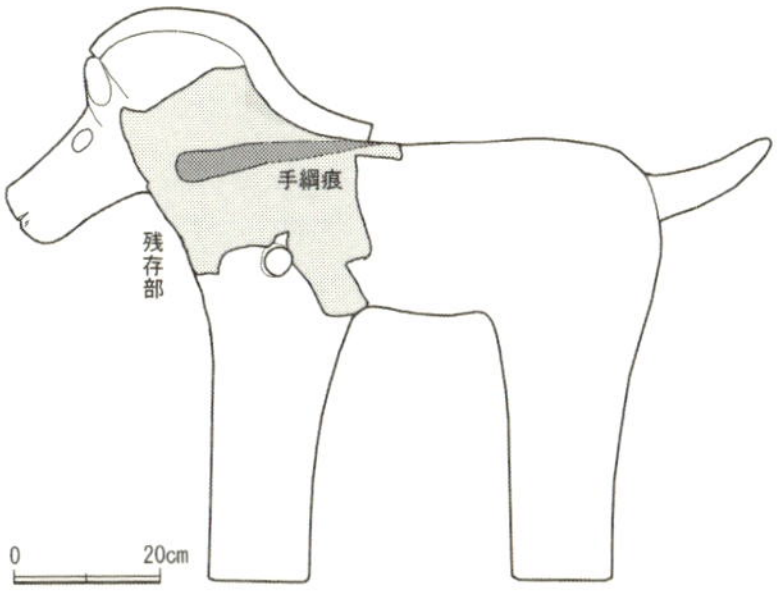

奥州市角塚古墳の馬形埴輪

出土した首の部分から手綱を付けた馬とわかった。関東などの埴輪より脚が太めに作られている。5世紀。(原資料：奥州市胆沢文化創造センター所蔵)

全国各地で飼われるようになり、古墳には装飾的な馬具が副葬されるようになる。岩手では五世期後半の奥州市角塚古墳で馬の埴輪が出土している。その近くの中半入《なかはんにゅう》遺跡からは同じ時期の馬の歯が出土している。朝鮮半島などから連れてこられた馬はその数を増やし、一〇〇年ほどで東北地方までひろがってきたことになる。

ところで、四世紀後半以前、日本列島に馬はいなかったのか。邪馬台国の卑弥呼が登場する『魏志倭人伝』には「(列島には)牛・馬・虎・豹《ひょう》・羊・鵲《かささぎ》なし」と書かれている。縄文時代の貝塚から馬の骨の出土例もあるが、最近の化学分析によって新しい骨が紛れ込んだものと判断されている。日本列島の馬は古墳時代からということになる。

中半入遺跡の馬の子孫がそのまま東北地方で定着したかは定かでないが、一世紀ほど経った六世紀終わり頃の金ヶ崎町西根道場《どうば》古墳群から馬具が副葬品として出土している。この時期以降、馬骨や馬具の確認例が増え、岩手で馬が定着していることとわかる。

馬の墓も人間の墓域の一郭で確認されている。飛鳥~奈良時代初めの八戸市丹後平古墳群や山田町房の沢古墳群だ。房の沢古墳群では、やせ尾根の頂上付近に六基の馬の墓がある。病死や事故死の馬を頂上付近まで運び上げるのは容易ではなく、墓の近くまで連れてきて屠《ほふ》ったのではないかと思われる。飼い主の人間が埋葬されるとき愛馬も殉死させられたのではないか。いずれにしても馬が人間の葬送儀礼や風習などに組み込まれていたことを示し、地域社会に浸透していたことを物語っている。

房の沢古墳群からは轡《くつわ》や革帯の金具が副葬品として出土している。古墳全体の二割に達し、他の古墳群より高い割合になっている。轡や革帯は荷駄馬には装着する必要がないが乗馬には欠かせないもので、乗馬が普及していたことがわかる。

馬具は、その当時東国と呼ばれていた関東〜中部地方で盛んに作られており、乗馬の風習とともに東北北部に交易でもたらされた。東国では都に出仕し天皇の近衛兵を務める騎舎人《きどねり》が良馬を必要としていた。自国でも牧を経営していたが、品質改良などのために東北と馬の交易を図っていたものと考えられる。

陸奥の名高い馬産地

蝦夷の英雄といわれる阿弖流為《あてるい》は中央政府軍と戦い、その名を上げた。七九四（延暦十三）年の戦いでは政府軍は、胆沢の地で蝦夷の首級や捕虜といった戦果とともに、馬八十五頭を生け捕ったと記録している。この戦いでは阿弖流為側が勝利しているので、政府軍の戦果の数倍を超える馬がいたことだろう。

また後の記録では、蝦夷は「弓馬の戦闘」が得意で、馬上で弓矢を使わせると、蝦夷一人に対して兵が十人でかかってもかなわないといわれた。阿弖流為らの戦いは、数万の兵に対しゲリラ戦と弓馬の戦いを使い分けながら政府軍を圧倒した。

蝦夷が弓馬に長けていたのは、技術もさることながら良い馬に恵まれていたためだ。記録には蝦夷の馬に代表される陸奥の馬が全国から高い評価を受けていたことが繰りかえし出てくる。都の貴族などが「狄馬」（蝦夷の馬）を買い求めることを禁ずる通達が、奈良時代の七八七（延暦六）年以降何度も出されている。

この禁止令は、貴族らが陸奥の馬を買い占めることにより良馬の数が減り、政府の馬寮《めりょう》（馬を飼養、管理する役所）などに貢納する馬の品質が保てなくなることから出されたものだ。奈良時代すでに陸奥の馬、特に北部の蝦夷の馬が良馬として都にも名を知られるようになり、その後も珍重されている。

平安時代には全国の馬を上中下の三段階に分け、それぞれの値を決めていた。陸奥の上馬は稲束で六〇〇束、中馬五〇〇束、下馬三〇〇束の値がつき、全国で最も高くなっている。稲束六〇〇束は白米にして一八〇〇キロに相当する。六十キロの米俵にすると三十俵で取引されていたことになる。陸奥に次ぐのは信濃（長野県）や出羽（秋田・山形県）で上馬が稲五〇〇束となっている。

平安時代中頃になると全国の牧から馬の貢納が途絶えがちになり、ほとんど陸奥からだけの納入となる。「陸奥交易馬《きょうやくめ》」と呼ばれ、馬寮が公式に買い取るものだが、上皇や藤原氏など京の権力者に献上することもさかんに行われていた。陸奥に赴任してきた国司などが権力者とのつながりを強くし、さらに上の官職を求めるためだ。

このように陸奥の馬は都で高い評価を得るとともに、和歌にも詠まれるようになる。「陸奥の　尾駮《おぶち》の駒も野飼ふには　荒れこそまされ　なつくものかは」（『後撰和歌集』、九五〇年頃に成立）などがある。尾駮は尾がまだら模様という解釈もあるが、地名をさすものといわれる。

青森県六ヶ所村に尾駮《おぶち》という地名がある。松尾芭蕉は『おくのほそ道』で石巻市の牧山（旧北上川河口付近）を尾駮の牧にあてているが、牧山は平安時代の式内社である零羊崎《ひつじさき》神社が建てられている霊山で、畜産とはそぐわない感じがする。

また他国の牧では、繁殖に陸奥の馬が利用されていた。一〇一八（寛仁二）年の記録に、陸奥から交易馬二十頭と母馬八十頭を牽いて上京する際、途中の牧に母馬などを放牧しながら上ったと『左経記』（源経頼の日記）にある。当時は陸奥から京の都までは東山道沿いの上野《こうづけ》（群馬県）や信濃を経由する。その地域は牧の先進地でもあったが、母馬を通してそれらの牧で品種改良が行われていたのだ。

近年の県内の調査でも馬の骨や歯の発掘例が増えている。古代の遺跡から発掘される馬は、硬いエナメル質のため歯が残る場合が多い。八戸市林ノ前遺跡から破片にして一五三点の馬の骨や歯が出土しており、全国的にまとまった出土例として注目される。十世紀中頃～後半を中心とする時期だ。埋葬されたものではなく、解体時の切り傷が残っているので、食肉や皮革が利用されたものだろう。乗馬用の馬具も出土しており、馬が身近な存在としてなっていたことを示している。なおこの遺跡では牛の骨も二十点ほど出土している。

牧を示す「戸」の地名

十二世紀、平泉の毛越寺を建立した藤原氏二代目基衡は、仏像製作を都の仏師雲慶に依頼し、代価として多くの金や高価な織物、山海の珍しい物とともに「糠部《ぬかのべ》の駿馬《しゅんめ》」五十頭を贈った。糠部は葛巻・一戸から下北半島

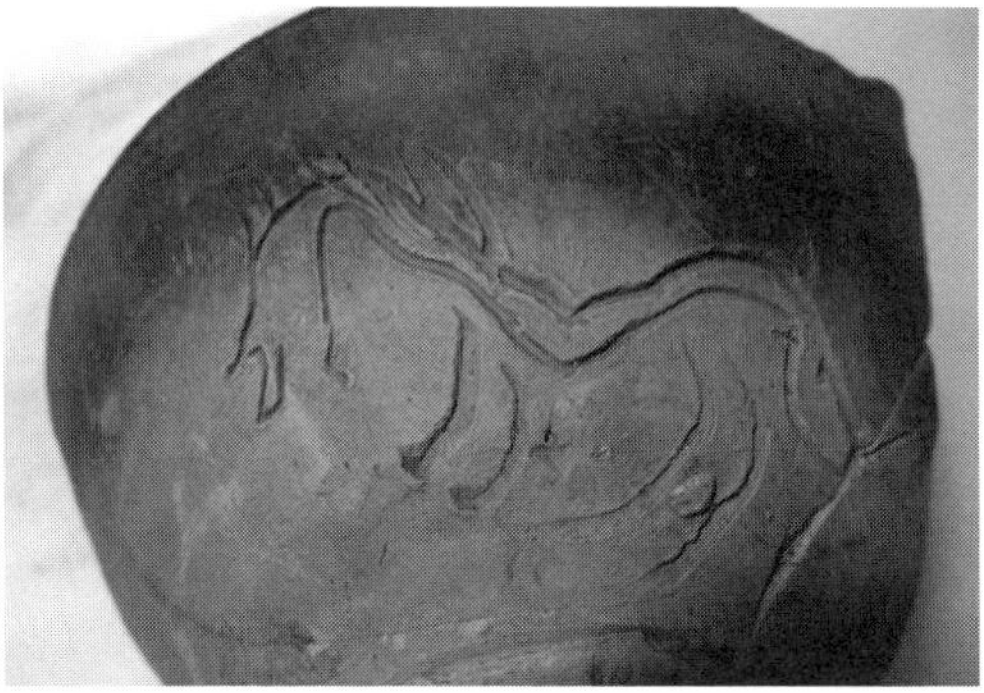

土器に描かれた馬

龍のようにも見えるが、足が長くたてがみが立っていることから馬と判断された。10世紀＝北上市八幡遺跡出土。（北上市立埋蔵文化財センター所蔵）

までの広大な地域を指す。和歌に詠まれる尾駮《おぶち》もこの地域に含まれ、放牧されていた馬の集荷地の一つだったと考えられる。

初代清衡、三代秀衡も陸奥の馬を京に贈り、上皇や天皇、摂関家と良好な関係を結んでいた。平泉町の志《し》羅《ら》山《やま》遺跡から十二世紀の馬の骨が発掘されている。体高一三六㌢ほどで、当時としては大きな馬だ。また鴛鴦《えんおう》（おしどり）を銅の象眼で表現した轡鏡板《くつわかがみいた》（轡の付属品で、頬にあたる金具）も同じ遺跡で出土している。装飾を施した馬に乗っていたのは藤原氏一門の武士だったのだろう。平泉の十二世紀も馬と深く関わっていた時代だった。

鎌倉時代末期になるが、鎌倉市の材木座遺跡でも馬の骨が大量に出てきた。この遺跡では約六五〇体の人骨と一二八例の馬骨が出土した。馬は体高平均一三〇㌢で、小型馬も含まれるが、ほとんどが中形馬となっている。軍馬としてかなり改良が進んでいたことが知られる。

糠部には一戸～九戸と東西南北の門《かど》、合わせて十三の地名が付けられていた。戸《へ》は牧をさすといわれ、一番から九番までの牧がつくられたことになる。四戸の地名だけは現存しないが、八戸市の櫛引八幡宮は四戸八幡宮とも呼ばれており、その周辺が四戸だったようだ。一戸から七戸までは南から北へ順番に並ぶが、八戸と九戸は南に下がっている。後から付けられた地名なのだろう。門は、一戸～九戸の地域と往き来する東西南北の四本の道の出入り口に設けられたとの説がある。現在それらしい地名は残されていない。

これらの地名は、鎌倉時代の一二四六（寛元四）年に初めて「陸奥国糠部五戸」が記録に登場するので、これ以前に付けられたことは確かだ。糠部の牧を包括的に掌握する権力者によって付けられたものとして、平泉藤原氏による牧の整備を考える説が有力だ。しかし鎌倉政権による急激な地域支配が変更されてからとも考えることもでき、課題となっている。

戦国時代の記録『永正五年馬焼印《やきがね》図』（一五〇八年）には糠部とともに久慈、閉伊郡の牧と焼印の形が図入りで紹介されている。現在の久慈市から釜石市平田まで、現地名と対比できる名が多く、各地に牧が設置されていたことがわかる。糠部だけでなく閉伊地方も馬産地として多くの牧をかかえる地域だった。

中世の馬の牧

青森の東部から三陸地方までの牧の分布。各地の有力者によって経営、または庇護されていたとみられる

所属の牧を示す目印として馬の尻に焼印が押されるが、その中でも目につくのが雀《すずめ》印の焼印だ。『永正五年馬焼印図』には、糠部や久慈、閉伊の多くの牧でこの雀印が使われていたことが記されている。その焼印の実物が一戸町の一戸城跡から出土している。

さらに室町時代に描か

れた『十二類合戦絵巻』には、馬が着る直垂《ひたたれ》（現代では大相撲の立行司などが着用）に飛ぶ雀や焼き印の図が描かれている。この絵巻は十二支の動物を擬人化したもので、それぞれの衣裳にはその動物にちなんだ文様があしらわれている。たとえば牛には牛車の源氏車、虎は竹の葉、蛇は鱗文という具合だ。

このように馬に雀の組み合わせは遅くとも室町時代から一般的だったと考えられる。花札の図柄にある梅に鶯《うぐいす》、紅葉に鹿などのように、なじみのある組み合わせだったのだが、いつしか取り上げられることも少なくなっていった。

「南部曲がり家」偏在の謎

江戸時代、農家で飼われていた馬を里馬《さとうま》、藩の牧で放牧される馬を野馬《のま》と呼んでいた。里馬は、盛岡藩や八戸藩では「南部曲がり家」の中で、飼われることが多かった。家の中の厩《うまや》を内厩といい、人と馬が一つ屋根の下でともに暮らしていた。ニワ（玄関・土間）をはさんで、マヤ（厩）と人の居住空間であるダイドコ（台所）・ジョイ（常居＝居間）・ザシキ（座敷）とが分けられる。これが曲がり家の最も基本的な間取りだ。マヤは、馬が厩で毎日動き回るうちに次第に土間が掘れて、床面が緩やかな窪みになる。マヤの大きな特徴となっている。そして馬糞は敷き藁とともには大事な肥料となった。

曲がり家がなぜできたのか。ジョイの囲炉裏から馬が見えるようにという説や、南向きのマヤを北風から守るためという説などがある（瀬川修『南部曲がり家読本』）。ただ東向きのマヤは北風を直接受けるなど、決定的な説はまだないようだ。

曲がり家の年代が推定できる古い例として、宮古市川井の古館家住宅の棟札に「宝暦五年」（一七五五）と記されていたといわれる。また紫波町工藤家住宅にも宝暦九年の年号と大工の名が墨書された蒸籠《せいろ》が残されている。工藤家住宅は現在、神奈川県日本民家園に移築されて、国の重要文化財に指定されている。

また紫波町栗田Ⅲ遺跡で発掘された曲がり家の近接地に一七二七（享保十二）年以降の墓が並ぶ。曲がり

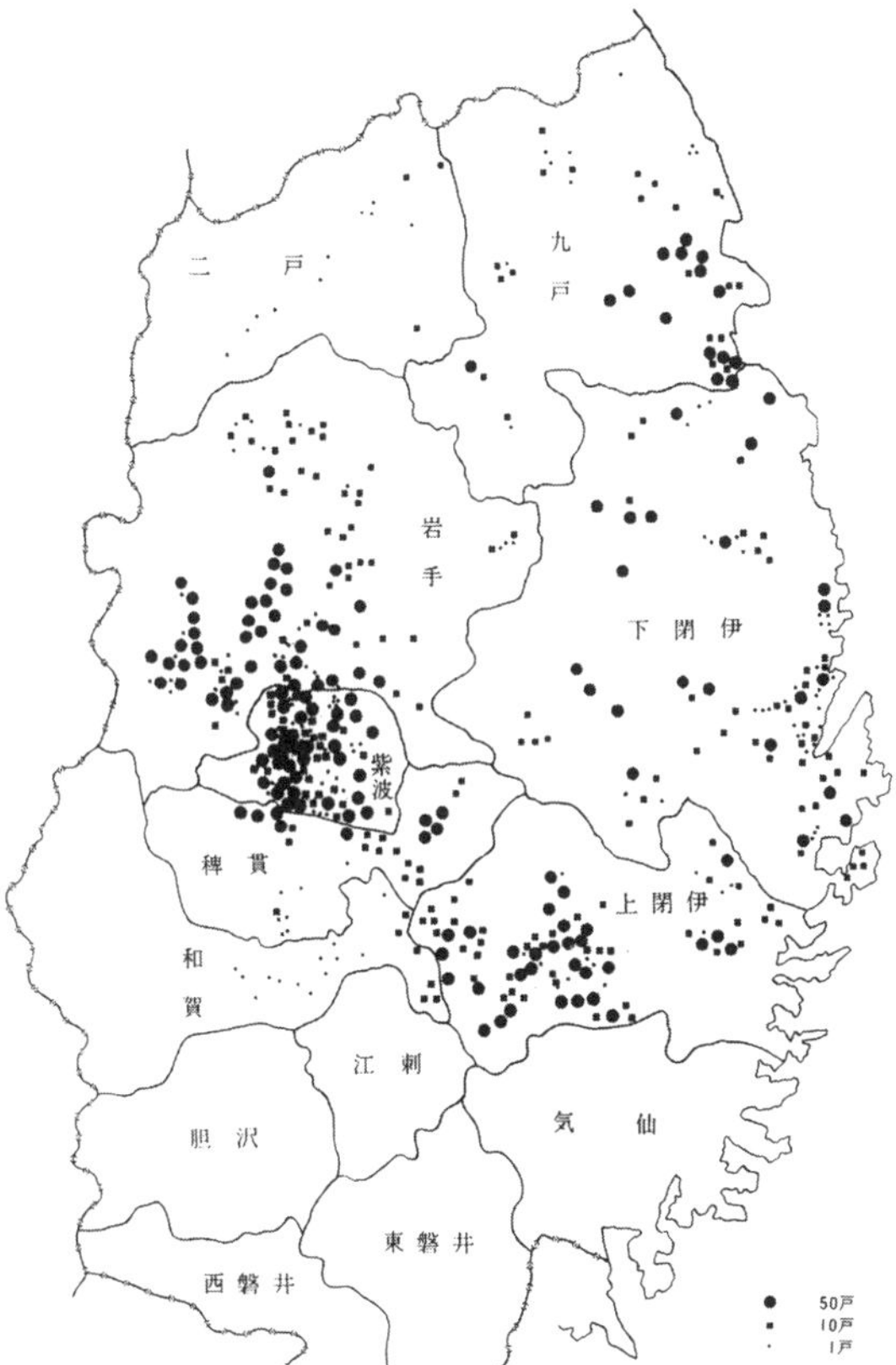

曲り家の分布（昭和10年）

分布の濃淡がわかる。昭和45年の図と比較すると数は大きく異なるが、濃淡の傾向はほぼ同じになっている。（『岩手県史』第11巻から転載）

家の住人の墓とすると、宝暦年間より年代が古くなる。いずれにしても曲がり家の発生は江戸時代中期の十八世紀前葉までたどれそうだ。

工藤家住宅は一間の単位に六尺三寸（約一九一チセン）が採用されている。以後明治中頃までこれが曲がり家の基本寸法となっている。現代の住宅は六尺を基本としているため、曲がり家が広く感じられるのはこのような柱間寸法も影響している。

曲がり家の戸数は、昭和十年代で約一万戸といわれている（『岩手県史』第十一巻）。久慈や岩手郡南部、志和郡、遠野に集中しており、久慈を除く九戸郡や閉伊郡では少なく、二戸、稗貫、和賀郡では散発的な分布となっている。

こうした分布の偏りは、積雪量や風量などの気候条件、飼育頭数などと必ずしも連動していない。曲がり家発生の理由とともに偏在の原因は今後の研究課題だ。

曲がり家は仙台領ではみられない。直家《すごや》という平面形が長方形となる民家が一般的だ。厩が独立した別棟のところが多いが、直家内部に設けられる家も少なくなく、馬との関わり方は、曲がり家とあまり変わっていない。

次に藩営の牧で飼育される野馬をみてみると、盛岡藩では九ヵ所、八戸藩で二ヵ所の牧で放牧されていた。久慈の北野牧と三崎牧、八戸藩の広野牧以外は現青森県域にある。最も大きい牧は木崎牧で、奥入瀬川北岸から小川原湖までの広大な範囲に広がっていた。盛岡藩の九牧で合わせて七〇〇～一六〇〇頭、平均すると一一〇〇頭が飼育されていた。

牧は柵や柴垣、自然の川などで周囲を囲み、大きな牧では一部に土手を築いて、馬が外に逃げ出さないようにしていた。春に野焼きをして草の生長を促したりしたが、ミヤコザサなど自然の草も大事な食料となった。冬に積雪でササが埋もれてしまうと、木々の芽を食べたという。

秋には野取りと呼ばれる二歳馬の捕獲が行われた。周辺の農民が駆り出され、半ば野生化した馬の捕獲は危険を伴った。少雪地域は冬も放牧されたが、雪の多い地域は農家の厩で飼育しなければならず、これも農民の大きな負担となった。野馬や里馬の良馬は将軍などへ献上され、また幕府の馬買い役人や他藩によって買い付けられていった。その結果さらに「南部馬」としてその名声が全国に知られるようになる。

なお、江戸時代の馬については、兼平賢治『馬と人の江戸時代』に詳しい。

大形化への改良

蝦夷地（北海道）の道産子《どさんこ》は南部馬がもとになって生まれた馬だ。「道産子」は通称で、正式には「北海道和種」として、木曽馬やトカラ馬などとともに日本の在来種の一つになっている。

道産子は、江戸時代に漁獲物の運搬のため漁民がもちこんだものが繁殖したといわれている。記録として南部馬が蝦夷地で登場するのは江戸時代後期になる。一七九九（寛政十一）年、盛岡藩から馬六十頭、牛四頭を買い求めて、場所（漁場や交易場）に置いて、運搬などに使役したとある（幕府から派遣された蝦夷地取締役の記録『休明光記』）。

また一八〇五（文化二）年にはウス（有珠）、アブタ（虻田）で牧を開き、盛岡藩や仙台藩から多数の馬を

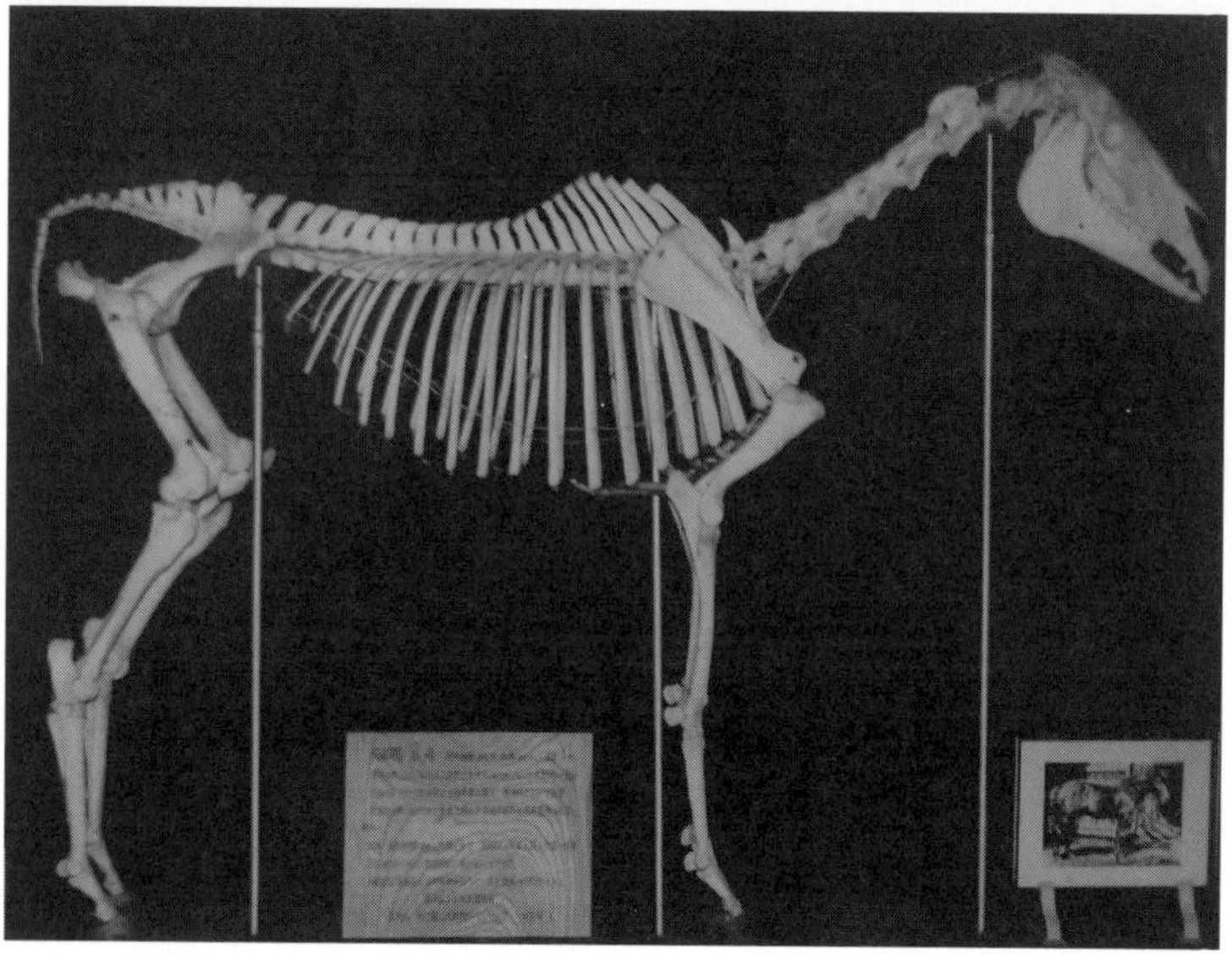

最後の南部馬「盛号」の骨角標本

十和田市の馬の文化資料館「称徳館」にはこの骨角標本を元に復元された盛号の像が展示されている。（盛岡農業高等学校所蔵）

購入している。ウスやアブタは蝦夷地の中でも温暖で雪が少なく、なだらかな地形は牧に適地だった。その結果「良馬を出すこと限りなし」とまで言われ、道産子として蝦夷地各地に供給された。南部馬に比べ、道産子は全体にがっしりした体付きで、重い荷駄を運ぶのに適していた。

また、盛岡藩の元陣屋が置かれた箱館から十七キロ西の矢不来《やふらい》（現北斗市）に広い秣場《まぐさば》が藩によって設けられていた。採草地というより実質的な放牧地だったようだ。蝦夷地警備にともなって軍馬として飼養されていた。

最後の南部馬は「盛《さかり》号」といわれる。盛号は一八七二（明治五）年生まれで、十二歳の時に東京上野の不忍池で開催された洋式競馬で、居並ぶ西洋種の馬を制して優勝した。翌年にも連覇を果たし、その名声が広く知られるところとなった。体高は五尺（約一五一センチ）で、南部馬としては大きい。盛号

馬で犂をひく作業風景

岩手での犂耕の普及は全国的にも遅く、大正期には10数%、昭和に入りようやく6割を超えた。馬を使役することに抵抗感があったためといわれる（遠野市立博物館提供）

はその後厨川（盛岡市）で貨車の入れ換え作業に従事している。一九〇四年の盛号の死をもって純粋の南部馬が途絶えたといわれる。

途絶えた主な要因は軍馬の増強のため西洋種の交配が積極的に推進されたからだ。一八九四（明治二七）年の日清戦争、一九〇〇年の「北清事変」、一九〇四年の日露戦争では騎兵部隊が活躍した。しかし欧米列強の騎馬と比べ、日本の馬は体格が小さく、去勢していない馬は隊列を乱し統制が取りにくかった。そのため軍馬の改良が喫緊の課題となった。

また、農耕馬としても犂《すき》を使った田畑の耕起が全国的に普及し、馬車の増加により荷駄馬としても大形馬が求められるようになってきた。西洋種との交配が国家政策として急速に進められることとなった。このように品種改良が進み、古墳時代からの小形〜中形馬系の南部馬は姿を消していった。

大形化した軍馬は、第一次世界大戦後には戦車が主力兵器となって出番が少なくなる。農耕馬も高度経済成長とともにトラクターなどに取って代わられるようになった。

日本の歴史において、馬は人々の営みに深く関わってきた。もともと日本には野生馬がおらず、古墳時代に中国や朝鮮半島から連れてこられた。各地の有力者の威信を示し、また戦《いくさ》の武器の一つとして、古墳社会に広まっていった。古代においても蝦夷の馬が政府や貴族たちの奥羽への関心を高めた。中～近世には多くの牧で飼養され、合戦には欠かせないものとなっていった。また荷駄馬として運輸の大きな力となり、農民が農耕馬として利用するようになって、経済の発展に大きく寄与した。明治以後は軍馬や農耕馬として活躍の場が広がっていったが、機械化の波に飲み込まれてしまう。

馬が日本人の生活にとけ込んでいた証しとして、馬頭観音や馬魂碑などの石碑が各地に残されている。盛岡市青山に残るレンガ造りの覆《おおい》馬場も軍馬の歴史を伝える遺産だ。

そして現在、馬を過去のものにするのではなく、ホースセラピーなど新たな取り組みも始まっており、今後に期待したい。

第七章

中世を読み直す

石に刻まれた大日如来座像＝矢巾町伝法寺館跡

「平泉」以後の新たな支配者

一一八九（文治五）年、源頼朝によって平泉が攻められ、九十年に及ぶ平泉藤原氏の治世が終わる。文治奥州合戦と呼ばれるこの戦いの結果、藤原氏支配に替わり、鎌倉武士団を中心とする新たな支配体制が岩手の地に生まれたことで、大きな歴史の転換点となった。

合戦後、頼朝の家臣の御家人《ごけにん》である工藤行光と葛西清重に所領が与えられた。伊豆（現静岡県伊豆半島）に本拠がある工藤氏は、奥州合戦の戦功により、前九年合戦の故地である厨川柵跡で岩手郡地頭に任じられた。葛西氏は、下総国葛西郡（現東京都葛飾区周辺）の出身で、奥州合戦後の治安維持のため奥州惣奉行に任命され、平泉はじめ胆沢・江刺・磐井・気仙郡など広域を領した。新たな支配によって、胆沢城時代から続く奥六郡（岩手・志波・稗抜・和賀・江刺・胆沢郡）という一体的な地域が解体され、大きな転換となった。

なお、『吾妻鏡』によれば岩手の地に所領を受けたのはこの二人だけだが、ほかの武将が所領を得たり、あるいは平泉時代の在地勢力が残されたりした可能性は高い。

次に、鎌倉中期頃までに名が出てくるのが和賀、稗貫、斯波《しば》氏らで、所領地の地名を姓にした。斯波氏は本姓が足利氏で、斯波郡（＝志和郡、現紫波郡）に所領を受けたことに由来する。後に室町幕府の管領筆頭となる有力者の一族だ。

鎌倉幕府内で次第に執権の北条氏が力をもつようになると、現在の岩手県北部から青森県の多くが北条氏の所領となる。良馬の産地であり、蝦夷地（北海道）との北方交易の中継地である陸奥北部を、強大な権力の経済的基盤として掌握したのだ。

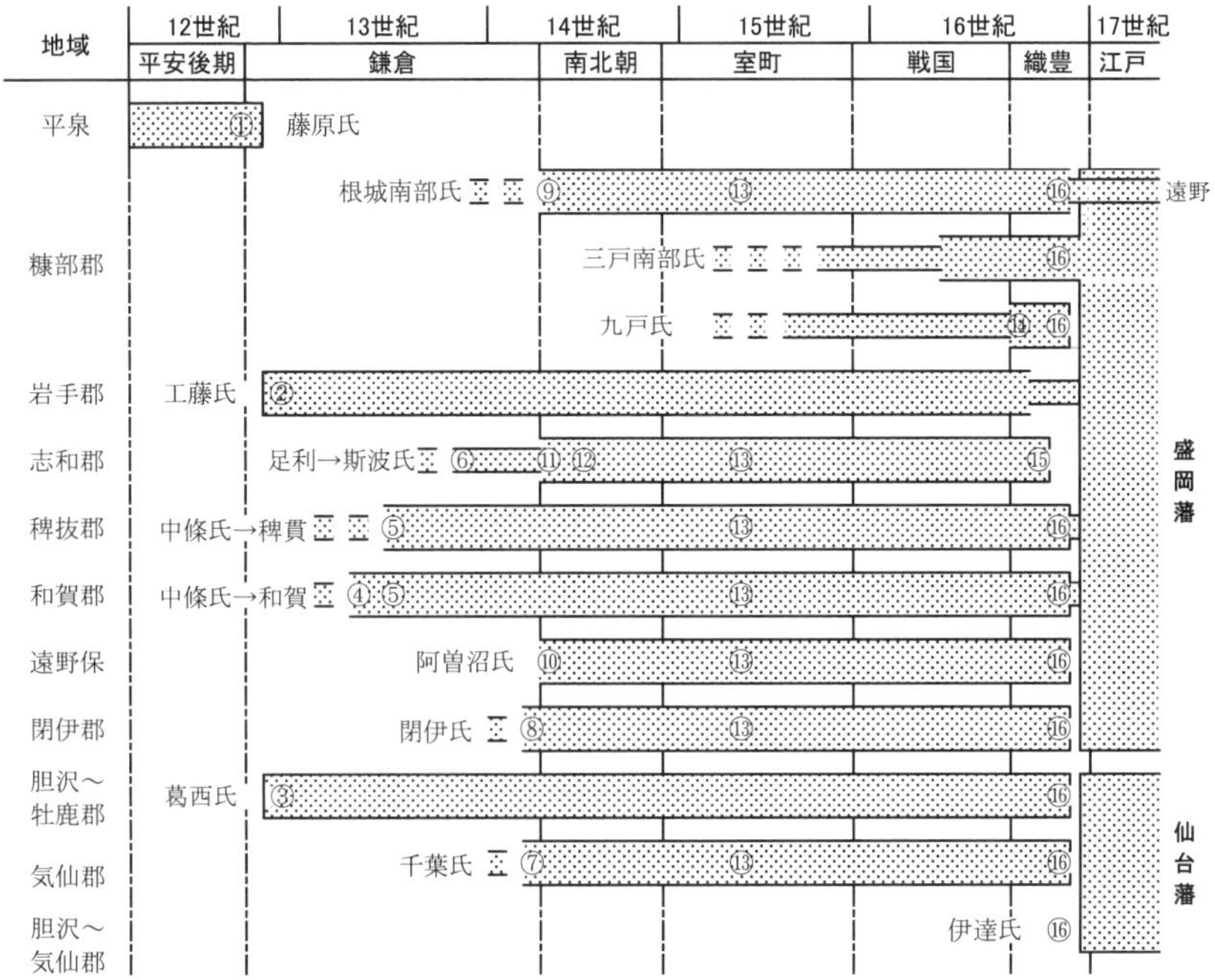

①1189(文治5)年　源頼朝の「奥州征伐」で平泉藤原氏滅亡
②1189(文治5)年　工藤小次郎行光を岩手郡の地頭に任命
③1189(文治5)年　葛西清重が伊沢・磐井郡などを所領を得る
④この頃和賀三郎左衛門尉義行が和賀に入る
⑤1256(建長8)年　(中条)出羽四郎(光家)・和賀(行時らに奥大道の警固を命ず
⑥この頃足利家氏が斯波に所領か
⑦1315(正和4)年　千葉広胤が気仙郡矢作に来着
⑧1324(元享4)　閉伊光頼が老木など、閉伊員連が鍬崎の領有を認められる
⑨1334(元弘4)　南部師行が糠部郡奉行として登場
⑩1334(建武元)年　阿曽沼下野権守朝綱に「遠野保」安堵
⑪1335(建武2)年　足利家長奥州管領任命、このときに斯波郡に入部か
⑫1356(延文元)年頃　奥州探題(大崎)斯波家兼の子息が斯波入部か。
⑬1435～36(永享7～8)年　永享和賀稗貫合戦
⑭1563(永禄6)年　九戸氏が室町幕府諸役人として名を連ねる
⑮天正16(1588)年 南部氏に斯波氏降伏
⑯天正19(1591)年　奥羽再仕置

陸奥に所領を認められた領主の多くは、鎌倉やそれぞれの本拠地に居住し、陸奥には家臣や一族を地頭代（代官）とした。岩手郡の工藤氏と同じ伊豆工藤氏の一族も北条氏の被官（家臣）として八戸などの地頭代となっていた。彼ら地頭代も現地に赴任することは少なく、在地の有力者が所領の経営にあたっていたようだ。鎌倉幕府が衰退する頃になって、ようやく領主や地頭代が次第に現地に土着するようになる。

鎌倉時代が終わり、南北朝期に入る前後に、八戸の南部氏、遠野の阿曽沼氏、閉伊郡の閉伊氏らの名が記録に表れるようになる。それ以前からの所領があらためて認められ、新しい役職を得たりしたもののようだ。

このように、鎌倉時代には新たな支配層が郡単位に置かれ、在地の有力者もその傘下に組み込まれた。この基本的な枠組みは、南北朝期の大きな変化を経て、豊臣秀吉による奥羽仕置、再仕置によって、一五九一（天正十九）年、伊達氏と南部氏による支配体制が確立するまで継続する。

板碑からみる中世

板碑《いたび》は中世を代表する石碑で梵字（種子）などが板状の石に刻まれている。供養塔の一種で石卒塔婆《いしそとば》ともいう。岩手県内ほぼ全域に分布するが、総数約一〇〇〇基のうち八割が磐井郡にあると推定されている。胆沢、江刺、気仙郡と志和郡（現紫波郡）にもやや多く分布している。鎌倉時代〜室町時代にかけて造立されたものが多い。

関東地方などの板碑は、青緑色の緑泥石片岩《りょくでいせきへんがん》などを整形した碑に、梵字のほかに年月日・造立者・造立趣旨を刻んだもので、武蔵型板碑などと呼ばれている。東北地方の板碑は柱状の自然石を用いるものが比較的多い。

志和郡の板碑も自然石のもので、石材が堅いためか梵字だけを刻み、年号や造立趣旨を刻まない碑が多い。梵字がまったく読み取れないが、板碑のように立てられている石も少なくない。江戸時代に墓石に転用された板碑もある。このような碑を合わせ、郡内で九十四基を確認することができる。この中には年号が不明なため江戸時代の石碑を含んでいる可能性もあるが、年代が明らかなものは、一二九二（正応五）～一三三一（元徳三）年までの鎌倉時代中～後期に集中する。南北朝期（一三三一～九二年）に入る前後から年号が刻まれる碑は急速に減少する。

志和郡の板碑は次の五ヵ所に集中し、いずれも中世寺院跡の周辺に分布している。うち江戸時代の記録では三ヵ寺は真言宗となっている。

①伝法寺跡周辺―矢巾町北伝法寺～紫波町松本。現在も釈迦堂跡と伝えられる建物の礎石が残っている。

②新山寺跡周辺―紫波町上平沢～土舘。新山神社（奥宮）境内から十二世紀～鎌倉時代の銅鏡や懸仏《かけぼとけ》が出土している。

③高水寺跡周辺―二日町～桜町。『吾妻鏡』に一一八九（文治五）年の記事として高水寺の名がみえる。

④大荘厳寺跡周辺―日詰～南日詰。特に五郎沼周辺に集中し、不動明王線刻像もある。

⑤蓮華寺跡周辺―赤沢。自然の岩を利用した郡内唯一の磨崖碑もみられる。一三一二（正和元）年銘の阿弥陀三尊、さらにその右下に不鮮明な梵字が確認され、同じ岩が何度か利用されている。蓮華寺ゆかりの十一世紀頃の明王像四体と十二世紀頃の毘沙門天像が正音寺に、七仏薬師が薬師堂に現存している。

志和郡の板碑

無量寿如来碑（紫波町南日詰、嶋之堂千手観音堂西側）。1303（乾元 2）年に亡くなった子息の供養に建てられた。

板碑は、親族の回忌などに合わせて供養のために建立され、僧侶が導師を勤める。このために寺院近くに板碑が集中したものと考えられる。

これらの中世寺院の創建時期は明らかではないが、平泉藤原氏一族の樋爪《ひづめ》氏が志和郡に比爪館《ひづめのたち》を構えており、十二世紀にさかのぼる寺院はその庇護《ひご》を受けていたとみられる。樋爪氏が源頼朝に降った後もその法灯は守り伝えられ、寺院を支える豊かな経済基盤や郡内の人々の信仰が継続していたことを示している。

志和郡の中世寺院は、安倍道や鎌倉街道、東街道と呼ばれる古道の近くに建てられているのが特徴だ。それらの古道は現在も一部が紫波町に残されている。志和郡は、斯波氏の居城だった高水寺城をはじめ、板碑や古道、中世寺院跡が残る「中世の里」ともいえる地域となっている。

県南部では、鎌倉時代を中心に大形の自然石で作られるが、南北朝〜室町時代（十四世紀中葉〜十五世紀）

にかけて、五十チセン前後の小形の板碑が多くなる。畠山篤雄氏（一関市教委）や羽柴直人氏（岩手県埋蔵文化財センター）によって指摘されているところだ。一〇〇基を超す板碑の集中区が数カ所で確認されており、その数から、建立者は広い階層にまで広がってきているとみられる。葛西氏領だったこれらの地域も中世の雰囲気が色濃く残る地域となっている。

南北朝の争乱の余波

鎌倉時代末期の混乱から始まる南北朝の争乱は、陸奥の地にも大きな影響を与えた。一三三四(建武元)年、後醍醐天皇側の人事で、南部師行《もろゆき》が糠部郡奉行に任じられ、八戸根城を拠点に、陸奥北部に大きな力を及ぼすようになる。

糠部郡は現在の二戸・九戸郡から下北半島までの広い地域を指すが、師行はさらに鹿角や閉伊、遠野までの人事などを所管しており、南部氏の権限が広範囲に及んでいた。京都で後醍醐天皇と足利尊氏とが対立すると、陸奥でも双方の勢力が衝突を繰り返すようになる。南朝方の北畠顕家が陸奥守の職にあり、北朝方も尊氏と同族の斯波家長《しばいえなが》を奥州総大将に任じるなど、奥羽での熾烈な戦いが繰り広げられた。大きな戦いは一三五三（正平八＝文和二）年まで約二十年間に及んでいる。

南朝方には糠部郡の南部氏、岩手郡西部の滴石氏、志和郡東部の河村氏、磐井郡などの葛西氏、北朝方には志和郡の斯波氏、岩手郡厨川の工藤氏、稗貫郡の稗貫氏、和賀郡の和賀氏らといった構図だった。時の状況で南北が入れ替わったり、一族で敵味方に分かれたりすることもあった。

最終的に北朝方が勝利するが、南朝方の武将も争乱を通じて領地支配の地歩を固めた。陸奥の統轄は室町幕府が設置した奥州探題の大崎氏があたっていたが、南部氏や葛西氏は南の伊達氏とともに陸奥の最有力武将と目されるようになっていた。斯波氏も幕府の管領や大崎氏につながる家柄として特別待遇の扱いを受けている。

郡単位の領主である稗貫、和賀氏だけでなく、郷村単位の領主の厨川、雫石、河村氏らも複数の村々を束ねる地域有力者として名を連ねるようになっている。

室町時代になると、陸奥出羽両国を巻き込んだ永享和賀稗貫合戦が勃発する。一四三五（永享七）年、和賀郡内で起きた和賀氏と須々孫《すすまご》氏との内紛が、この合戦の発端となった。両氏は同族関係にあったが、南北朝期に一族が敵同士になったことがあり、その確執が残されていたのかもしれない。

内紛は近隣も動乱に巻き込み、南部遠江守長安《とおとうみのかみながやす》の仲介で収まったが、やはり一族の黒沢尻氏が須々孫氏と稗貫氏を誘って、和賀氏と再びと合戦を始めた。和賀氏は長安に助勢を求めたが、これは「国人一揆」という同盟が両氏の間に結ばれていたためとみられる。

長安が出陣し、北奥羽の兵二～三万騎も岩手郡に集結した。兵は、糠部・久慈・閉伊・津軽三郡・鹿角・比内・両河北(山本郡)・秋田・由利・仙北・横手・油川(平鹿)・雄勝・滴石《しずくいし》の広範囲から集まってきている。

厳冬期のため兵たちは不来方《こずかた》城（後の盛岡城の場所）でいったん解散し、春に再集結した。総大将斯波氏の本拠である志和の斯波御所で気勢を上げたとみられる。稗貫氏の寺林城、十八が沢《さかりがさわ》城への攻撃が開始され、須々孫氏の城に攻め込む前に、合戦は三ヶ月ほどで終了する。この間に葛西氏家臣の薄衣氏、江刺氏も来陣

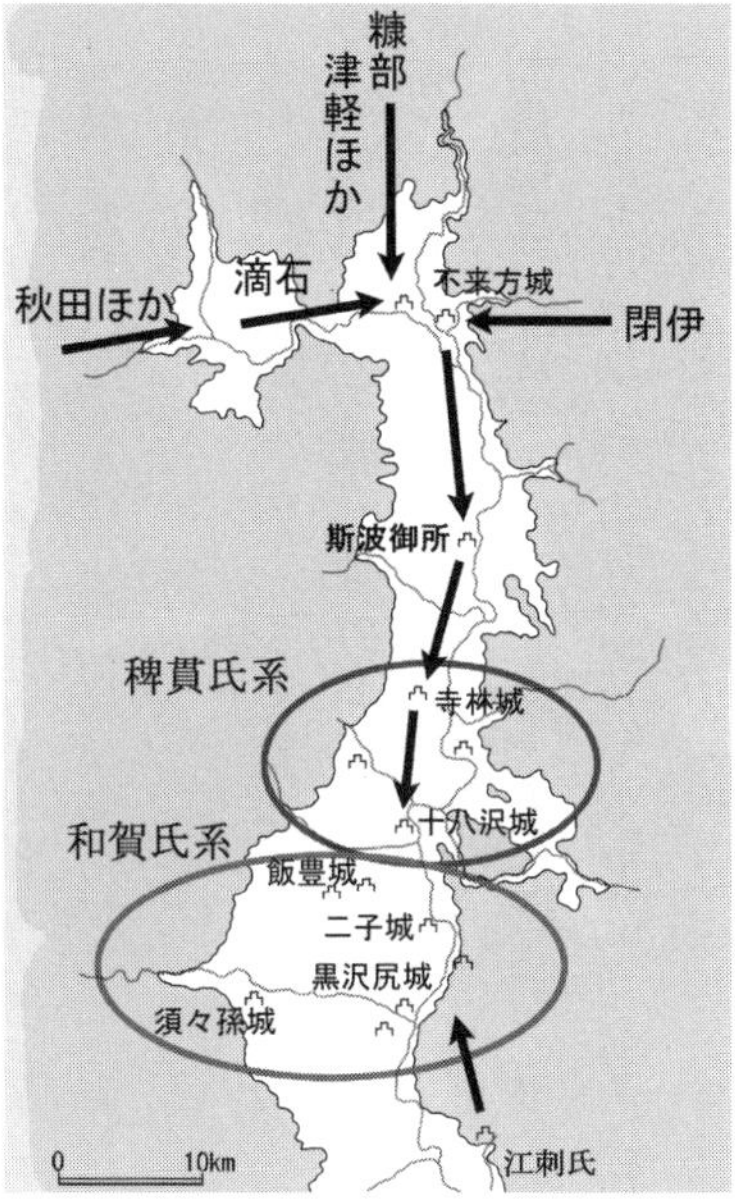

永享和賀稗貫合戦における各地からの進攻

し、さらに奥州探題の大崎氏も出陣するなど、動員された範囲や兵の数で大きな合戦となった。

これらの経緯は『稗貫状』という一三〇〇字ほどの記録に書かれているが、江戸時代の盛岡藩では、盛岡南部氏の立場で解釈していた。南部遠江守について、八戸根城の長安を盛岡藩では三戸（盛岡南部氏の前身）の南部政行または守行《もりゆき》としている。また総大将も斯波氏ではなく南部氏のように描かれて、その解釈は近年まで影響を及ぼしていた。ともあれ、大崎氏を頂点とし、斯波氏—南部氏—北奥羽の諸氏という力関係が表れた合戦だった。

永享合戦では、城館を中心とした戦いが行われた。記録にない野戦もあったようだが、飯土肥城（飯豊城）、湯楯《ゆのだて》、二子城などの名もみえる。中世の武将は、堀や土塁で防御を固め、有事に備える城館づくりに励んだ。岩手でも約一四〇〇ものの鎌倉〜戦国時代までの城館が築かれている。平地や台地の城館は行政や日常生活の場でもあった。

陸奥北部の国人一揆《こくじんいっき》

南部氏は、江戸時代の盛岡藩藩主だったため、岩手ではなじみが深く、関心も高い。盛岡藩成立以前の南部氏については、これまで江戸時代に編纂された史書からその歴史が組み立てられてきた。南部家は鎌倉以来の古い家柄を標榜《ひょうぼう》し、初代光行から一貫して北奥の中心的存在であることを主張してきた。盛岡藩主として正当性が求められたためだが、それを裏付ける同時代史料はみられない。

近年、南部氏が陸奥で記録に表れる一三三四（建武元）年師行《もろゆき》の糠部郡奉行任命以降を南部氏の北奥定着の時期と解釈することが一般的になってきている。糠部は現在の岩手県北部から青森県東部の広い地域をいう。根城《ねじょう》（八戸市）に本拠を置いたので、根城南部氏（八戸南部氏とも）という。

根城跡の中心区画である主郭からはそれよりさかのぼる大形の建物跡が発掘されており、南部氏の糠部入部が鎌倉時代にさかのぼる可能性が考えられる。師行以降はさらに根城の整備が進められ、強大な権力を誇示するようになる。

室町時代になると、同じような構造の大規模な城館が、岩手や秋田県北、青森などで築城されるようになる。一戸城、浄法寺城、青森の七戸城、浪岡城などで、堀で区画されたほぼ同じ大きさの郭《くるわ》が三つ以上並び、その一つが扇の要のように主郭となっている。

大規模城館を構える有力領主は、自領の管理や徴税だけでなく配下の中小の領主を束ねていた。城館は戦いのためだけでなく、治世の拠点でもあった。同じ城館構造を共有することで、似たような行政組織をつくり、また築城にあたって資金や人的援助、さらには設計の指導などがあったと考えられる。南部氏とは別勢

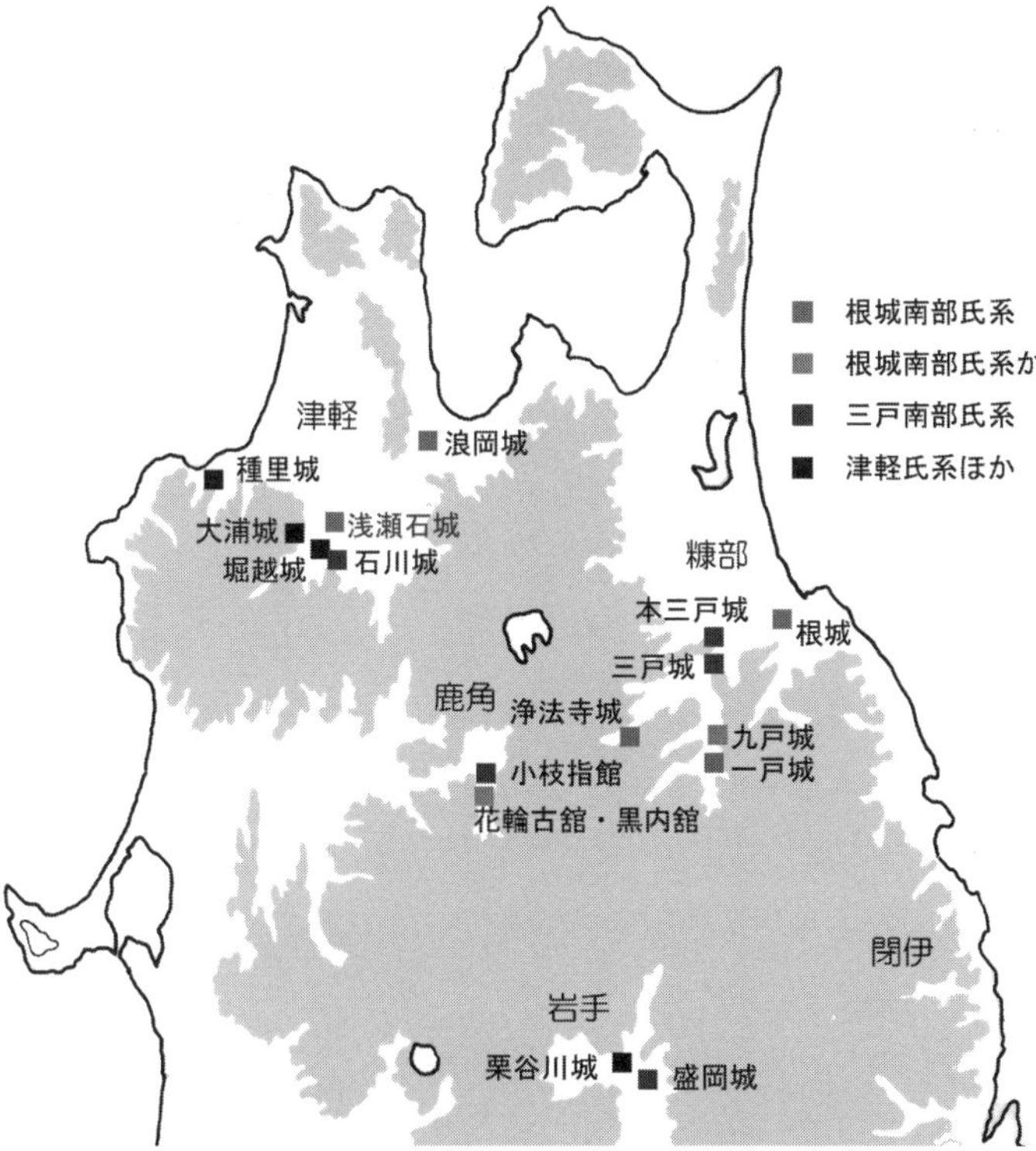

根城南部氏系と三戸南部氏系の城館

力の安藤氏が津軽や秋田に築いた城館の構造は全く異なっていた。

構造を同じくする各地の城館の城主は、記録によると根城南部氏の分家や後援した有力領主たちだった。このことから根城南部氏が盟主となって同盟を結んでいたことが読み取れる。各地の有力領主は「国人《こくじん》」と呼ばれ、その同盟や連合は「国人一揆」として、南北朝～室町期に全国で結ばれていた。同盟にあたっては一揆契状《けいじょう》という誓約書を取り交わしている。現在、根城南部氏の跡を継ぐ遠野南部家文書に四通の一揆契状が残されている。

「一揆」というと江戸時代の百姓一揆のイメージが強いが、元来、同じ目的のために行動をともなう結びつきを意味し、中世には領主らが一揆で結ばれることが多かった。

このような陸奥北部（北奥《ほくおう》）の国人一揆は、天地神明に誓う契約状だけでなく、類似の城館構造を共有して「北奥同盟」ともいうべき強固な一揆を形成していた。北奥の軍事的安定と、他の勢力との均衡を保つことが一揆の大きな目的だった。

ところで、江戸時代の盛岡藩主につながる家系は三戸郡の南部氏だった。三戸南部氏が拠点とした本三戸《もとさんのへ》城（青森県南部町聖寿寺館《しょうじゅじだて》遺跡）や三戸城（三戸町）は、北奥同盟の城館群とは構造が異なる。三戸城が築かれるのは、戦国時代の一五三九（天文八）年、前身の本三戸城が焼失したことによると伝えられる。

この頃に三戸城と同じ構造の城館が津軽や鹿角にも造られており、三戸南部氏の勢力拡大は戦国時代とみることができる。三戸城の基本構造は、細長い丘陵を横に区切るような形の盛岡城にも引き継がれている。

このように、南北朝期に力をつけた根城南部氏は北奥の要として長く君臨してきたが、戦国期の三戸南部氏の台頭により、相対的に地位が低下する。豊臣秀吉が政権を握る頃には、根城南部氏は三戸南部氏の家臣となり、江戸時代には遠野へ移され、遠野南部氏となる。このように、根城・三戸南部両氏は、次第に立場が逆転してきたのだった。

岩手に浸透する仏教

「奥の正法寺」といわれる奥州市の円通正法寺《えんづうしょうぼうじ》は、法堂《はっとう》（本堂）の日本一の茅葺《かやぶき》屋根で知られている。曹洞宗の大本山永平寺と總持寺と並ぶ寺格をもち、陸奥出羽における曹洞宗の中心寺院として、数百の末寺を有したという。

正法寺は一三四八（貞和四）年、無底良韶《むていりょうしょう》により開基された。現奥州市黒石の黒石氏と平泉町長島の長部氏が境内地や田を寄進して寺を支えた。二代月泉良印《げっせんりょういん》は、寄進者を葛西氏を含めた胆沢・江刺・磐井郡の武士層に拡大し、寺院経営の基盤を安定させている。

また、月泉良印はその弟子とともに曹洞宗の教線拡大を図った。正法寺がまとめた『正法年譜住山記』には二二ヵ寺が創建されている。現存の寺院の寺伝も含めると合わせて約四十ヵ寺が、十四世紀後半から十五世紀前半頃に開山されていた。その範囲は、現盛岡市の東顕寺と秋田市補陀寺を北限として南奥羽にまで及ぶ。さらに孫弟子らが新たな寺を建て、曹洞宗は武士層を中心に拡大していった。

一方、浄土真宗の本誓寺は、現在盛岡市と紫波町二日町にあるが、古くは同町彦部にあった。盛岡本誓寺の寺伝によれば親鸞の高弟是信《ぜしん》が、一二一五（建保三）年和賀に来住し、後に彦部に本誓寺を開いたという。

その後の真宗本願寺教団が岩手の地でどのような布教活動を展開していったのか明らかになっていない。しかし、誉田慶信氏（岩手県立大学）によると、岩手県域には寺伝によるものも含め、天正年間（一五七〇～八十年代）までに四八ヵ寺が存在していたという。中世において有数の本願寺教団の勢力が岩手で形成されていたことになる。うち十六ヵ寺が戦国時代を中心に出羽国の仙北地方などに移転したといわれる。

二戸市浄法寺の天台寺は、鉈彫《なたぼり》の聖観音像《しょうかんのんぞう》や十一面観音像など平安中～後期の仏像群で有名だ。寺の南西には十二世紀ごろの経塚もあり、寺の創建が平安時代であることはほぼ間違いない。ただし、発掘調査ではそれを裏付ける遺構は確認されておらず、寺院の実態は、寺号も含めてはっきりしていない。

正法寺法堂

日本一の茅葺き屋根をもつ法堂は1811（文化8）年に再建された。

その後二世紀近くの空白期間を経て、「正平十八年」（一三六三年）年銘の鰐口に天台寺の寺号が初めて現れる。南部氏の一人と思われる源信行《みなもと》の名も見える。次いで一三九二（元中九）年の鐘銘をもつ銅鐘などがあり、一四三二（永享四）年には津軽から土地の寄進を受けていたと伝えられている。南北朝後半以降、天台宗の寺院として、陸奥北部の名刹《めいさつ》として信仰を集めていくこととなる。

鎌倉時代には、浄土宗、浄土真宗、時宗、日蓮宗、臨済宗、曹洞宗のいわゆる鎌倉仏教が生まれた。全国の武士や民衆を対象に、信仰により救われることを説き、あるいは座禅による悟りなどを説き、それぞれ独自性を出しながら宗派の全国的な拡大を図った。

鎌倉仏教に対して、戒律を重んじる法相宗《ほっそうしゅう》などの奈良仏教や天台・真言宗の平安仏教側は、教義の研究や普及に努める一方で、武家や公家の権力と結んで大きな力を保持していた。

陸奥や出羽では、平安時代からの寺院が存続し、鎌倉時代には志和郡の寺院板碑建立に関わっていた事例もある。また曹洞宗や天台寺などでは南北朝の頃より新たな動きもみられた。浄土真宗の教線拡大の過程については今後の研究課題だが、岩手でも多くの真宗寺院が建てられていた。

中世は、仏教界の活発な動きや積極的な布教により、仏教の幅広い浸透が図られた時代といえる。公家や武士層だけでなく、民衆もその仏教の信仰と深く関わることになった。

九戸一揆と秀吉の全国統一

戦国時代が終わり、新たな時代の幕開けは多くの痛みをともなうものでもあった。豊臣秀吉が全国統一を目指し、一五九〇年（天正十八）年に関東の小田原北条氏を攻めた。その際に、奥羽の武将にも小田原参陣を求めたが、出兵をためらう武将が多かった。

そういった中で参陣した伊達政宗や三戸の南部信直は領地が安堵《あんど》され、出陣しなかった葛西・和賀・稗貫氏らの領地は没収された。「奥羽仕置《しおき》」と呼ばれ、陸奥出羽が秀吉の支配下に入ったことを意味する。

領地を没収された領主やその家臣は、唯々諾々と受け入れたわけではない。葛西氏は南の大崎氏とともに、また和賀、稗貫両氏も一揆を起こした。葛西大崎一揆、和賀稗貫一揆とも秀吉の派遣した仕置軍によって制圧され、旧葛西氏領は政宗に、和賀以北は信直に再配分された。奥羽再仕置という。

奥羽仕置の後、糠部（現在の二戸・九戸から下北半島までの地域）の九戸に本拠を置く九戸政実《まさざね》らが南部信直に反旗を翻した。九戸一揆と呼ばれる。九戸氏が南部一門の一人として、南部家の家督を相続した信直の正当性を認めず、政実の地位が一族の中で低下したことへの反発が理由とされる（『信直記』）。しかし、九戸氏が南部一門であったか疑わしく、問題を個人的な遺恨に矮小化させた記述とみられる。奥羽仕置により信直だけが領主となり、他の旧勢力はすべて家臣とされたこと、異議ある者は成敗させられたことへの強い反発が原因だった。

戦いは、一五九一（天正十九）年三月、政実が一戸城を、櫛引清長が苫米地城（現八戸市）を、七戸家国が伝法寺城（現十和田市）を夜襲したことに始まる。一戸城は十年前に一戸一族の内紛によって、南部氏側の勢力下にあった。政実らはその後、九戸城に籠城、久慈・大湯・大里氏ら合流したことによって、九戸方が優勢となった。信直は秀吉へ援軍を要請する。秀吉の命により、豊臣軍三万余騎が蒲生氏郷を先頭に進攻してきた。

八月、豊臣軍は一戸城などを攻略し、奥羽や蝦夷地の諸将合わせて六万余騎が九戸城を取り囲んだ。九戸方は五千余騎だったといわれる。戦いは十日弱の膠着状態が続き、兵糧不足を恐れた豊臣軍は、長光寺《ちょうこうじ》（長興寺）の和尚を使者に立て降伏を勧告した。政実に、京に上り秀吉に逆心なきことを訴えることを認め、家臣は助命するという条件だった。

九月、長光寺和尚の勧めにより政実と大将格の武将八人は降伏するも、城内の将兵や妻子等は殺され、生け捕りの者も首をはねられる。政実ら降人も、栗原三ノ迫の陣で総大将豊臣秀次の命により斬首される。戦いの後、九戸城は改修され、福岡城と改称して信直の居城となる。

さて、九戸一揆勢力地図を見ると。地縁的つながりが濃厚であった糠部の南側はほとんど九戸軍に付いている。糠部北側の勢力は七戸氏とともに九戸方に入り、久慈郡や根城近くの櫛引氏、鹿角の大湯氏や大里氏も九戸方に味方した。

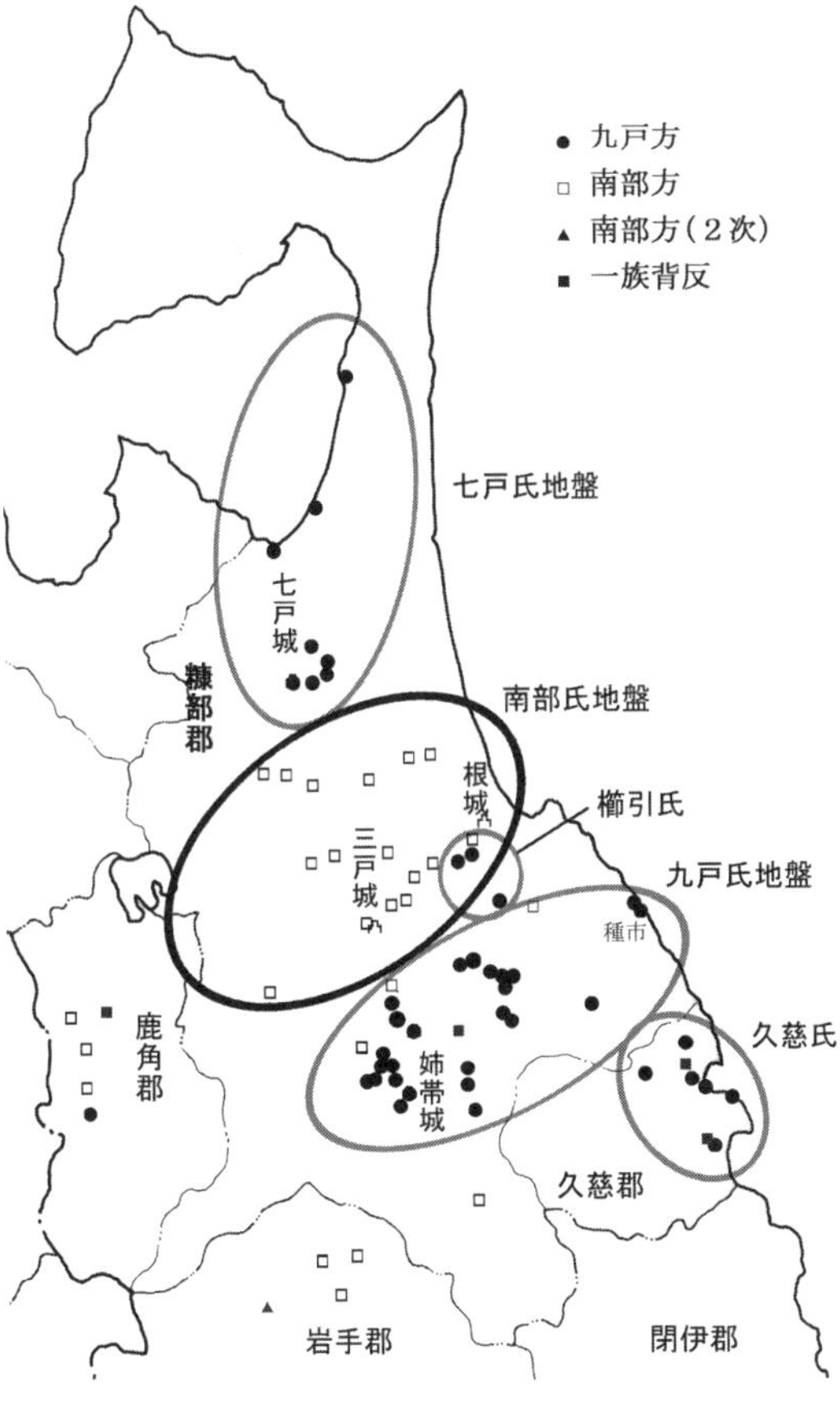

九戸一揆勢力図

一方、糠部中部は三戸・根城南部氏の一族や譜代家臣の地域となっている。岩手や志和、鹿角からは、豊臣軍の出陣が決まってから南部方に参陣した武将も多い。

この図から、九戸一揆の頃の糠部は南部氏と九戸氏、七戸氏が鼎立《ていりつ》し、南部氏の勢力が絶対的なものではなかったことが読み取れる。糠部は有力者の地域連合的なつながりが根強く、南部氏はそのバランスの上に成り立つ存在だった。一揆は、その均衡が秀吉によって崩されたゆえに起こるべくして起こったともいえる。

九戸政実については、時代の転換を自覚せず、古い伝統的勢力に固執したとのマイナスの評価が根強くあった。しかし政実が太刀と良馬を秀吉に献上しようとしたことが、近年わかってきた。政実が全国の動向に敏感でなかったはずはなく、豊臣政権への働きかけが実らなかっただけといわれるようになってきている（菅野文夫ほか『二戸市史』）。今後、政実の再評価がさらに進むものと思われる。

戦国大名

戦国時代に領国を独自に支配した地方政権を築いた。恒常的な戦時体制で武力を強化するとともに、領国内の紛争の調停や領民への課税などを行った。天皇や幕府の任命や承認の有無に関わらず、武力を背景に領国を支配したが、自らの権威付けのために朝廷からの官位を受けることもあった。伊達政宗の父輝宗は従四位下、左京大夫、南部信直の先々代晴政は大膳亮や大膳大夫の官位を得たと伝えられる。輝宗は室町幕府13代将軍足利義輝の「輝」の一字を、晴政は11代義晴の「晴」をもらっている。

第八章　街の記憶をたどる

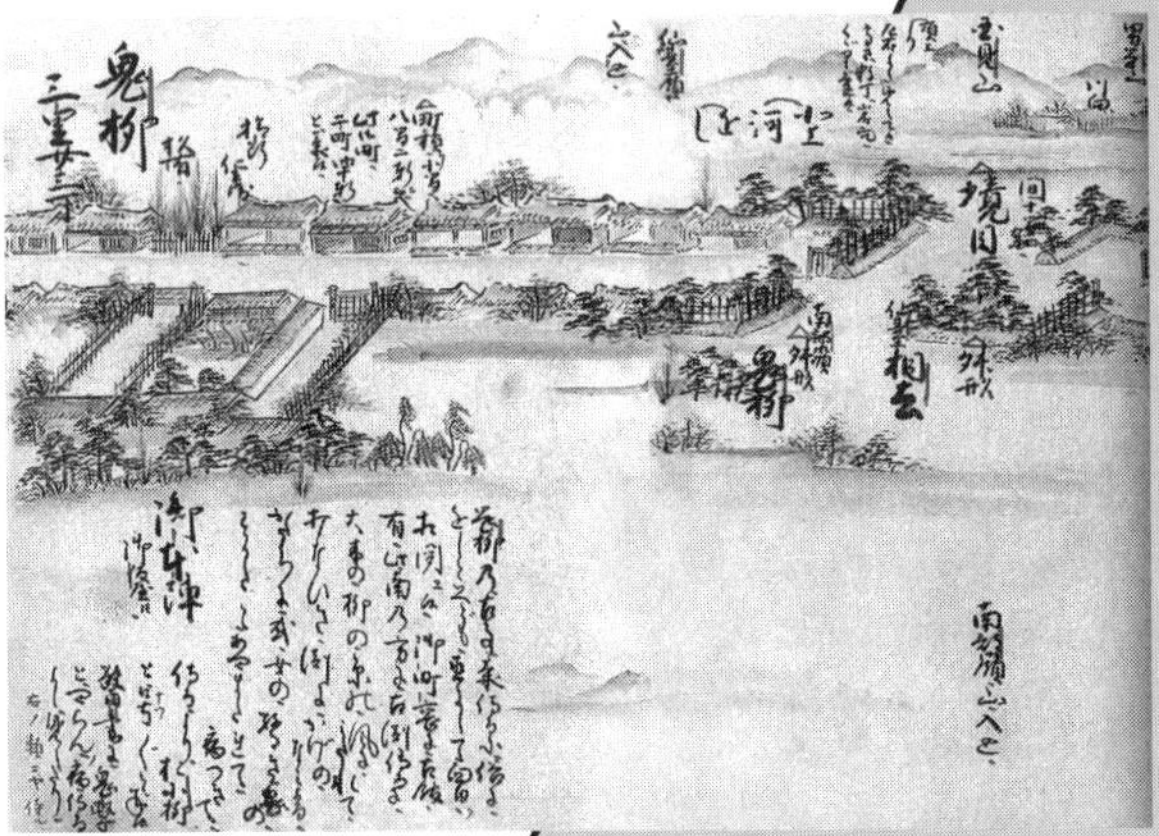

仙台藩と盛岡藩境の相去と鬼柳『増補行程記』（もりおか歴史文化館提供）

街の骨格は江戸時代に

街を歩いていると、古い建物だけでなく、不自然な屈曲をもつ街路や堀の痕跡などに出会って、思わぬ発見をすることがある。歴史を身近に感じる時だ。現在の県内各地の街は、江戸時代の城下町や宿場町などを元にできているところが少なくない。街の大きさや道路の幅などが大きく変わっていても、骨格部分に江戸時代の街づくりを読み取ることができる。

江戸時代の街並みがなぜ今もそのたたずまいを残しているのか、県内のいくつかの街を取り上げて探ってみたい。

盛岡の中心市街地は、盛岡城を中心とした城下町であり、築城が街づくりの原点となっている。築城は一五九〇年代に、豊臣秀吉から領地を認められた南部信直によって開始された。現地での指揮にあたっていたのは、嫡男の利直だった。

江戸後期に盛岡藩の歴史を綴った『祐清私記《ゆうせいしき》』によれば、一五九七（慶長二）年に「鍬初《すきはじめ》」（着工式）が行われたとある。また居城に定まったのは一六三三（寛永十）年または一六三五年

藩名の呼び方

江戸時代、岩手は北から八戸藩、盛岡藩、仙台藩、一関藩に分かれていた。それぞれ藩主の名から八戸南部藩、南部藩、伊達藩、田村藩という言い方もある。

盛岡、仙台藩は藩主である大名家が江戸時代を通じて変わらなかったが、全国的には藩主が交替することはしばしばだった。明治維新直後に藩庁（城や陣屋）所在地を藩名にする動きが始まり、江戸時代にさかのぼって、藩庁所在地を藩名と呼称することが、現在一般化してきている。

ただし南部藩や伊達藩と呼んでも他の藩と区別されるのであれば、学術的用語はともかく、誤りということではない。その響きに愛着をもつ人も多いだろう。

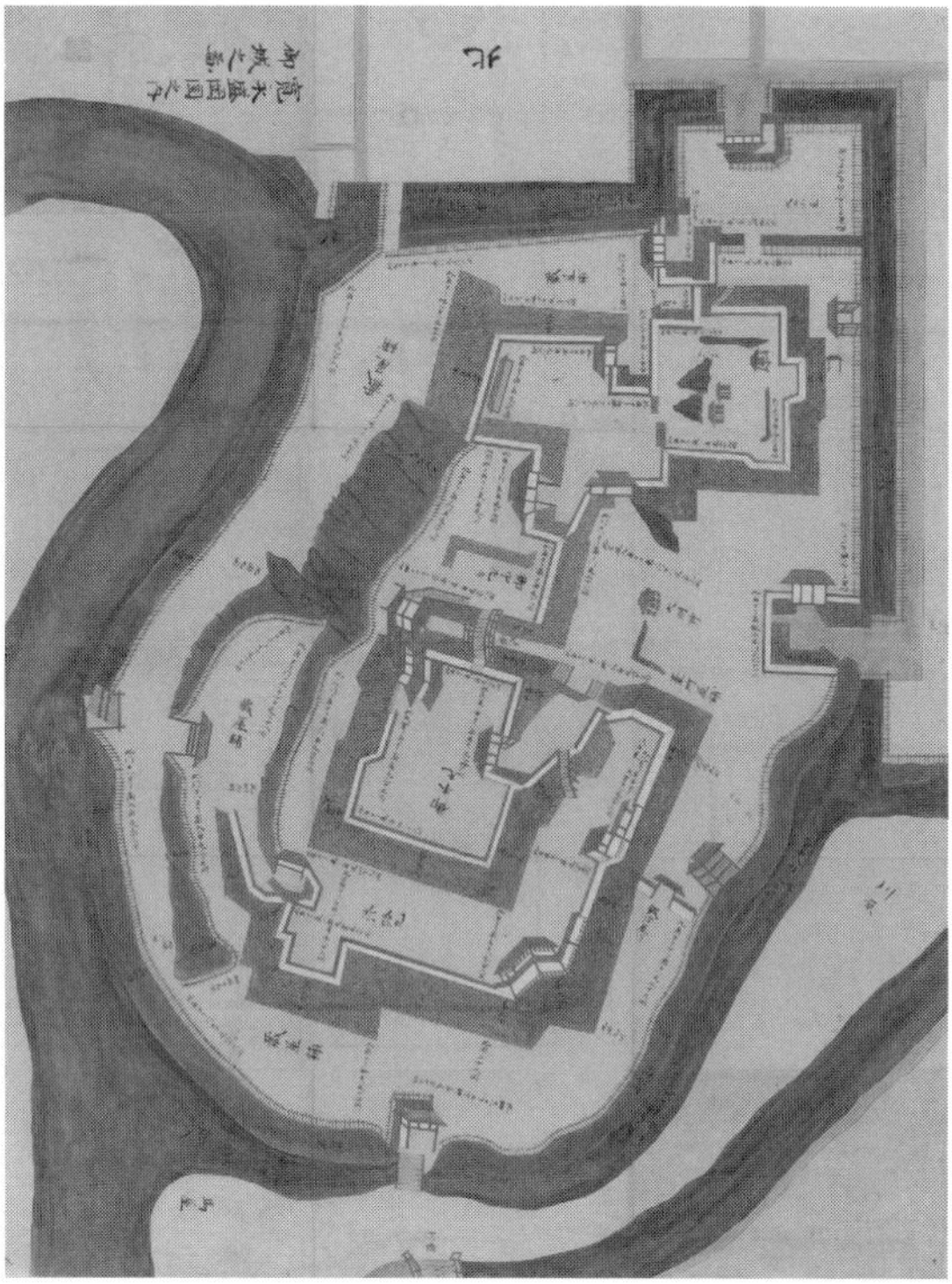

盛岡城の絵図

北上川が城の西側を流れ、川に面した部分が石垣になっていない寛永年間（1624~1644年）頃の絵図。（もりおか歴史文化館蔵）

と複数の説がある。これらを裏付ける史料はないが、おおよそ三十〜四十年ほどの時間をかけて整備されたとみられる。

長期にわたる普請《ふしん》工事の様子は石垣の積み方にも現れている。最も古い積み方は本丸や二の丸の高い部分にあり、新しい積み方は周辺部にみられるので、中心部から築城していったことがわかる。石垣が城を全周するのは、貞享三（一六八六）年頃で、着工から約九十年も経っていた。

城下の街づくりは、築城と併行して三段階に分けて進められた。第一期は慶長年間（一五九六〜一六一五年）で、盛岡城を中心に、外曲輪《そとくるわ》（武士中心の街、現在の内丸など）、総構《そうがまえ》（遠曲輪《とおくるわ》、武士と町人の街、本町通や肴町など）を堀で囲み、街並みの骨格がほぼできあがった。

盛岡城が中津川と北上川のそ

ばにあったため、川をまたいだ街づくりが必要だった。中津川に三橋を架け、市街地を南東に拡大した。一六〇九（慶長十四）年に上の橋、慶長十六年に中の橋、同十七年に下の橋を架け、青銅製の擬宝珠を上の橋と中の橋に取り付けた。現在は下の橋にも擬宝珠が取り付けられているが、江戸時代にはなかったものだ。中津川の三橋は洪水でたびたび落橋し、擬宝珠も流されたが、なくなった分を新たに鋳造し、慶長の年号を刻んだ。慶長年間が街づくりの原点ということが長く記憶されていたためだろう。

慶長十五年には、奥州道中（奥州街道とも）の一里塚が完成している。奥州道中は江戸日本橋を基点とする基幹道路で、現在の国道四号線にあたる。城下の南は仙北町から北上川を渡らなければならないが、川幅が広く橋を架けることができないため、船で渡っていた。後に船を二十艘以上並べ、その上に板を敷いた舟橋に変わる。

城下の北部の北山付近には、寺院群を集中的に配置し、古くから不来方《こずかた》（盛岡の古名）にあった東顕寺、三戸から聖寿寺や教浄寺、遠野から東禅寺などを移した。北東部には鬼門鎮護として永福寺を置いた。

また町人の街として、最初に三戸町（現中央通二・三丁目の南北通り）、京町（現本町通）、六日町（現肴町）がつくられたと伝えられる。六日町の名から市日が設けられていたことがわかる。次第に市街地を拡大し、二十三町にまで広がる。

城下町盛岡の街路は五の字形といわれる。古代に造営された京の街路が碁盤目状になっているのに対し、五の字形はクランク状に食い違う街路やL字形、T字の街路など、外敵が進入しても直線の見通しがききにくいように設計されている。

「城下町盛岡」の完成

盛岡の街づくりは、九十年ほどをかけて、三段階に分けて進められた。

第一期の慶長年間（一五九六〜一六一五年）に盛岡城を中心とする城下街の骨格が造られた。

第二期は元和〜寛永年間（一六一五〜一六四四年）で、志和郡の広福寺（後に法輪院）・高水寺・大荘厳寺・新山寺・源勝寺・本誓寺などの寺院の移転が行われた。志和は、斯波氏の旧領地で、その頃からの古刹《こさつ》が多かった。斯波氏は一五八八（天正十六）年に、家臣の離反もあって南部氏に敗れている。

斯波氏旧領の有力寺院の盛岡移転は、宗教面からの南部氏支配の確立をめざしたものと考えられる。斯波氏の旧家臣の多くも藩士として召し抱えられており、彼らの造反を防ぐ意味からも志和の寺院の取り込みは必要だった。

また城下から放射状に街道も整備された。奥州道中は上田を通り、北に延びていった。脇海道として小本、宮古、遠野、秋田街道などが整備された。宮古港の開港と合わせ、水陸の運輸の基盤整備が行われたのもこの時期だ。

第三期は寛文〜延宝年間（一六六一〜一六八一年）で、市街地の拡大が行われた。最も大きな事業が、北上川の流路の付け替えだ。北上川は現在の桜城小学校前から菜園を通り盛岡城にぶつかるように大きく蛇行していた。盛岡城が北上川の洪水に遭う危険性があったため、現在のような直線の流路に付け替える必要があった。

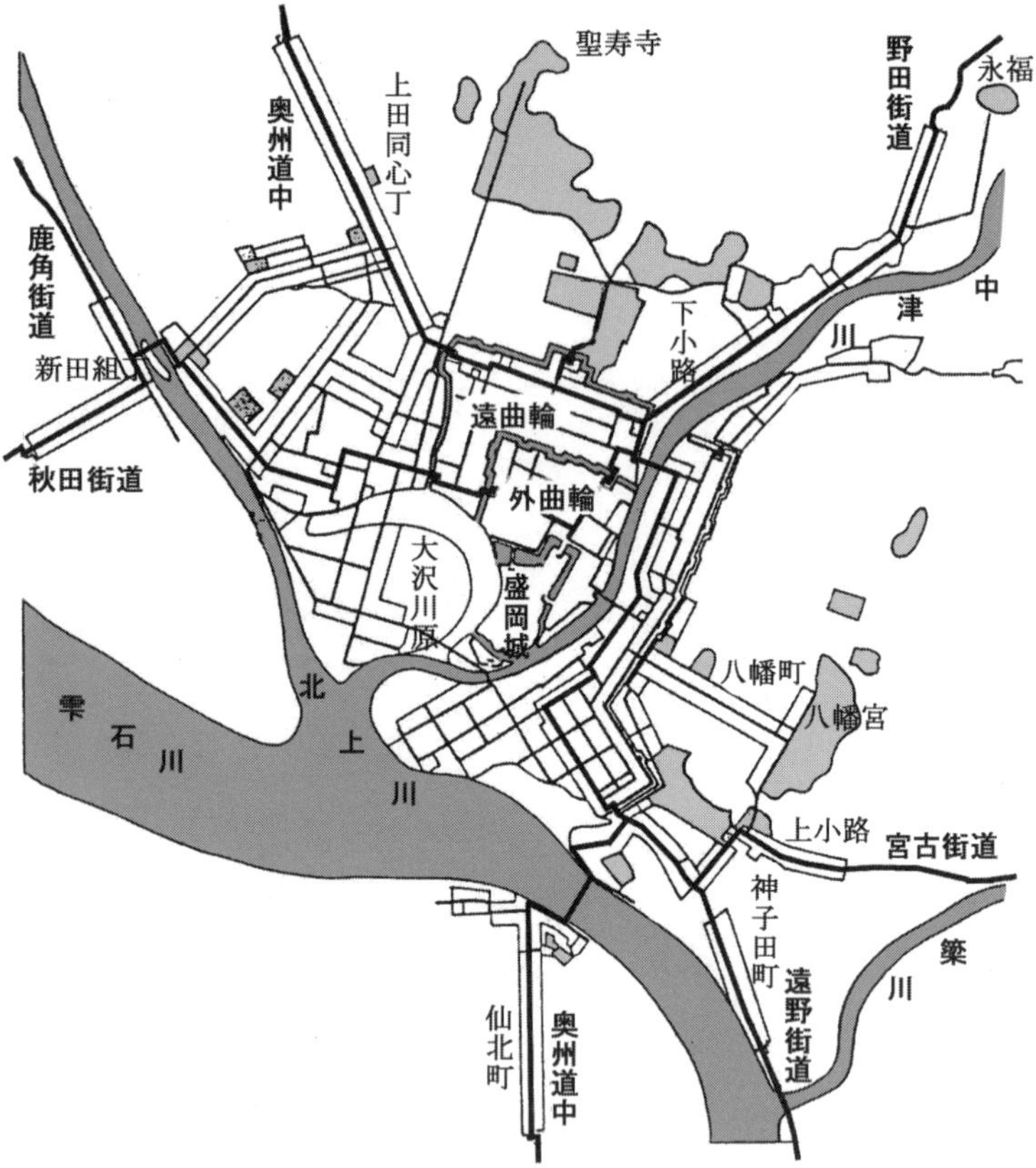

江戸中期の盛岡城下
（盛岡市中央公民館 1999『盛岡城下の街づくり』挿図を再トレース）

一六七二（寛文十二）年〜七三年の掘削工事で、直線的な流路となったが、旧河道の締め切りは一六七五（延宝三）年から本格的に始まる。新たに高さ九メートルの土手を築こうとしたが、難工事で、若い女性を人柱にして安全を祈願したという。この工事によって、大沢川原・川原町（南大通）などの新市街ができた。

　北上川を渡る夕顔瀬橋もこの頃に架けられた。夕顔瀬は秋田や鹿角街道の重要な出入り口だ。当初の舟渡しから土橋になったが、洪水で落橋することもしばしばだったようだ。北上川に人工的な中州をつくり、二連の橋を架けたのは約一〇〇年後になる。夕顔瀬橋架橋により同心丁（新田町）ができ、北上川の西にも市街地が広がった。

新山《しんざん》舟橋（現在の明治橋のやや下流）の整備も行われた。両岸の太い親柱と中州の大黒柱で二十艘以上の舟を鉄の鎖で繋留し、舟の上に板を敷いて橋とした。増水時には舟を引き上げ、川止めとした。舟の数は多いときには四十八艘を連ねたこともある。仙北町を通って江戸に通じる奥州道中の中で最も重要な橋だった。その岸には北上川舟運の発着点のなごりとして土蔵が今も残されている。舟運は石巻を経由して江戸へ米や商品を運んでいた。

さらに、一六七九（延宝七）年には城内の八幡社から八幡宮を遷座し、盛岡の総鎮守とした。城から南東方向にあり、城下鎮護の早池峰山を望む方向という。門前には八幡町の街並みが造られ、藩内随一の遊興の街となった。

城下の拡大はほとんどが四代藩主南部重信の時の延宝年間（一六七三～八一年）に集中している。これを支えたのが藩の豊かな財政だ。藩財政は江戸初期から白根金山（現鹿角市）など金の産出でかなり潤っていた。志和郡などでも金山開発が進められたが、寛文年間（一六六一～七三年）以降は次第に産出量が少なくなり、銅山へ移行する。厳しい財政へ変換し始めていたが、重信の代ではまだ余力が残されていた。また延宝年間頃まで大きな飢饉がなく、藩の収入も安定していたことも大きい。

城下町盛岡はこの時期までにほぼ完成したといってよく、幕末まで大きく変わってはいない。その後、一八九〇（明治二十三）年の鉄道開通で市街地が変化し始めるが、現在の中心市街地の原形は江戸時代に形成されたものだ。

花巻でも課題は治水

南部氏が大名としての地位を確立するまでに、各地の有力武将との戦いがあった。それらの戦いの後、敵方の主な城は南部氏が改修し城の名を変えて、再利用している。

福岡城（旧九戸城、二戸市）、郡山城（旧高水寺城、紫波町）、花巻城（旧鳥谷ヶ崎《とやがさき》城、花巻市）、鍋倉城（旧横田城、遠野市）などだ。それに盛岡移転前の三戸城（青森県三戸町）、根城《ねじょう》（八戸市）も残されていた。

江戸幕府は、大名の力を弱めるため一六一五（元和元）年に一国一城令を出す。しかし盛岡藩には、建築中の盛岡城のほかにも城が残されていた。和賀稗貫一揆や九戸一揆などの影響で不安要素を抱え、一六〇〇（慶長五）年には和賀氏が再び旧領の奪還を図って岩崎一揆が起こし、花巻城を攻める事件も起きている。まだ藩内で一国一城を実現させるような状況ではなく、幕府もそれを認識して、厳密な一国一城をもとめなかったものとみられる。

花巻城や郡山城、三戸城には城代を置いて城の維持や整備に当たらせるとともに、代官所としても使っていた。ようやく寛文～延宝年間（一六六一～一六八一年）には、四代藩主南部重信時代の行政改革の一環として、順次廃城や城代の廃止が行われている。一六二七（寛永四）年に南の仙台藩に対する警固として根城南部氏を遠野に移し、鍋倉城は遠野南部氏の要害屋敷として幕末まで存続した。

花巻城は、もともと鳥谷ヶ崎城と呼ばれた稗貫氏領の城だった。一五九〇（天正十八）年、豊臣秀吉によって領地を没収された和賀氏と稗貫氏は一揆を起こし、翌年に敗れる。鳥谷ヶ崎城には、南部氏の重臣北秀愛《きたひでちか》が城代として入り、城を改修、花巻城と名称を改めた。

一五九八年（慶長三年）には死去した秀愛に代わり父の北信愛《のぶちか》が城代となる。信愛は、岩崎一揆勢の攻撃を受けたが、僅か十数名で死守し、援軍を待って退けている。この時、信愛の侍女が馬に乗って城下に急を告げて人を集めたことが、花巻では語り草になっている。その後、信愛と利直の次男の南部政直によって、花巻城に堀がめぐらされ、城の整備が行われた。

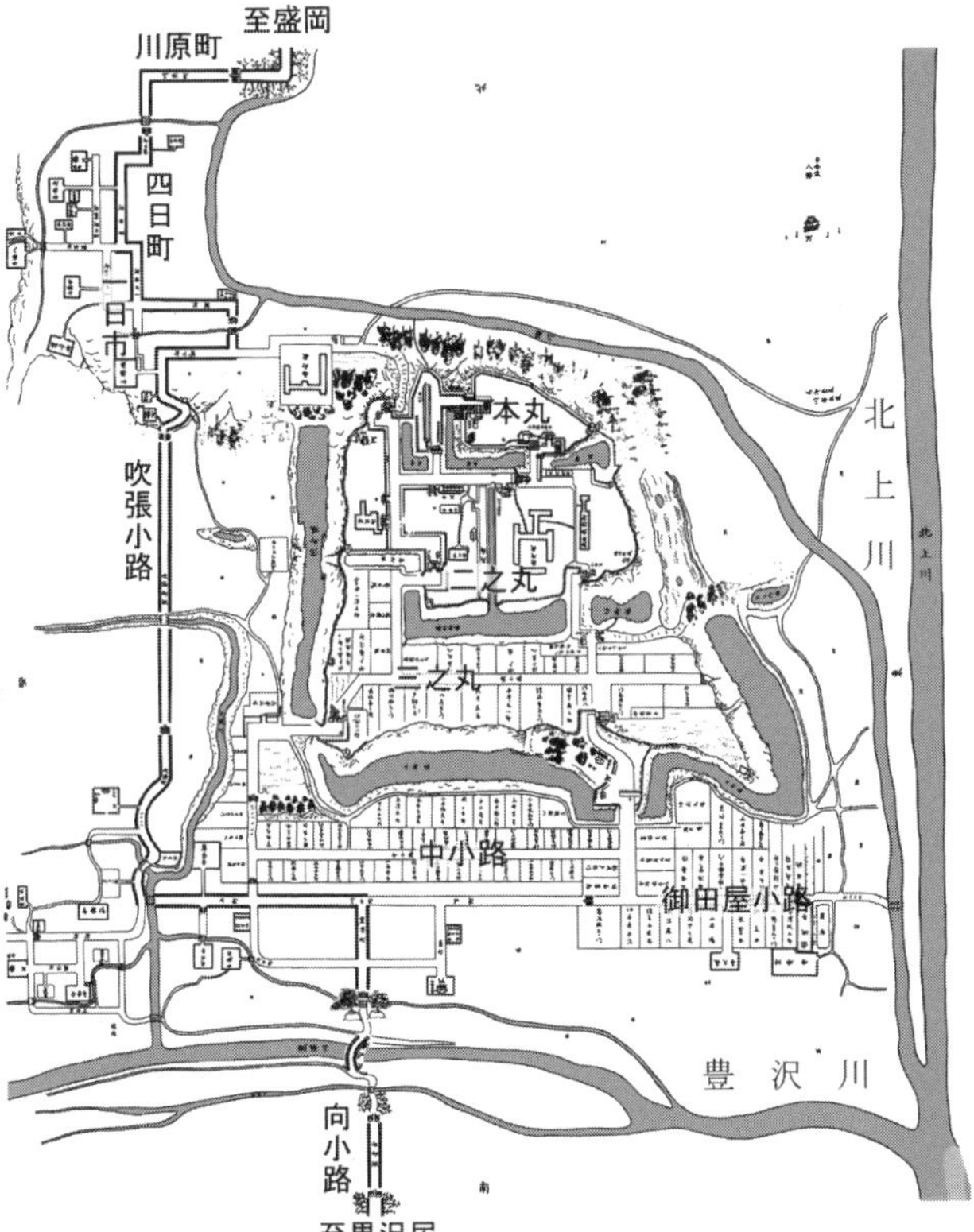

幕末の花巻城下

1856（安政3）年頃の「花巻城郭図」に加筆（原本花巻市立博物館・もりおか歴史文化館蔵）

城の中心部は本丸（現在史跡公園）で、御殿や役所が置かれ、二之丸（現武徳殿など）には、和賀稗貫二郡の年貢米を収める土蔵があった。南の三之丸（現市民体育館など）には武家屋敷群が配置され、そのまわりに堀をめぐらしている。武家屋敷は堀の南側の中小路（現仲町）や御田屋小路（現御田屋町）にものびていた。

花巻在町の武士は花巻給人《きゅうにん》と呼ばれる。藩全体の給人総数は、幕末の史料では一〇九九人、花巻には一六九人がいたとされる。盛岡藩の給人は、基本的に在郷の半農または半商の武士で、地域に密着した存在だった。しかし花巻給人は武家屋敷群を形成し、盛岡城下の藩士に近い位置づけとなっていた。

花巻城の西を奥州道中（街道）が通っており、城の西に吹張《ふっぱり》組、豊沢川の南には向組と呼ばれた同心屋敷が配置されている。同心屋敷は街道沿いの出入り口などに置かれ、城下の出入りを警備していた。花巻では特に南に対する警戒が意図された配置になっている。向組の屋敷跡が現在移築保存され、公開されている。

花巻城では、盛岡と同じように北上川流路の付け替えが行われた。城に北上川が直接ぶつかるため、正保年間（一六四四〜四九年）、延宝年間（一六七三〜八一年）に付け替え工事が試みられたが、一六八六（貞享三）年になってようやく現在の流れが完成した。盛岡藩にとって北上川の治水は重要な施策の一つだった。

花巻は城下街として市街地の基本がつくられ、周囲に一日市《ひといち》町・四日町・八日町（のち川口町）と呼ばれる商業地が開かれた。大工町・鍛冶町（現鍛治町）・材木町などの職人町もつくられた。

水沢と一関の街づくり

仙台藩は、盛岡藩と同じく、家臣の禄（給与）として所領と土地に付随する百姓の支配権を認めていた。これを地方知行《じかたちぎょう》といっている。

家臣は、地方在住者（給人）を除くと城下に居住するのが一般的だったが、仙台藩の家臣たちは所領に屋敷を構え、仙台の城下と参勤交代のように往き来していた。中でも家格の高い家臣の屋敷は堀や土塁で囲まれ、要害屋敷と呼ばれた。天守や高石垣はないが小さな城のようだった。そのまわりに陪臣（藩主からみると家臣のその家臣）の屋敷群や町人街ができて、城下町が形成される。

要害屋敷は岩手県域では水沢・岩谷堂・人首・上口内・金ヶ崎に建てられている。ほかにも磐井・胆沢・江刺郡の各所に知行を与えられた家臣とその陪臣たちが屋敷を構え、町の出入り口に足軽屋敷を設けて、独自の治安体制をとっていた。このため知行主と地元民との間のつながりが深いのが、仙台領の特徴となっている。

水沢には、豊臣秀吉から伊達政宗が所領を認められてから、一五九〇年代から政宗家臣の白石・柴田・石母田氏が相次いで入っていた。拠点の屋敷が、現在奥州市役所のある大手町に設けられ、その周囲には西を上にした「心」字形の街並みが造られた。

現在の町名でみると、「心」字の中の点は拠点のある大手町、それを奥州道中沿いの袋町―横町―大町―柳町―立町―川口町の六町が取り囲み、南の七軒小路、北の不断丁が左右の点になるという（『水沢市史』）。

六町は町人町で、市《いち》などが立てられていた。町屋個々の敷地は間口が六〜九間（約十一〜十六メートル）に対し、奥行きが二五～三六間（約四五～六五メートル）と、極端に細長い短冊状になっている。「うなぎの寝床」だ。街道沿いの間口を小さくするのは、全国の町屋や宿場町などでよく見られる。

一六二九（寛永六）年に留守《るす》宗利が水沢の知行を認められてから、要害屋敷や街並みの整備がさらに進められる。宗利は一関や金ケ崎での知行を経て、水沢に移っている。

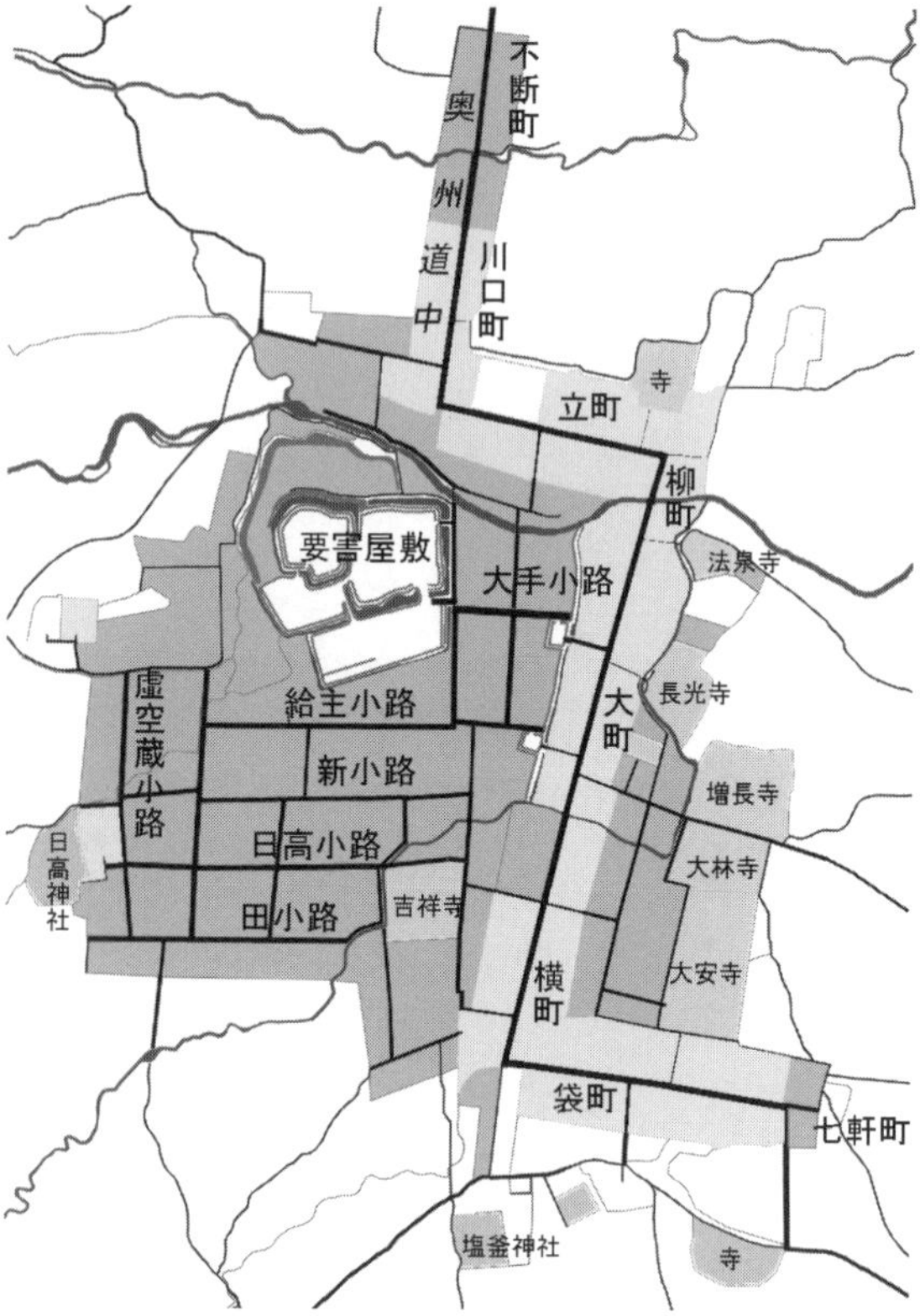

水沢の街割り

『水沢要害屋敷惣絵図』(1688(貞享5)年　奥州市立図書館蔵)をもとに作成。武家屋敷（濃い色）と町人町（薄い色）とがはっきり分かれている。

要害屋敷（現水沢区大手町）は、堀や土塁で囲まれた四つの区画＝曲輪《くるわ》から成る。周囲には家中屋敷と呼ばれる陪臣の屋敷群が建てられた。

後に留守氏は一万六千石となり、幕末に至るまで水沢を拠点としていた。

一関藩は三万石を領する仙台藩の支藩で、伊達氏の分家である田村氏の領地だ

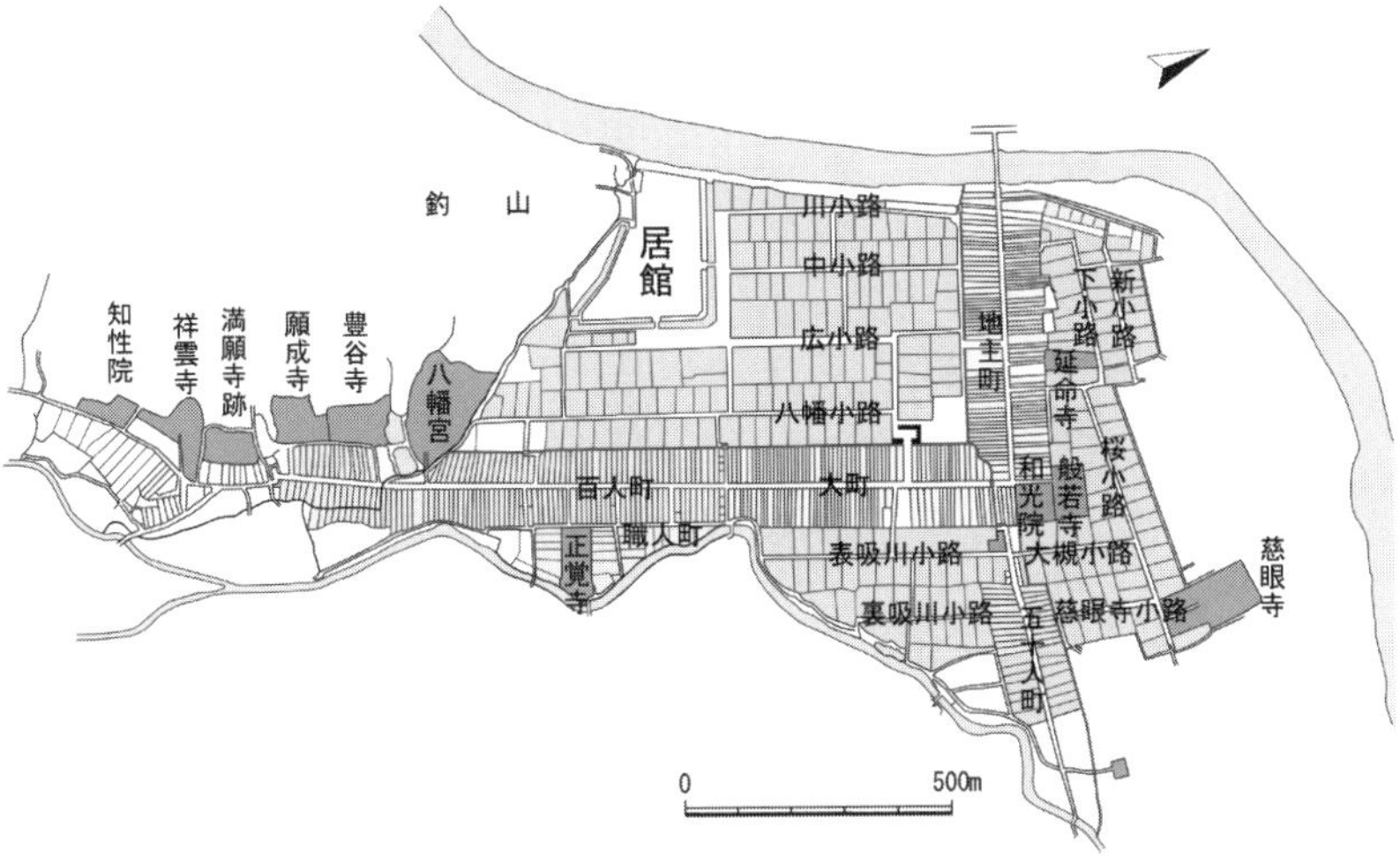

一関城下図
大島晃一「幕末期における陸奥国一関藩の家中と城下」
挿図に一部加筆

った。忠臣蔵で知られる浅野内匠頭の切腹の場所が田村氏の江戸藩邸だったが、一関藩と結びつけられることは少ない。

田村氏が入る前の一関は、一六〇四（慶長九）年に留守氏が知行し、一六四一年（寛永十八）年には政宗の十男宗勝が三万石の大名として藩を立てた。留守氏や宗勝は、新たな築城を認めない幕府の方針により、城をつくらず、現在の釣山公園の麓の城内に、堀で囲んだ藩主居館を建てたとみられる。

城下は、城内を取り囲むように武家屋敷群を設け、南からの街道沿いに足軽同心の百人町（現新大町）、町人の大町や地主町《じしゅうまち》を整備した。地主町の名の由来には、地主が街づくりに土地を提供したとか、時宗の寺があったなどの説がある。

宗勝は伊達騒動の結果、改易となる。その十年後の一六八一（延宝九）年に、田村氏が岩沼（現宮城県）から幕府の命により移され、再び一関藩ができる。藩領は、平成合併前の一関市、花泉町、藤沢町、千厩町、大東町の一部に及んでいた。城下の整備がさらに進められ、町人町の外側に武家屋敷群を配置したのも田村氏以降だろう。

街道沿いの町人町は、間口三間（五・四メートル）や六間のかなり狭い短冊状の敷地になっている。ここでは足軽同心の屋敷地も町人と同じように短冊状敷地にしている。

このように、城下町は武士が城や要害屋敷のまわりを固め、町人は街道沿いに狭い間口で軒を連ねるという構造になっている。

三陸沿岸の慶長津波からの復興

三陸沿岸は、一六一一（慶長十六）年に大津波に襲われている。津波の規模は、ちょうど四〇〇年後の東日本大震災とほぼ同じといわれ、当時も壊滅的な被害を受けたとみられる。沿岸の街づくりはその後の復興でもあった。

宮古は、盛岡からの宮古街道と三陸沿岸の浜街道との分岐点にあたり、また港町として栄えた。二つの街道は、現在も国道一〇六号線と四五号線として主要幹線となっている。

宮古の新たな街割りは、一六一五（元和元）年に盛岡二代藩主南部利直によって行われた。利直は本町《もとまち》を基点とした街割りを行い、また鍬ヶ崎に宮古湊を開港したとされる。

一六三二（寛永九）年には、宮古代官小本助兵衛が、本町の西側に新しく荒町（新町《あらまち》とも表記）や横町などを拡充している。六十年後の一六九二（元禄五）年には町全体で一九八戸の街並みが形成されていた。

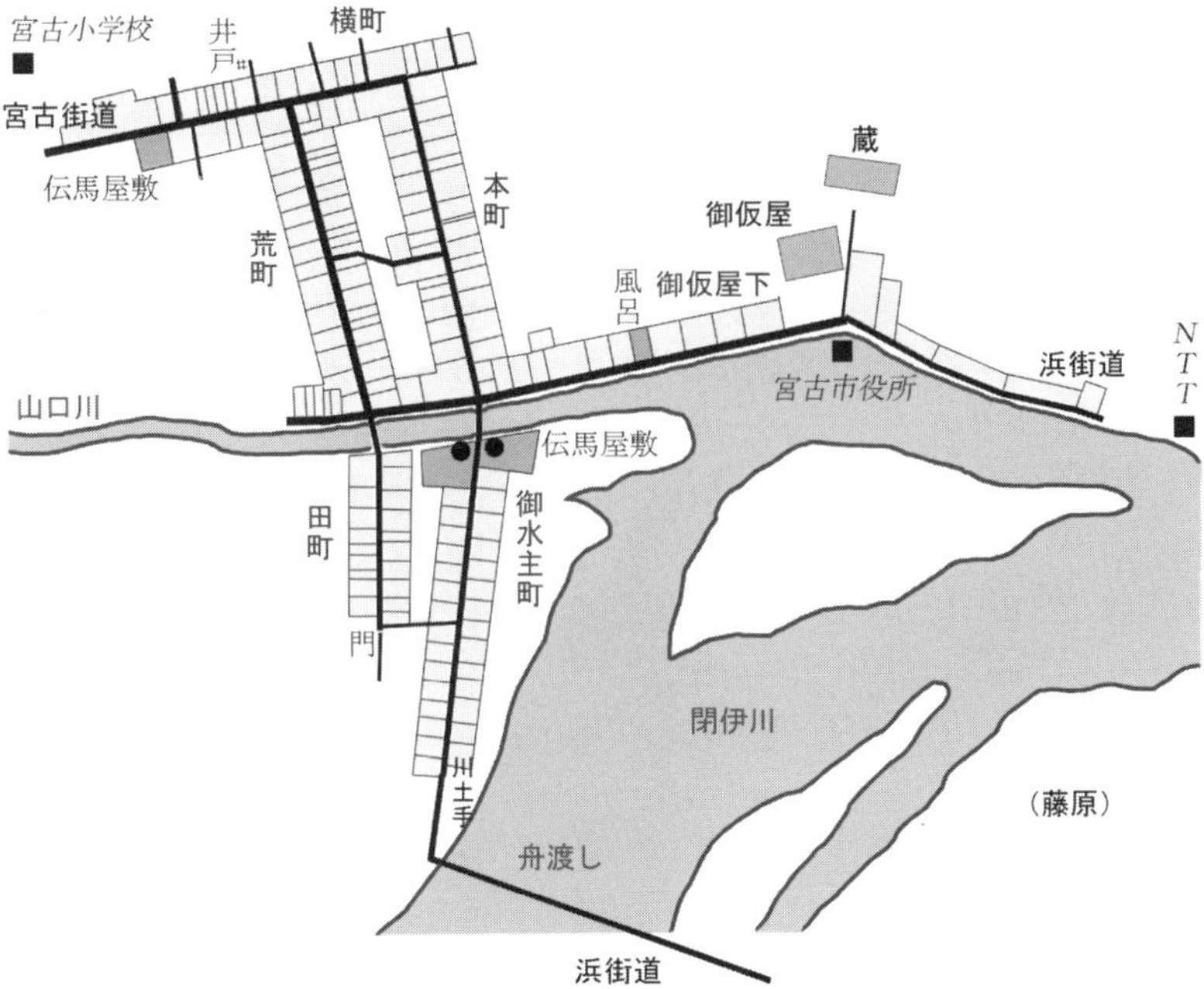

宮古の街割り
『黒田宮古御町屋鋪表口改帳』(1692(元禄5)年)をもとにした『宮古のあゆみ』挿図から作成。本町や横町など町名の由来がわかりやすい。

宮古街道は、横町の端で直角に折れ、本町を経て、浜街道に接続する。そして山口川を渡り、一里塚を見て、御水主町《おかこちょう》（現向町）に入る。水主とは舟乗りなど海運従事者のことで、川や海の港湊近くに集住することが多い。宮古湊での仕事のほか、閉伊川の舟渡しも水主たちが担っていた。

町の東には御仮屋《おかりや》が置かれた。御仮屋は藩主や盛岡からの役人の宿所などに使われる。隣接して宮古通の代官所や蔵も建てられていた。伝馬屋敷が横町と御水主町の一里塚脇に設けられていた。伝馬は役人が公務で領内の街道を往来する際に人足や馬を中継するもので、伝馬屋敷には馬が常置されていた。
　このように、宮古は交通や行政の要として街並みが整備されていた。

　気仙郡は、仙台藩の直轄地だった。伊達政宗の治世が始まってまもない一五九二（文禄元）年に既に、城代と大肝入《おおきもいり》が任命されている。城代が入った城は二日市城（現陸前高田市気仙町長部）といわれているが、高田城（高田町）の可能性も最近指摘され始めている。
　城代は後に気仙郡代官に変わり、その元で大肝入が郡を束ねていた。臼井・矢作・吉田家などが大肝入を

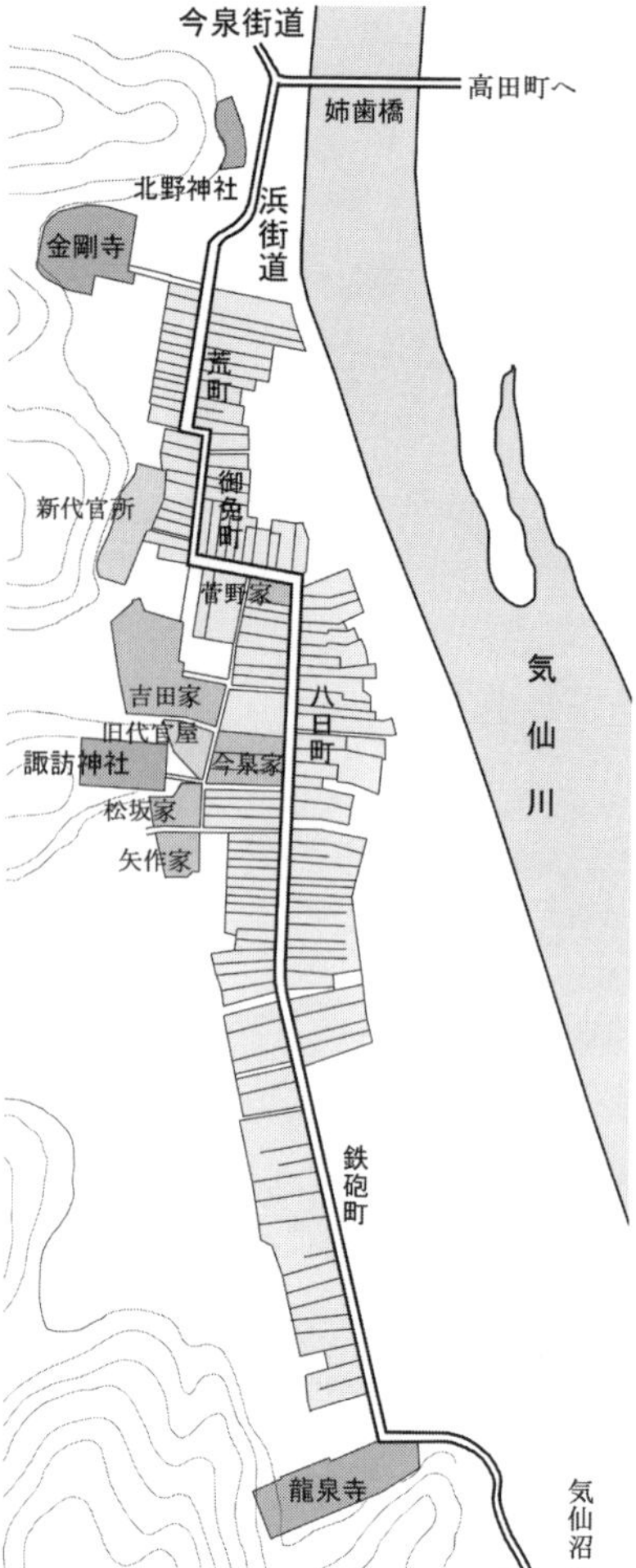

気仙郡今泉の街並み
　道路を鍵形に曲げ、南北両端に寺院、中央に神社と代官所、大肝入の住宅を配置。鉄砲町は足軽 24 人衆の住居＝陸前高田市気仙町

務め、特に吉田家は何代にもわたって務め、大肝入職の記録「定留《じょうどめ》」など、多くの貴重な文書を残している。代官所と吉田家の屋敷は気仙村今泉（気仙町）の中央にあった。今泉は、浜街道と今泉街道（現国道三四三号線などに相当）分岐点にあり、広田湾にも近い交通の要衝だった。

北から荒町、御免町、九日町、八日町、足軽町（鉄砲町）が形成されていた。街道の両側に間口が狭く奥行きが長い家が建ち並び、宿駅として宿屋や市が営まれていた。

町の南北の出入り口は、やや斜めながらも鍵形に屈曲し、中央の吉田家付近もクランク状の鍵形に屈曲している。足軽町には鉄砲組が配置されていた。一八五三（嘉永六）年に起きた嘉永の三閉伊一揆では、藩境の警固に派遣されるなど、気仙郡全体の警備を担っていた。

気仙川をはさんだ高田は、中世には高田城下の市街が形成され、江戸時代に入ってからも今泉と並ぶ宿駅として栄えた。東西に浜街道が走り、また遠野街道（現国道三四〇号線に相当）との分岐点でもあった。

陸前高田市では震災からの復興工事が進められ、高田地区の新市街地には、十数《メートル》のかさ上げ土の上に、商店や公共施設などが建ち始めている。そういった中で江戸時代からの景観を大事にしようという地域の人々の要望に沿って、鍵形道路が高田の中心市街地の北側に復元された。建物の景観も和風にするなどの配慮も行われ、以前の地名も残されるという。

今泉もかさ上げ工事が進められ、地域のシンボルとして吉田家住宅の再建が予定されている。吉田家住宅は県指定文化財で、津波で全壊したが、部材の一部が回収されていた。往時の街並みを意識した復興が各所で進められようとしている。

今に残る伝統的景観

藩境の町として知られる北上市鬼柳と相去は、奥州道中（街道）が両町を南北に貫いている。鬼柳は盛岡領の和賀郡に、相去は仙台領の胆沢郡に属していた。

藩境には、両藩それぞれ土塁で囲った舛形《ますがた》が、十間余り（約二十㍍《メートル》）の間隔をおいて対峙していた。鬼柳番所（後に関所）と相去番所の位置は舛形から約三〇〇㍍《メートル》ずつ離れたところで、鬼柳町の北端と相去上町の南端に置かれている。弓や鉄砲を備え、藩境を超える通行人や物資の出入りを取り締まっていた。

大相撲の二所ノ関の名跡は、ここの二つの関（番）所に由来するという（福島県白河二所の関説もある）。初代軍右エ門が和賀の出身だった。

鬼柳町は、一六二〇（寛永七）年から宿駅が設けられ、街道の両脇には宿屋や伝馬屋敷などが置かれた。やや遅れて舛形に松の木が植えられるなど整備が進められた。役人や番人は、盛岡城下から派遣されることがあったが、多くは花巻から交替制で派遣されていた。役人たちは宿屋などに泊まっており、宿代が安すぎるという訴えが鬼柳町から出されたりしている。近くには御仮屋《おかりや》が寛永十年に建てられ、藩主の参勤交代や幕府役人の宿舎などとして使われた。

一方の相去町は、一六五六（明暦二）年以降一〇二人の仙台藩士や足軽が交替で常駐し、百人町と呼ばれた。後に上町、仲町、下町に分けられる。街道と直角に東の北上川に向かう通りに六軒町、川口町をつくり、仲町から足軽を移した。川岸に北上川舟運のための番所を設けている。

仲町には、町人四十人が移住し、さまざまな商売で賑わう町人町となった。明治維新当時、魚屋、八百屋、

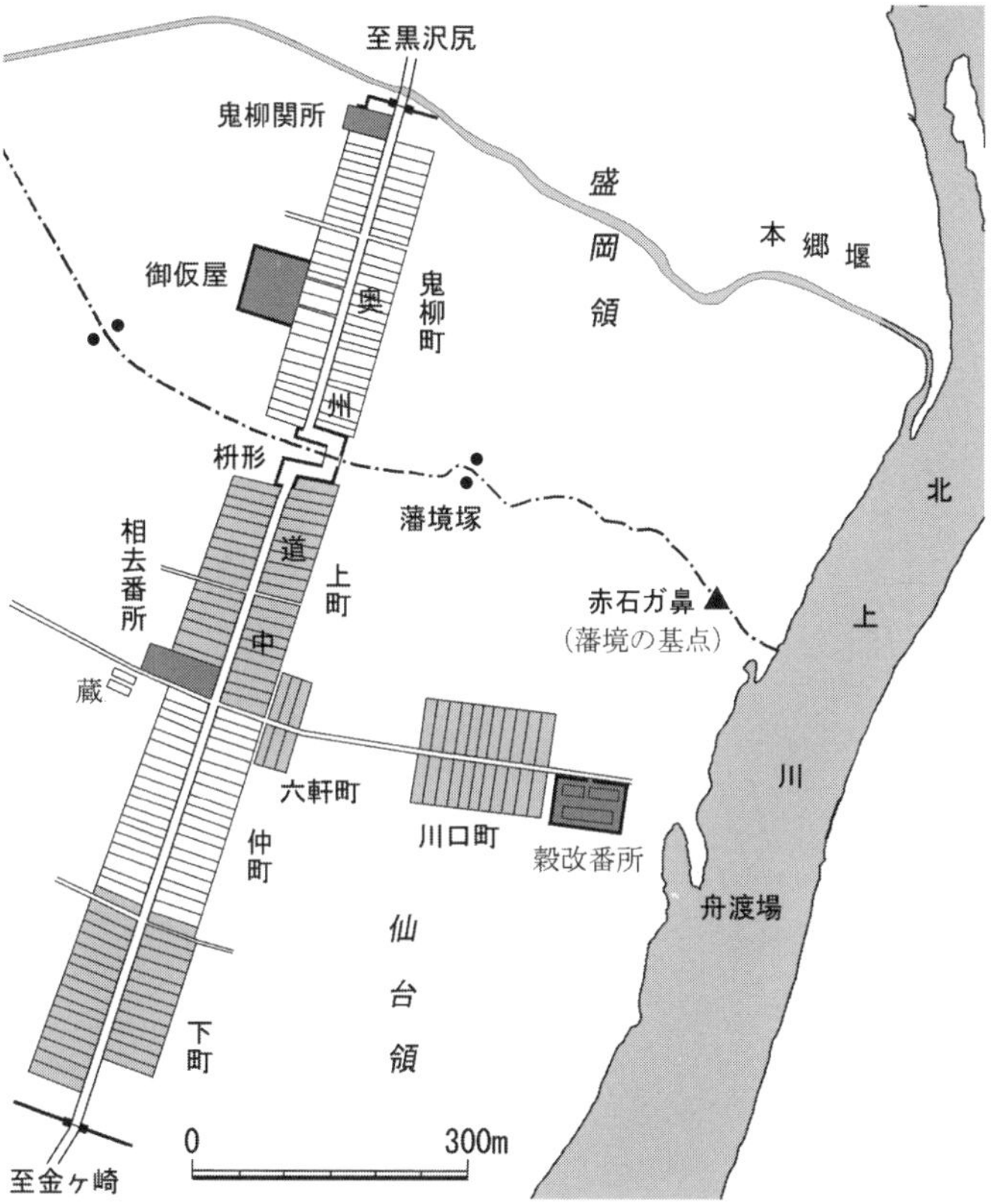

鬼柳と相去町
『相去村絵図』などをもとに現在の地形や宅地形状から復元。足軽屋敷（灰色）も町人町（白色）も間口の狭い短冊形の敷地となっている。

麹屋《こうじや》、鋳掛《いかけ》屋、染め屋、湯屋（風呂屋）、馬宿、荷上げ屋などの職業がみえる（『相去村誌』）。鬼柳町からも煩雑な通行許可をとって買い物に行っていたようだ。

双方の関所、番所で最も大きな事件は、一八三七（天保八）年に起きた天保稗貫和賀百姓一揆だった。稗貫和賀二郡の百姓が鬼柳関所の役人の制止を振り切って、盛岡領から仙台領に入った越訴《おっそ》で、後の三閉伊一揆の先駆けとなった。相去側では二千数百人に炊き出しを行うなどをしている。

両藩の交渉により百姓たちは盛岡藩の役人に引き渡され、一揆の首謀者は斬首となった。関所を通した鬼柳の役人は身帯《しんたい》家屋敷取上（今でいえば懲戒免職）の処分を受けている。百姓たちの苦情は十分理解できると述べているので、処罰を覚悟の上で関所通過を黙認したものだろう。

江戸時代の街並みは、大きく分けると、五の字形と一文字形がある。五の字形は、盛岡城下や水沢要害などのように、城や要害屋敷を武士の屋敷が取り囲み、その外側に町人町を配して、面的な広がりをもたせている。街路はクランク状の屈曲を設け、見通しのきかないようにした。最大の特徴は、武家屋敷と町人との町を分け、身分の違いを居住地でも明確にしたことだ。全国の城下町にほぼ共通してみられる。

一文字形は、宮古、気仙今泉、鬼柳・相去町など、街道沿いの町に多い。一文字とはいえ街道が鍵形に折れ曲がる所がほとんどだ。町の発展に伴って、街道と併行する街路もでき、奥行きのある町となっていった。町人の家は、両タイプとも間口の狭い短冊形の「うなぎの寝床」が軒を連ねることが一般的だった。こういった江戸時代の街並みの様子を現代でもたどることができることが多い。その理由として、明治初年の地租改正によって所有権が法的に明確となり、土地所有が固定化したこと、岩手では経済発展が緩やかで、近代都市へ急激に転換しなかったことなどがあげられる。また中心市街を避けて鉄道が通り、バイパス道路も市街地を避けることが目的だった。

それらに加えて、先人たちが伝統的な景観と近～現代的な生活とのバランスに配慮したことも大きい。保存か開発かの二者択一ではなく、異なる価値観を共存させてきたのだ。

第九章　石碑は語る

庚申信仰の本尊「青面《しょうめん》金剛像」　東日本大震災後、山田町織笠八幡宮に移転された

刻まれていた教訓

日本の原風景の一部ともなっている石碑は、路傍に苔むし、雑草に隠れた状態で、その存在さえも日常の中で忘れがちになっている。その石碑が、最近注目されることがあった。東日本大震災で、一八九六（明治二十九）年や一九三三（昭和八）年の三陸津波の教訓が刻まれていることがクローズアップされたからだ。大地震の後の津波の襲来や、高所への迅速な避難、津波の届かないところへの家の建築など、今回の津波にもあてはまることばかりだった。

明治三陸津波は旧暦の端午の節句の夜に起きた。その一二〇年後、二〇一六年の旧暦五月五日（六月九日）前後に、筆者は山田町へ石碑調査に出かけていたが、石碑や小さな神社の鳥居などに菖蒲《しょうぶ》と蓬《よもぎ》の葉が供えられていた。『枕草子』にも節句の「菖蒲、蓬のかをりあひたる、いみじうをかし」とあり、古来よりその強い香りで邪気を祓う習慣があった。

明治の三陸津波のときにも古くからの石碑に菖蒲と蓬の葉が供えられていたことだろう。一二〇年後の今、社会が大きく変化した中で、石碑を大切にし、守り伝える風習が変わらずに生きていたことは驚嘆に値する。

残念ながら、今回の津波によって石碑はなぎ倒されたり傾いたりして、大きな被害を受けた。被害調査が実施された市町村もあるが、全容は不明のままだ。震災前に石碑の悉皆《しっかい》調査（対象すべてを調査すること、全数調査）が行われているところは被害数が特定できるが、その調査が行われていないところはどれだけ消滅したかもわからない。

このような中で、被害状況を調査し、保全を図るところも出てきている。陸前高田市では、残された津波の記念・警告碑がすべて市の文化財に指定され、永く保存が図られることとなった。このうち今回の津波で倒れた碑もあったが、地元の人々の思いが実り、指定文化財修復の補助金を得て、再建されている。ただ、倒れたままの石碑もまだ数多く残されている。その保全を図る意味からも、また地域が大切に守り伝えている石碑のもつ意義をさぐってみたい。

岩手では江戸時代以降、おそらく三万基もの石碑が建てられたものと推定される。約半数の市町村で石碑調査が行われ、報告書が刊行されている。またそれぞれの地域で調査、研究をされている人や関心を寄せる人も少なくない。

ところが地域を越えた石碑の総合的な研究はほとんど行われていない。古文書や古記録を資料とする文献史学、遺跡や遺物などの考古学、民間伝承や民具などの民俗学が、それぞれ他の分野の研究成果を待つという三すくみの状態が続いている。数が多いことや工事に伴う遺跡の発掘調査のような保護施策が浸透していないことも、大きく影響しているのだろう。しかし石碑研究にはこの三分野のもつ調査技術や分析方法、そして知識が必要となっている。

石碑には数多くの種類があるが、各地に広くみられるのは庚申塔《こうしんとう》だ。庚申塔は、三年ないし七年で庚申待《こうしんまち》の行が成就された区切りとして建てられたりした。

人間の頭、腹、足には三尸《さんし》という虫（邪鬼）が宿り、六十日ごとの庚申《かのえさる》の夜に天帝（閻魔《えんま》）に人間の悪行

津波でなぎ倒された石碑群

東日本大震災の津波で、花崗岩の硬い石が根元から折れている。津波の威力を新たに刻み込んだ石碑となった＝山田町織笠の河川公園

を報告するので、寿命が縮められ、地獄に落とされると信じられていた。三戸が天に昇って告げ口しないよう、人々が集まり徹夜して行《ぎょう》を行うことを庚申待といった。民俗学で研究が進められている。

江戸時代は集会が禁じられていたが、宗教行事としての庚申待の集まりは許されていた。酒食をともなうことも多く、人々が語らう場として、楽しみの場ともなっていた。当然そこでは藩政や役人のことも話題になり、百姓一揆に結びつくようなことも話題になったのだろう。歴史学者が関心をもちそうだ。

庚申塔には文字だけでなく、梵字《ぼんじ》や庚申信仰の守護神青面金剛《しょうめんこんごう》、三猿（みざる、いわざる、きかざる）が表現されることが少なくない。この分類などは考古学の得意とするところだ。

三陸の「豊かさ」を示す

石碑の古い例として、奈良時代に多賀城（宮城県多賀城市）修復を記念して建てられた多賀城碑がある。「天平宝字六年」（七六二年）の年号が刻まれている。古代の碑は稀少で、また公的な記念碑だった。

中世になると、板碑《いたび》または石塔婆《いしとうば》と呼ばれる碑が建てられるようになる。一関市川崎町にある最明寺の板碑は鎌倉時代の一二五六（建長八）年、父母の供養のために大日如来を刻んだもので、年号のわかるものでは県内最古となっている。中世には個人の供養碑が県南部や紫波郡で多く建てられた。宮古市山口には一三七六（永和二）年、経文を小石に墨書して埋納した一字一石経塚の碑が残されている。建立者は不明だが、この時期の写経成就の記念碑は希少で、貴重な碑となっている。

江戸時代になると、岩手山や出羽三山などの山岳信仰碑、馬頭観音のような動物霊塔など、種類が格段に増えてくる。地域も県内全域に広がり、数も膨大となる。

石碑数は未調査の市町村が約半数あるのであくまでも参考程度だが、閉伊郡や気仙郡の沿岸部に多い。現在の普代村から陸前高田市まで広い範囲で碑が多く建てられている。内陸部では紫波町から北上市までの志和、稗貫、和賀郡が多い。

岩手郡のうち盛岡市は明治以降の石碑が調査されていないことが影響して、少なくなっている。磐井郡は旧一関市なども未調査となっており、実数は大きく増えそうだ。

数は郡や市町村ごとに面積が違うので、分布密度の比較によってそれぞれの地域の状況を反映させることができる。次ページ上のグラフでは調査された市町村の面積から森林面積を除いた、いわば居住可能面積で石碑数を割った割合を示している。

それをみると三陸沿岸の閉伊郡と気仙郡に圧倒的に多いことがわかる。一キロ四方を歩くと二十基以上の石碑に出会うことができることになる。三陸沿岸は、漁や海運などで経済的にも豊かであったこと、浜の気質

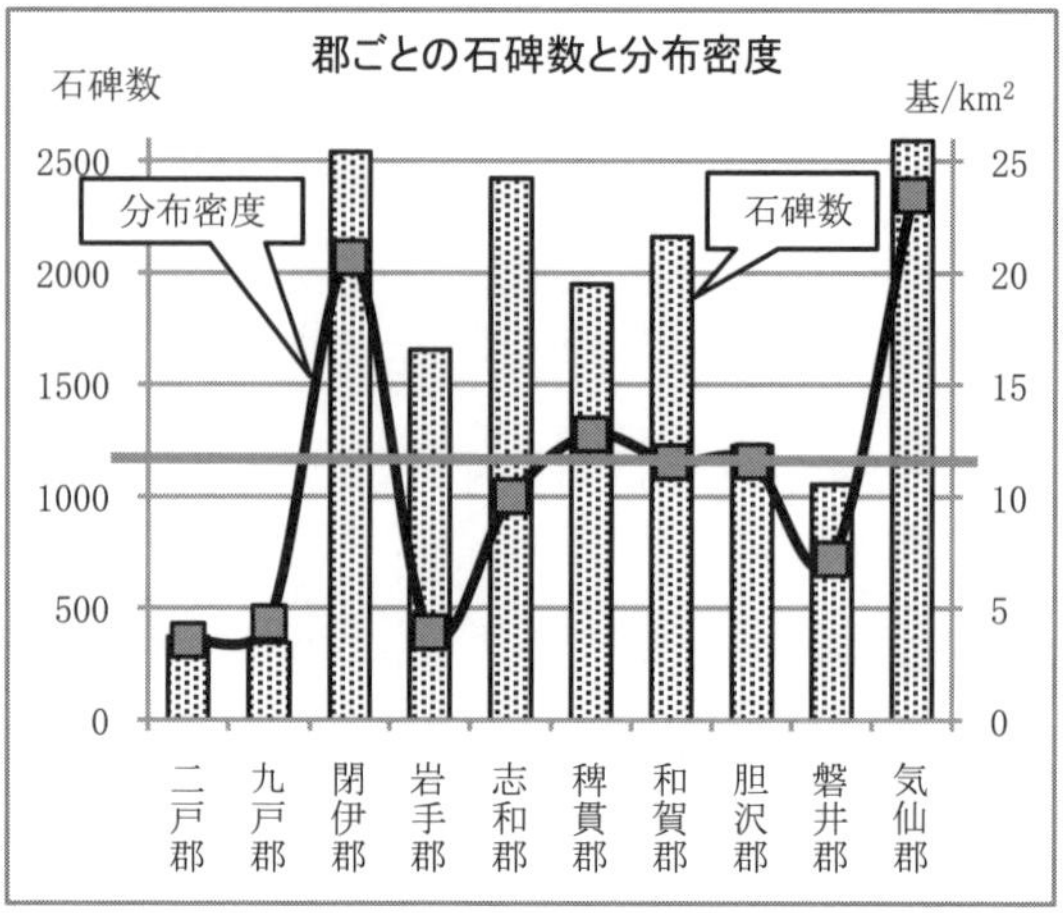

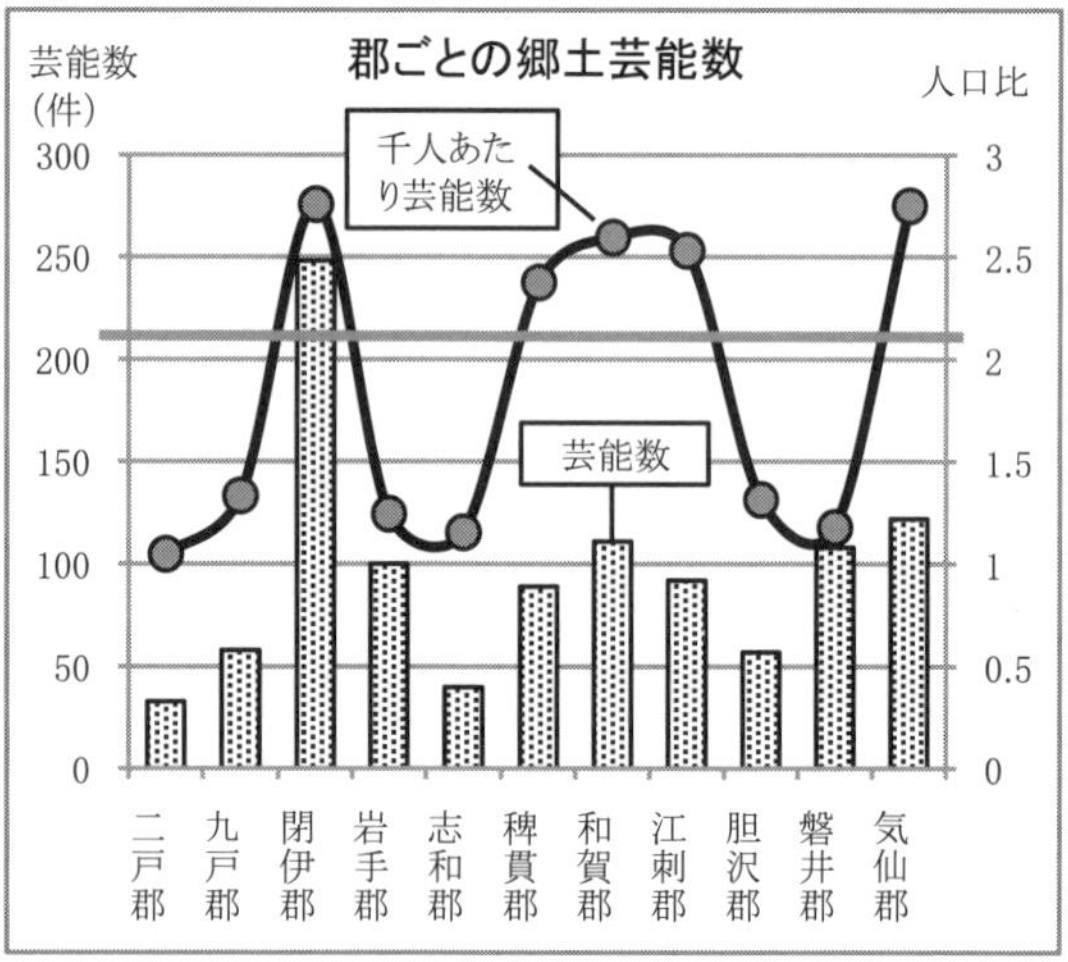

石碑数－各市町村刊行の石碑調査報告書（江戸時代以降）
森林面積－岩手県林業水産部 1996『平成 7 年度版岩手県林業動向年報』
郷土芸能数－岩手県教育委員会 1997『岩手県の郷土芸能』、人口－明治初期『岩手県管轄地誌』より作成

として祭りなどで大いに盛り上がること、一方で船の事故での犠牲者が多く、鎮魂や供養への意識が高い地域ということが大きく影響していよう。内陸部でも稗貫、和賀郡、胆沢郡などでも十基以上となっている。

前ページ下のグラフは平成のデータだが、郷土芸能数と千人あたりの芸能数を表している。県内の虎舞や神楽などの郷土芸能件数は、平成の調査時点で一〇五八件、江戸時代にはこれよりもかなり多かったと推測される。上のグラフと折れ線がよく符合することが読み取れよう。つまり石碑が多い地域は民俗芸能も盛んだったのだ。

石碑と郷土芸能に共通することとして、①鎮魂と供養、②地域や家族の安寧と繁栄、豊饒への祈り、③守り伝えることで地域の明日を信じることがあげられる。言い換えれば民衆文化の豊かさが石碑や郷土芸能に表れていることになる。

民衆文化は、伝統と慣習が色濃く残り、地域性が豊かであり、何よりも生活や労働と結びついた民衆の文化だ。これに対し大衆文化は、大量生産により生活様式が画一化して、都市化が進んで地域の結びつきが弱体化しているという特徴がある。大衆文化から生まれる石碑は記念碑が多くなり、芸能も地域性が薄れたものとなってきている。

三閉伊一揆の先進性

盛岡藩の百姓一揆などを研究している茶谷十六《ちゃたにじゅうろく》氏（民族芸術研究所）は、郷土芸能と百姓一揆とが深く関わっていることを指摘している。一揆の多発地域は、藩内では前に示した石碑や郷土芸能といった豊かな民衆文化の地域と重なる。高い民度と強い絆が育まれた地域で百姓一揆が多いのだ。

盛岡藩は二〇〇件を超す百姓一揆が起き、全国で最も一揆の多い藩といわれている。その理由として盛岡藩は飢饉が多く、貧しかったからといわれることがあるが、ここに大きな誤解がある。百姓一揆は不合理な藩政への強い抗議行動で、飢饉時にはほとんど起きていない。飢饉の時には米屋の蔵などに押し入る「打ちこわし」という暴動が起きるが、組織化された一揆とは明らかに性格が異なる。

藩内の一揆の発生は閉伊郡と稗貫・和賀郡に多く、規模も大きい。最大規模は一八四七（弘化四）年と一八五三（嘉永六）年に起きた三閉伊《さんへい》一揆で、特に嘉永時には仙台領へ越境しての要求が行われた。その十六年前の一八三七（天保八）年には和賀郡でも仙台領へ越境した天保稗貫和賀一揆があり、三閉伊一揆の先鞭となっている。

三閉伊一揆の三閉伊とは、閉伊郡の野田、宮古、大槌通《とおり》の三地方を総称したものだ。盛岡藩では郡ごとの地域支配ではな

百姓と町人

百姓というと農民のことをさし、時にはやや差別的な意味を含んで使われたりもしている。しかし江戸時代には農村部＝地方《じかた》に住む武士以外の人たちが百姓だった。百姓一揆には農民だけでなく、漁民、商人たちが加わっていた。

これに対し町場＝町方に住む武士以外の人たちを町人と呼んでいた。つまり当時は大きく武士、百姓、町人の３種類の人たちがいたのだ。このほか僧侶や非人などがいた。

これまでの教科書では、士農工商という身分があったと教えていた。近年では、士＝武士と農工商＝百姓・町人の大きく二つの身分しかないことが説かれるようになってきている。百姓と町人の間には身分の違いはない。時代劇などを見ても、農村部の農民が町の商人を見下す場面は出てこない。

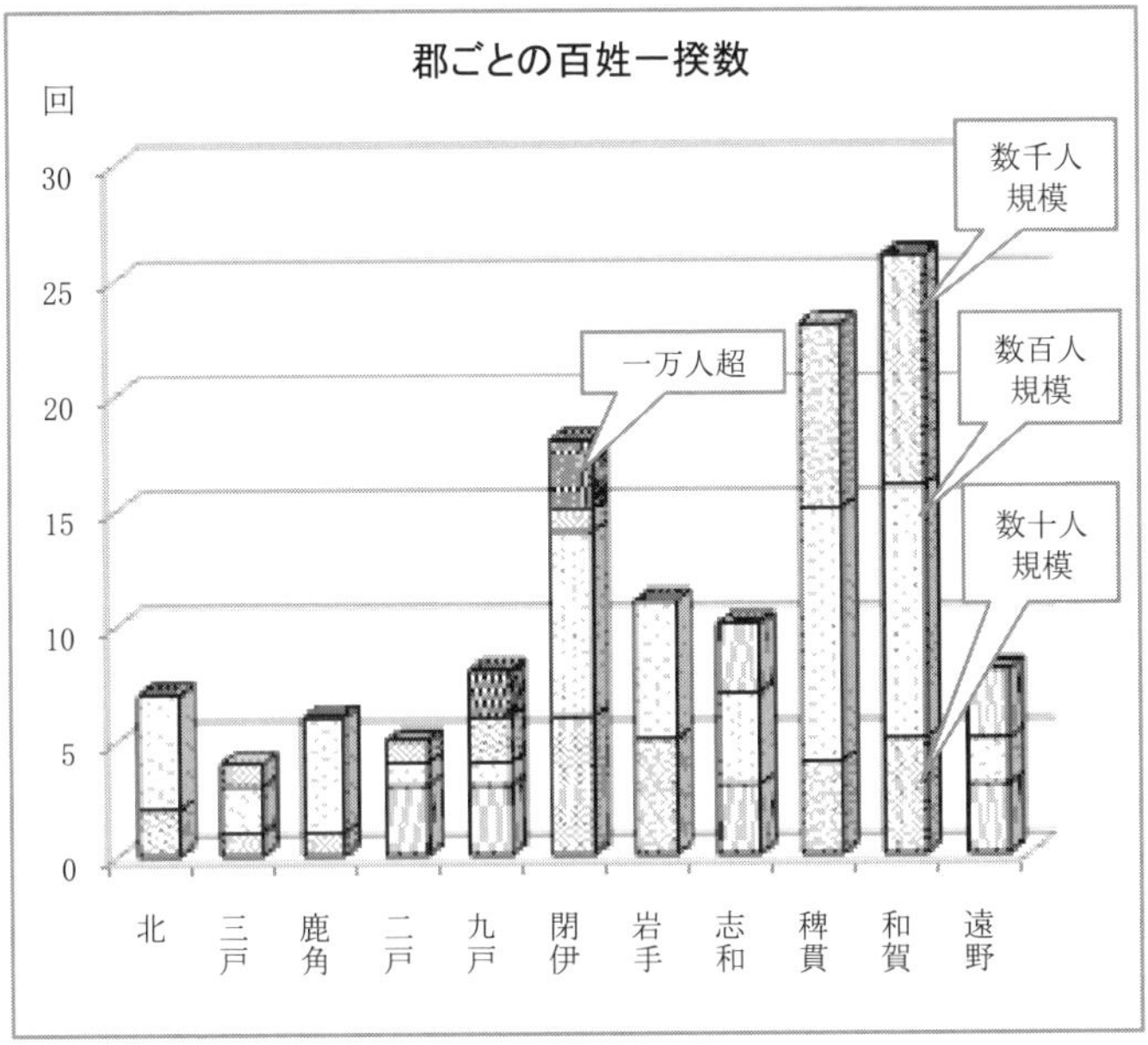

森嘉兵衛 1974『南部藩百姓一揆の研究』及び各市町村史より作成（打ちこわしを含む。規模が不明なものは数十人規模へ、大勢は数百人規模へ分類、一万人超の九戸・閉伊各２件は両郡にまたがる三閉伊一揆

く、藩内を二五～三三の通《とおり》に分けて支配した。通の数は時期によって変動している。一つの通はおよそ五千石になるように分けられており、穀倉地帯では狭い範囲となり、山林が多い通は広くなったりした。

一揆の要求は、税や負担金の減免、貸借金の支払い延期、地方役人の減員、専売制の廃止、種籾の借用などが多い。通常の年貢を忌避するためではなく、新たに賦課された税や役人の増員などが重なって領民の死活問題に関わる重い負担となり、その撤回を求めて一揆に及んだのだ。それは藩への重大な「叛逆」となるため、一揆の首謀者は極刑に処されることを覚悟していた。

藩は、江戸時代後期には財政悪化の

一途をたどっていた。小氷期と言われるほどの寒冷化で凶作が常態化しつつある中、幕府からは蝦夷地《えぞち》（北海道）出兵や他領の工事の財政負担を命じられたりした。藩士には借上《かりあげ》と称して実質的な俸給の大幅カットを行っていた。

もちろんそれだけでは足りず、商人に多額の御用金を賦課し、さらに領民に新税をかけ、藩財政を立て直そうとした。しかし場当たり的な経済政策と産業育成の無策など、長期的展望を欠き、領民の信頼は遠のくばかりだった。

こういった藩に愛想をつかした稗貫・和賀、閉伊の人々は天保八年や嘉永六年の一揆で、盛岡藩支配から仙台藩または幕府直轄領にすることを要求し、さらには嘉永のときには藩主の交替も叫んだ。実現性よりも戦術としてこの要求が出されたと考えられるが、幕藩体制の根幹に関わる要求は従来の百姓一揆の枠を大きく超えていた。現代でいえば「民主化運動」とでもいうべきもので、一世紀半以上も前にすでに高い民度が形成されていたのだ。

時代を反映する石碑

石碑はいつから広い地域で建てられるようになったのだろうか。江戸時代の石碑の古い例は陸前高田市で慶長年間（一六〇〇年代）のものがみられる。多くの市町村では延宝～元禄年間（一六七〇～九〇年代）から確認される。

陸前高田市の古い碑は梵字が刻まれることが多いので、中世の板碑《いたび》に系譜を求めることができるかと思わ

陸前高田市矢作町観音堂の種子塔

大日如来などの五仏と光明真言 24 文字が梵字で刻まれている。五仏の光明で災いが除かれるよう祈願した石碑。高さ 1.6m。1699（元禄 12）年

れる。板碑は梵字を刻んだ供養碑で、県内では県南や紫波郡に多く残されている。年号のわかるものは鎌倉時代を中心としており、室町〜戦国時代にどう引き継がれていったか、今はまだ明らかになっていない。

江戸時代中期までは仏教的な色彩が濃厚に表れていた。大日三尊や五智如来といった仏像を梵字で表現した種子《しゅじ》塔、南無阿弥陀仏や念佛供養塔などの念仏塔、地蔵尊像などだ。

それらに代わって、次第に金毘羅神社・古峯神社などの

神祇塔、出羽三山・早池峰山などの山岳信仰碑、山神《やまのかみ》・雷神など自然神塔、馬頭観音や牛頭《ごず》天王の動物霊塔が多くなってくる。馬頭観音の増加は、農耕馬や荷駄馬の普及によるものと考えられる。また庚申塔は江戸中期から盛んに建てられるようになった。山岳や自然、動物に関わる修験《しゅげん》の台頭が影響していると考えられる。

修験は日本古来の山岳宗教と仏教とが包括された神仏習合の宗教で、人々の信仰に深く根ざしていた。修験者（山伏）は仏堂や神社の別当を務め、村の祈祷などで、人々の暮らしに深く関わっていた。

修験系の石碑が多くなるのは、仙台藩領の陸前高田市や大東町では一七七〇～九〇年代、盛岡藩領の宮古市や山田町では一八三〇～四〇年代と大きく開いている。藩あるいは地域によって修験の普及に違いが表れたのだろう。

ところで、いつまで石碑は建てられていたのか。石碑というと江戸時代のものというイメージがあって、明治以降は少なくなると思われている。しかし明治・大正・昭和戦前までの碑が、宮古市や山田町では五十五％、陸前高田市で三十三％、大東町では二十五％となっている。市町村間でややばらつきがあるが、碑を建てる信仰や講《こう》などの共同体が戦前まで生きていたことを示している。

この間、明治維新の直後だけは各地とも急減している。明治新政府が神道を国教とするため、それまでの神仏習合を分離させる政策が大きく影響したことによる。明治改元前の一八六八（慶応四）年に出されたいわゆる神仏分離令や、一八七二（明治五）年の修験宗廃止令がそれだ。それによって大東町では明治元年から、宮古市では明治五年から石碑の建立はほぼなくなり、七～十年ほどその状態が続いた。

このことは、逆に石碑の性格を浮き彫りにしたともいえる。馬頭観音や庚申信仰、山岳信仰が、まさに神仏習合という日本人の宗教観に基づくもので、石碑はそれを象徴する意味をもっていたことを示している。

また、修験者がこの時期に大幅に減少したことも見逃せない。明治初年には全国に十七〜十八万おり、男性人口の一パーセントにあたるとされる。修験宗廃止により修験者は神職か天台宗、真言宗の僧侶になることを余儀なくされたが、多くは帰俗した。そのため石碑建立に修験者が関わることがほとんどなくなった。

しかし講などによる人々の結びつきは生きていた。明治十年頃には各地で石碑建立が復活し、第二次世界大戦中まで石碑は造られ続ける。そして、戦中〜戦後になって急減する。特に戦後の落ち込みは大きく、地域の共同体や民衆文化のあり方が大きく変化したことが表れている。

このような大きな変化はあるものの、現代でも石碑を受け継いで、節句や正月などの節目にはお供えをして、碑を守り伝えているところも多い。杉の枝にしめ縄を巻いたり、箸を立て食物を供えたり、各地で多彩な祀り方をしている。その伝統は震災時に倒れた碑を再建する動きが各地で見られたことでも示されている。

継承すべき地域の礎

石碑の中で最も数が多いのは庚申塔だ。庚申信仰については前にもふれたが、講と呼ばれる宗教的な集まりによって営まれていた。夜通し飲食をしながら、人々の動きや農作物の作柄などの情報を交換し、藩政や近隣との問題の話し合いなどが行われたことだろう。集会が許されなかった時代において、公然と集まることのできる貴重な機会だった。

　また餓死供養塔という碑がある。文字通り飢饉などの餓死者を供養する碑だが、これは地域差が大きい。三陸沿岸では僅かなのに対し、北上盆地の内陸では沿岸の十五倍ほどの割合で碑が建てられている。一部市町村の集計だが、沿岸では全石碑数の〇・〇六パーセント、内陸では〇・九パーセントとなっている。石碑によって餓死者数を割り出すことはできないものの、江戸時代の四大飢饉（元禄、宝暦、天明、天保の飢饉）などで餓死した割合が内陸で多かったことは明らかだ。沿岸では豊富な海産物が飢饉による餓死者を少なくしたと思われる。

　西国順礼塔は、伊勢神宮や西国三十三所、四国の金刀比羅宮など、西国の寺社を順礼した記念碑として建てられた。講の仲間が旅費を出し合い、数人が西国に順礼し、帰村後に仲間へ土産話として旅の様子を報告し、順礼成就を感謝した。

　順礼は寺社の参拝が目的だが、それだけにとどまらない成果があった。順礼者やその報告を聞いた者は全国の世相や社会状況について見聞を広めることができた。情報伝達の手段が限られていた時代、このことによって、自らの社会や生活を他の藩と比較し、民度の高まりにつながっていったものと考えられる。

　宮古周辺を見てみると、現在の岩泉町や宮古市に西国順礼塔が集中している。海辺だけでなく新里地区にも多い。山田町内では豊間根には多く、大沢・山田・織笠・船越地区は少ない。盛岡藩の地域区分に通《とおり》制度があるが、岩泉町の多くや宮古、豊間根は宮古通、大沢以南は大槌通に属する。文化圏が行政区分の際に考慮されたことを物語っている。

西国順礼塔

「西國塔」と大書し、台座には講の仲間 19 人の名を刻んでいる。1854（嘉永７）年建立、三閉伊一揆の翌年で、文字に一揆の高揚感が込められているようだ。高さ 125cm＝宮古市田老樫内

地域の結びつきを反映する石碑

石碑をさまざまな面からみてきたが、石碑は神仏などの信仰に関するものが多く、民衆文化の指標のひとつとなっていることがわかってきた。民衆文化の豊かさは地域の個性で、地域の絆や民度の高さとも大きくかかわることも明らかとなった。

また石碑の消長から当時の社会状況や藩政の地域への影響などを知る貴重な史料ともなっている。石碑は地域の姿を伝えるものなのだ。

ところで、東日本大震災で大きな被害を受けた三陸沿岸では、新たな街づくりが進められている。

一九九五年の阪神淡路大震災でも大きな被害が出た。今回と比べ比較的早

く復興され、街並みはきれいにできあがった。しかし、住民の気持ちは離れ、人口減少が続いているといわれる。災害ではないが、高度経済成長期に全国で開発されたニュータウンも高齢化に伴い、空き家が増えている。整然と造られた街の活気が消えかかっている。

本当の「復興」を果たすうえで、大事なものは何か。新しい街づくりとは何か。今回の震災によって多くのヒトやモノ、コトが失われ、それらの大切さに気付かされた。

石碑も含めた文化財は地域文化の結晶のひとつだ。地域を結びつけるものとして、文化財の重要性はさらに増してくるだろう。

石碑は、いつのまにか行方不明になっていることが少なくない。盛岡では盛南開発で多くの石碑が消失したとみられる。石碑も開発の進行によって捨てられ、または移動させられる可能性の高い文化財なのだ。行政での定期的かつ継続的調査とともに、地域の人たちの日常的な関心も、石碑のある風景の保全には欠かせない。

第十章

北への備え

箱館の盛岡藩元陣屋の図（もりおか歴史文化館蔵）

蝦夷地警備と沿岸警備への動員

江戸時代、日本では鎖国政策がとられ、外国との通商はオランダや中国などに限られていた。一般の人が他国からの輸入品を目にすることはほとんどなく、国際情勢が話題になることもなかった。

ところが、江戸時代後期になると日本との通商や食料補給などを求めてロシアなどの外国船が蝦夷地《えぞち》（北海道）にやってくるようになる。アイヌの住む千島南部ではすでにロシア人が進出し、交易を始めていた。これに対し幕府は通商を認めず、蝦夷地に近づくロシア船を排撃する北方警備策をとった。蝦夷地に近い東北諸藩は、蝦夷地警備のため幕府から出兵を命令されるようになる。また下北半島から三陸沿岸にかけて英米の外国船も航行し始め、盛岡・八戸・仙台藩は自領の沿岸警備も命じられる。

蝦夷地警備と沿岸警備は、大飢饉などとも重なり各藩の重大な財政危機を招く原因となった。領民は藩からの過酷な負担を強いられるようになる。明治維新までの約八十年間、外交、防衛問題は人々の暮らしに大きく影響を与えることとなった。

ロシア使節のラクスマンが通商を求めて蝦夷地のネモロ（根室）に来航したのは、一七九二（寛政四）年のことで、ペリー来航の六一年前にあたる。

八戸藩

1664（寛文４）年、盛岡藩３代藩主南部重直が跡継ぎ不在のまま死去したため、幕府の裁定により、盛岡藩10万石のうち２万石をもって八戸藩を新設することとなった。八戸を中心に三戸郡や九戸郡、岩手郡葛巻、志和郡の一部を領地とした。同じ郡でも盛岡藩に属する村もあった。

盛岡藩と同じ南部氏であることから、志和をのぞき藩境塚や境番所は厳格には置かれず、街道の往来も比較的自由だった。

蝦夷地を支配していた松前藩は幕府に通報するが、幕府は結論を先延ばししただけだった。

ラクスマン来航の三年前、寛政元年には蝦夷地の東部でメナシ・クナシリの戦いが起きている。蝦夷地では和人がアイヌを漁場で酷使し、虐待などの非道な扱いが問題となっていた。羅臼やクナシリ島のアイヌが和人に対して蜂起した戦いだったが、松前藩により制圧される。幕府はアイヌの背後にロシア人の関与を懸念し、津軽海峡を隔てた盛岡・八戸・弘前三藩にも出兵待機を命じた。これ以降東北の藩は蝦夷地警備に深く関わっていくことになる。

幕府はロシアの動きに強い危機感を覚え、一七九九（寛政十一）年に東蝦夷地を直轄地とする。松前藩に代わって幕府自らが警備を担うことになった。といっても江戸から将軍家直属の旗本軍がやってくるわけではなく、盛岡藩と弘前藩にネモロ・クナシリ・エトロフへ各五〇〇人の出兵命令が出された（第一次出兵）。

一八〇七（文化四）年には蝦夷地全島が幕府直轄地となるが、その直前にロシアとの通商を認める開国論が幕府内で検討されたことがある。一関出身の蘭学者大槻玄沢は開国論を主張したが、幕府は鎖国堅持の道を選び、ロシア船打ち払い令を出した。翌年、東北諸藩にも蝦夷地への出兵が割り当てられ、兵の数は盛岡藩一二〇〇人、仙台藩二千人など、大幅に増員された。

派遣された兵にとって厳寒の地での越冬は過酷なものだった。仙台藩の従軍医師の記録によれば、クナシリ駐屯の五〇〇人のうち壊血病などで三五〇人余が病に倒れ、うち一五〇人ほどが重病、連日二、三人の死者が出た。弘前藩でも一〇〇人余のうち七二人が病死したという。壊血病がビタミンCの重度の欠乏によるものとわかったのは二十世紀になってからだ。医師も処方の術がなかった。

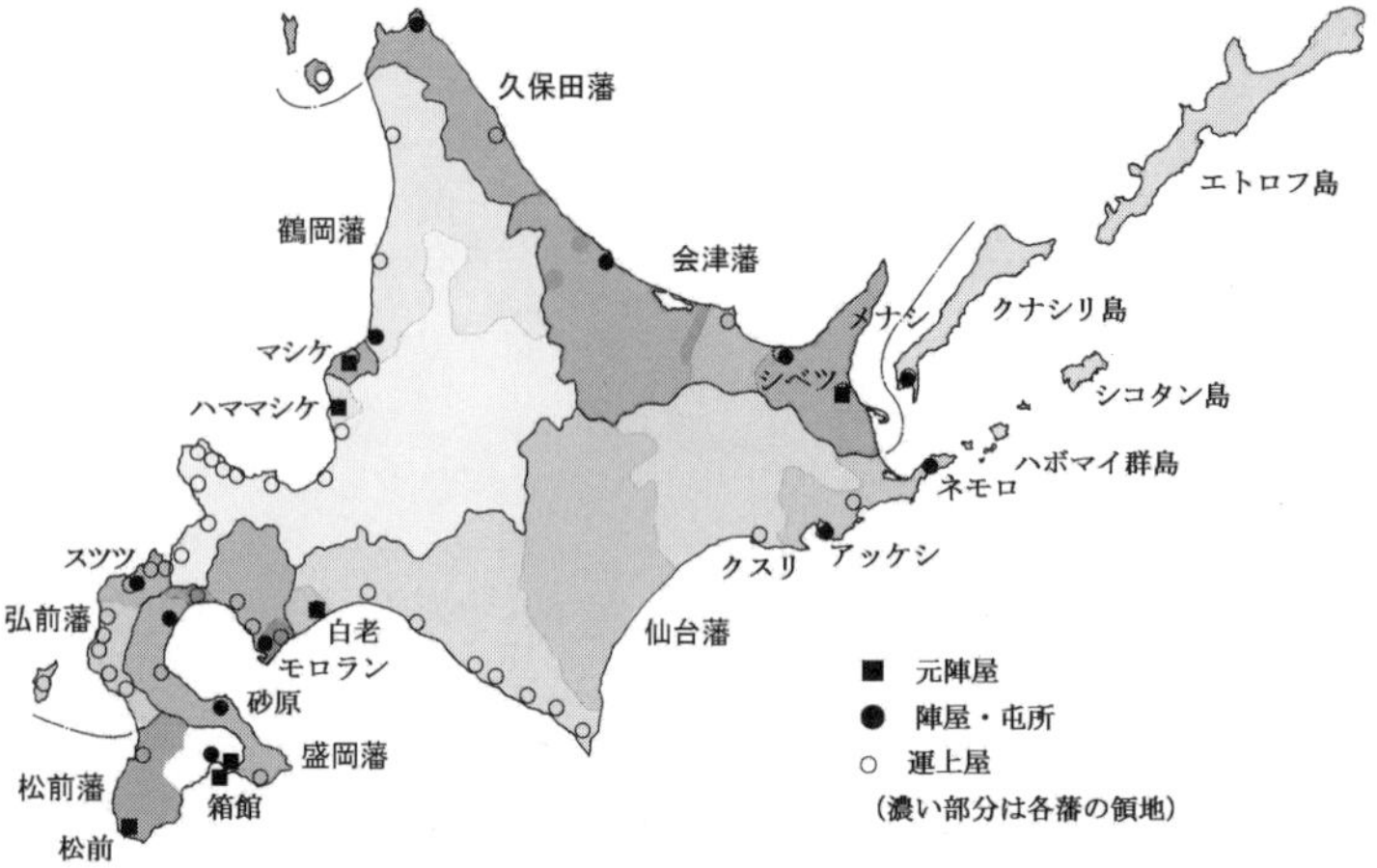

蝦夷地の警備

第1次出兵（寛政～文政年間）では主にネモロ～エトロフ周辺に派遣され、第2次出兵（安政～慶応年間）は全域が東北諸藩に割り当てられた。図は第2次警備の区域。

出兵は一八二二（文政五）年でひとまず区切りとなる。しかしこれにかかった費用は莫大だった。盛岡藩では寛政十一年から十六年間に二十四万両を要したが、幕府からは四万八五〇〇両を給付されたにすぎなかったといわれる。約二十万両の持ち出しは四十万石にも相当する。このしわ寄せは領民にかかるのだった。

藩への加増をめぐる思惑が交錯

蝦夷地警備の出兵によって、東北諸藩は多額の負担を強いられていた。そのさなかの一八〇八（文化五）年、幕府は盛岡藩を十万石から二十万石に、弘前藩を七万石から十万石に石高《こくだか》を上げた（高直し、高直りともいう）。この高直しに幕府と両藩の思惑が交錯していたことはあまり知られていない。

一九九二（寛政四）年とその翌年にかけて、幕府の老中松平定信は盛岡藩の田名部と弘前藩の三厩《みんまや》を幕府領として没収（上知《あげち》）することを検討していた。田名部は下北半島、三厩は津軽半島で、ともに蝦夷地と境を接しており、警備の奉行所を本州側にも設置するためだった。これに両藩は猛反対するが、高直しが条件として出され、受諾することとなる。盛岡藩二十万石、弘前藩十万石が上知と引き替えに決まりかけていた。ところが、この方針がいつのまにか沙汰止みなる。寛政の改革で辣腕をふるった松平定信が老中から失脚し、上知の話はなくなっていった。

その後、一八〇四（文化元）年、幕府は永続的な蝦夷地警備を義務づけるために、盛岡藩主南部利敬《としたか》を従五位下から従四位下《じゅしいげ》に位階を上げ、弘前藩も四万六千石から七万石とした。利敬はこの前に官位昇叙を幕府に願い出ていてその願いがかなったのだが、弘前藩の高直しは末代までなのに、位階は自分一代限りだったと、幕府の処置に対し不満をあらわにする。

盛岡藩主や藩士の間にも、弘前藩の津軽氏への反感が根強くあった。津軽氏はもともと南部氏から出た一族で、しかも豊臣秀吉の時代に南部氏支配の津軽を掠め取られたという思いがあった。両藩の不仲はよく知られ、蝦夷地出兵のときも幕府から確執を捨てて任務に当たるよう釘を刺されている。

警備の対象を千島のウルップ島に広げる際には弘前藩への対抗心から、盛岡藩が名乗りを上げたりしている。これは実現しなかったが、高直しによって両藩に大きな軍役を負わせることができると、幕府は踏んだのだろう。文化五年に盛岡藩に二十万石と弘前藩に十万石を与えたのだった。

文化五年の高直しは領地が増えたわけではなく、名目上の石高が上がっただけで、幕府のふところは全く痛まなかった。しかし両藩にとっては、江戸城での席順が上がるなど、家格が上昇し名誉なことだった。

これに合わせ、弘前藩では江戸初期に焼失した弘前城天守を一八〇年ぶりに再建している。二〇一五年から石垣修理のために曳屋《ひきや》している三層の建物がこの時に建築したものだ。盛岡藩でも南部家菩提寺の聖寿寺に五重塔を建てた。五千両（現在では約二・五億円）を要したとされる。現在は初層だけが残り、地蔵堂となっている。

高直しと同時に弘前藩主津軽寧親《やすちか》は従四位下に昇叙し、南部利敬と同じ位階となった。このことが十数年後にある事件を呼ぶことになる。一八二〇（文政三）年に利敬が死去し、利用《としもち》が跡を継ぐが、年少のため位階が寧親より低い時期があった。盛岡藩士たちは一時的にせよ津軽氏が上位にいることは許せなかった。

利敬死去の翌年、福岡（二戸市）の下斗米秀之進は、寧親に隠居を勧告するが、もちろん他藩の者の言葉など聞き入れられるはずもなかった。次に秀之進は現秋田県大館市の白沢付近で寧親を砲撃しようと待ちかまえるが、事前に露見して失敗に終わる。秀之進は相馬大作と名を変え、江戸に潜伏するも捕らえられ、処刑される。寧親はその後隠居に追い込まれる。

相馬大作事件は、世の人々に「みちのく忠臣蔵」として、秀之進の忠義が褒めそやされ、講談にもなったという。寧親は弘前藩の藩政改革を推し進めたが、事件の方で有名になってしまった。

このように、蝦夷地警備は幕府の思惑がからみ、また盛岡、弘前両藩が古くからの確執にとらわれて藩の格上げを競うなど、さまざまな展開をみせた出来事でもあった。

新たな沿岸警備の負担

蝦夷地にやってきたロシア船は、南下して盛岡藩の沿岸付近にまで姿を見せるようになる。一八〇七（文

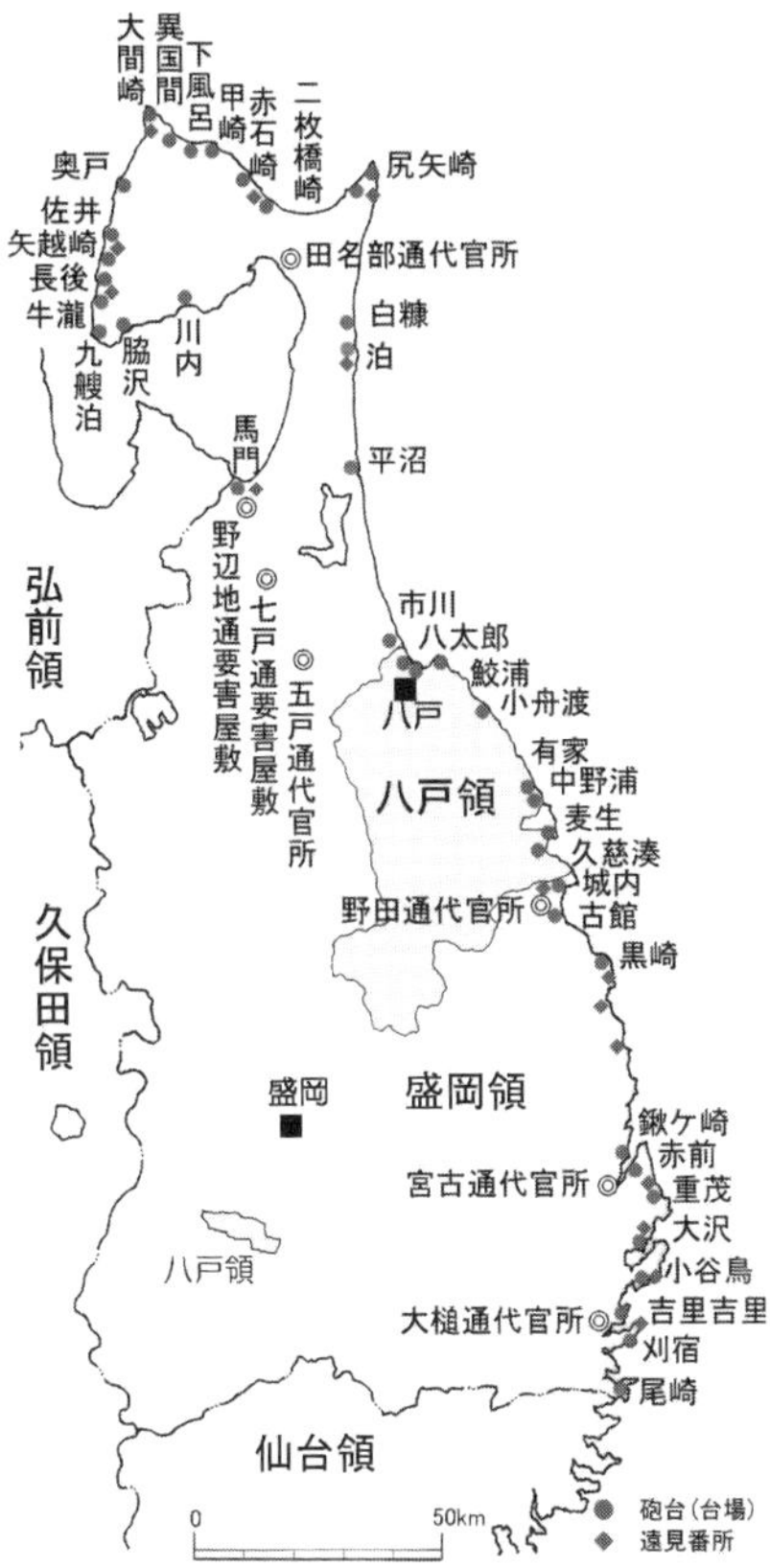

盛岡藩の沿岸警備

下北半島から三陸まで遠見番所や大砲を備えた砲台（台場）が配置された。

化四）年には津軽海峡に入り、下北半島の田名部佐井浦に出没するようになる。佐井浦は蝦夷地へ渡る重要な港で、このため蝦夷地だけでなく本州側も警戒が必要になってきた。

　盛岡藩と八戸藩は翌年、陸奥湾の野辺地から下北半島、三陸沿岸まで警備を固めた。監視のための遠見《とおみ》番所は以前からもあったが、再整備や新設が行われ、大砲を備える砲台（台場）も後に設けられた。

　盛岡藩の記録では、兵士一七五三人、鉄砲七二〇挺《ちょう》、大砲八二挺を沿岸に配備した。鉄砲は火縄銃で、猟師（マタギ）の五〇〇挺を含み、大砲は五五挺が木製の砲身だった。大砲は次第に青銅や鉄製のものが増強されるが、近代兵器と比較すると威力はかなり劣っていた。

　実際に発砲する機会はほとんどなかったと思われるが、一八二五（文政八）年、八戸藩の有家《うげ》付近（洋野町）にイギリス船が現れたときには、発砲したことが藩の記録に残されている。乗組員が上陸しようとした際に石火矢《いしびや》で追い払ったという。石火矢とは小形の大砲で、上陸用の小形船への攻撃には効果があったことになる。

この時、イギリス船は五月から約二ヶ月間捕鯨のため三陸沖に滞留していた。もちろん沿岸への攻撃の意図はない。上陸未遂のあと、有家の虎蔵という漁師が文書と品物を受け取っている。漁で沖合に出たところ遭遇したと思われるが、虎蔵が強い好奇心の持ち主で、外国船に近づいたのかもしれない。イギリス船側は彼を通して水や食料の補給などの交渉の糸口をつかもうとしたのだろう。

しかし、鎖国政策を続ける幕府がこの年の二月に異国船打払令を出していた。沿岸に近づく外国船を問答無用に打ち払うことになっており、八戸藩の対応はそれに従ったものだ。

沿岸警備は両藩にとって新たな負担となった。特に沿岸地域の人々は直接的な負担を強いられた。警備の任務にあたる兵士は、盛岡藩と八戸藩のそれぞれの城下からも派遣されたが、多くは沿岸近くの給人《きゅうにん》（在郷の藩士）やその従者、地元の百姓も動員されている。

武術とは縁のない者まで沿岸警備に徴用しなければならなかったことになる。その中で戦力になったのが銃や火薬の扱いに慣れているマタギだ。蝦夷地出兵の際にも岩泉や野田など各地のマタギが派遣されている。

内陸の花巻や遠野から計二五〇人が大槌、宮古通へ、沼宮内や福岡から九四人が野田通へ異変の際に派遣できるよう待機させられていた。一八四二（天保十三）年には総勢二二一五人に増員され、各地の人々の負

有家台場跡

有家漁港の北の突端にある。大砲５挺の据付台、発射の衝撃を受ける土山、周囲の土塁が築かれた。台場はすでに失われたものが多く、洋野・久慈・野田・宮古・山田・大槌に残るだけとなっている＝洋野町有家

担は増していった。

仙台藩の気仙郡では砲台が設置されることはなかったが、藩からの指示を受けた大肝入《おおきもいり》吉田家がかがり火や高提灯を準備するよう郡内に指示を出している。またほとんどの村に「海岸御備組合」を編成させ、猟師には鉄砲を、百姓には長柄の鎌と鳶口を用意させている。盛岡・八戸藩と比べると小規模なのは、蝦夷地から離れ、外国船に対する脅威の度合いが違っていたためだろう。

蝦夷地第二次出兵

蝦夷地警備は一八二二年（文政五）年でひとまず区切りが付けられた。前年に日露間の緊張が緩和され、蝦夷地が十五年ぶりに幕府直轄地から松前藩の支配に戻されたからだ。

しかし幕末になると、アメリカからペリ

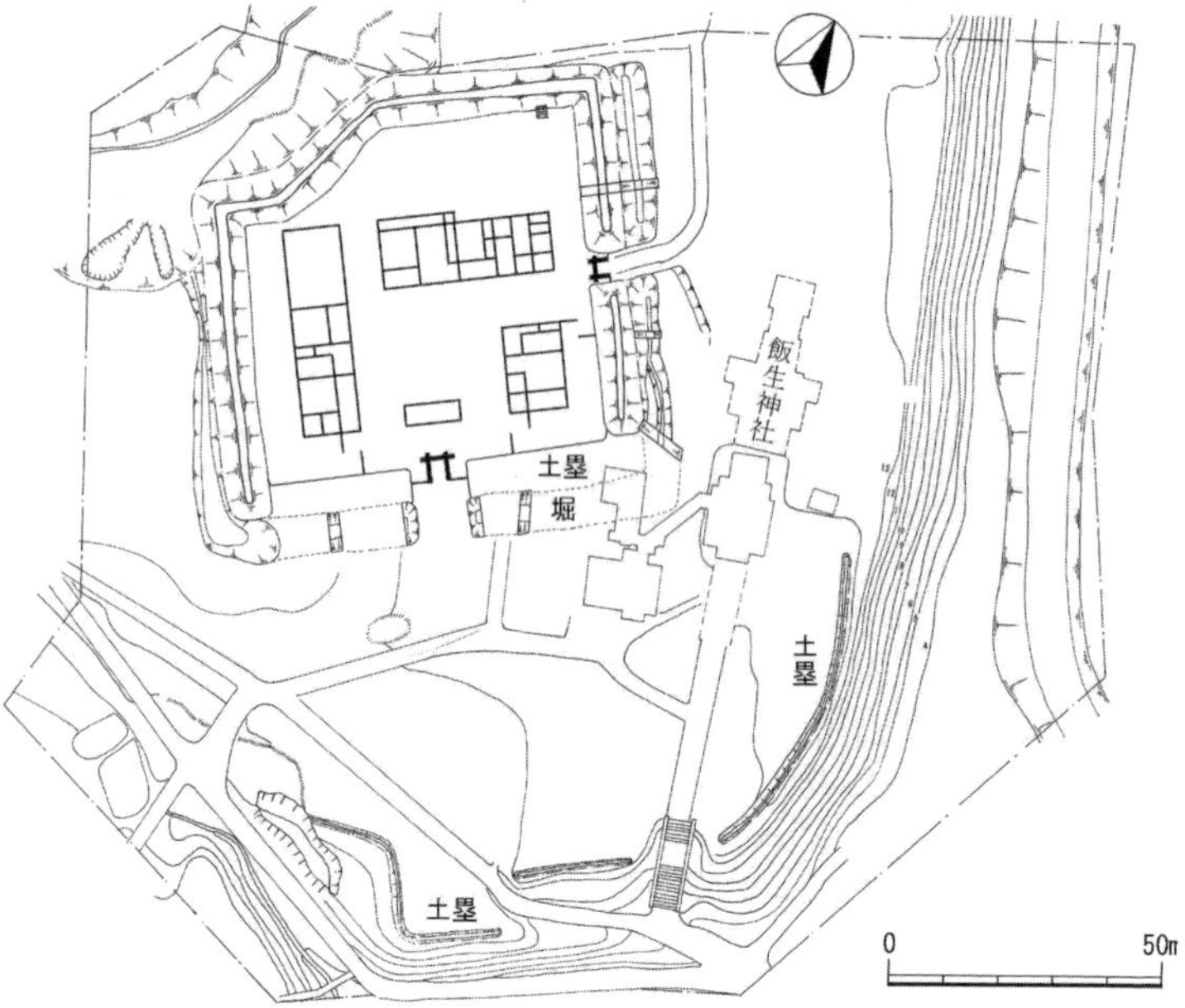

ヲシャマンベ屯所跡

現況地形図と建物平面図（設計図か）を合成復元＝北海道長万部町（長万部町教育委員会 1985『史跡東蝦夷地南部藩陣屋跡ヲシャマンベ陣屋跡』挿図を編集）

ーが浦賀沖に来航し、ロシアからもカラフト・千島の国境を画定するよう要求が出される。一八五三（嘉永六）年のことで、二度目の三閉伊一揆が起きた年でもあった。翌年には日米和親条約、その翌年には日露和親条約が締結され、日本は一気に開国に向けて動き出す。

条約で合意した箱館の開港は食糧や燃料などの補給だけだったが、実際には交易も行われるようになった。蝦夷地周辺に外国船の航行が増えてくると、また北方警備が課題となってくる。一八五五（安政二）年、幕府は蝦夷地を再び直轄地とし、東北諸藩も警備に駆り出されることになった。今度は区域が指定され、その一部を領地とすることも認められた。

盛岡藩は渡島半島の東側を割り当てら

れ、箱館に拠点の元陣屋、モロラン（室蘭）に出張陣屋を置き、五〇〇人を配置した。砂原・ヲシャマンベ（長万部）にも屯所を置いた。その遺跡は国指定の史跡として整備されている。下北の大畑には二〇〇人（後に三五〇人）、盛岡城下にも三〇〇人を控えさせた。計千人にものぼる（第二次出兵）。

仙台藩は白老《しらおい》からエトロフまで広大な面積を割り当てられた。元陣屋は白老に置かれ、一二〇人ほどが配属された。アッケシ・ネモロ・クナシリ・エトロフには出張陣屋が置かれ、それぞれ二八〇人ほどが配備されていた。合わせて一二〇〇人を超えている。

それぞれの管轄区域の一部を領地として、農地などとして開墾することもできた。しかし蝦夷地では商人が現地のアイヌを使っての漁業や毛皮などの交易が主産業だった。その経営拠点として集荷や取引を行う運上屋《うんじょうや》が設けられていたが、与えられた領地には運上屋のある土地はあまり含まれていなかった。またこれまで通り商人による経営も続けられていた。農地として開墾するにも農民はおらず、新しい領地は実質的には収入を見込めない土地だった。

蝦夷地警備は東北諸藩の人々や財政的な負担に支えられていたが、各藩の財政は逼迫《ひっぱく》し、現地収入も望めない状況では、長期的な警備が破綻することは目に見えていた。

そういった蝦夷地への出兵も明治維新により幕府が崩壊して、その根拠を失う。何よりも東北諸藩の多くが戊辰戦争で明治新政府軍に対抗し、藩の存亡に関わる状況となっていた。もはや蝦夷地に関わっていることができなくなっていた。

盛岡藩は、一八六八（慶応四）年箱館元陣屋に火を放ち大砲を破壊して撤退した。この時すでに箱館は新

盛岡藩の軍用船「虎丸」の図

1851（嘉永４）年に完成。全長25.5mで、帆と艪で航行する。別の図に大砲２挺が描かれている。仙台藩でも６年後に洋式軍艦「開成丸」を造り、対外警備にあてた。（もりおか歴史文化館蔵）

政府の管轄下にあり、後に無断で帰藩したことをとがめられている。

蝦夷地や自領の沿岸警備は、財政的にも厳しい時期と重なったが、幕府の命令でやむなく出兵せざるを得なかった。かといって各藩はおざなりに任務にあたったわけではなかった。弘前藩では蝦夷地警備を「第一の公務」と位置づけ、何度か藩士に職務の精励と倹約を呼びかけている。沿岸警備を担った盛岡藩や八戸藩も自らの領地を防衛することを当然の責務と考えていた。

これらは、鎖国政策をとり続ける幕府が東北諸藩に北への備えという新たな役割を与え、幕藩体制を維持しようという動きでもあった。

しかし幕藩体制は、財政面だけではなく、ほかにも崩壊の兆しが見え始めていた。身分制度を超えた領民の徴用もその一つだ。蝦夷地への派遣には藩士だけでなく、職人などをかり集めてでも人数を揃えさせようとした。沿岸警備では仙台藩も武士以外の農民や猟師に警備を委ねている。それほど緊迫した状況ではなかったが、諸藩が自領すら武士だけで守ることができなくなっていたのだ。

飢饉と警備の二重苦

蝦夷地や沿岸の対外警備による出兵は、東北諸藩にとって財政や人的に大きな負担となった。この時期には凶作が続き、各藩の財政がかなり悪化していた時期と重なり、出兵がさらに打撃を与えた。

東北各地では江戸時代に大飢饉が何回も起きている。凶作が数年続くと被害が累積されて、大飢饉となる。農業生産に依存する各藩は厳しい状況が続いていた。盛岡藩では天明の七年間で合わせて八十万石、天保の七年間では一〇〇万石を超える減産となっている。

苦しい財政を乗り切るために、各藩は幕府や全国の大商人からの借入金だけでなく、藩士や領民への一層の負担を強いることで歳入の不足を補おうとした。

盛岡藩では、藩士に対し、自主的な貸上や上納の形をとって、一〇〇石につき一～五両を数年間、天明・天保の大飢饉の際は俸禄の半分を五年間カットした。飢饉の時には物価が高騰し、減給された藩士の生活は苦しくなるばかりだった。

また石高の加増を条件に献金を募ったりした。仙台藩などでもとられた手法だ。たとえば平民宰相といわれた原敬の五代前、原平兵衛は宝暦の大飢饉（一七五五～五七年）の際に八〇〇両を献金して二〇〇石を加増された（盛岡藩士の履歴記録『御番割遠近帳』）。しかしこのような方式は一時的な藩の収入にはなっても、加増分を毎年藩が負担しなければならず、数年で赤字になってしまう。天明の大飢饉の際もこのようにして一時金を集めたが、ついに一七九六（寛政八）年には加増の帳消しや支給方法の変更を余儀なくされている。

沿岸警備の時期と重なる天保の大飢饉の時も、献金した百姓町人を武士身分にするなどしてしのいだが、またもや一八五四（安政元）年にご破算にしてしまった。この時には献金者だけでなく職務に精励して加増を受けた者も元に戻された。場当たり主義との誹《そし》りは免れない。

百姓町人にも御用金や税など、多額の負担を求めた。御用金は、商人や裕福な者などを対象に、経営規模や資産に応じた金額を拠出させた。盛岡藩では一七九四（寛政六）年から幕末までの間に約二十回にわたって十万両（この時期は一両五万円程度、約五十億円）を超える額を集めている。大商人にはその都度数百両が割り当てられた。幕末になるにつれ御用金要請も多くなってくる。

御用金については、岩泉門《かど》村の鉄山経営者佐藤儀助に五千両の大金を負担させたことがある。一八五三（嘉永六）年十一月のことで、五月には鉄山で過酷な労働を強いた理由で三閉伊一揆の最初に襲撃を受けていた。五千両は一揆のきっかけを作ったことに対する懲罰金だった。その後も二千両の御用金を拠出させられた。

税はさまざまな形で領民にのしかかっていた。年貢は平均三～四割ほどで、江戸時代を通じてあまり変わらなかったが、凶作が続き収穫が大幅に減少しても同じ割合で納めなければならず、農民の元には僅かしか残らなかった。

ほかにも数十項目にものぼる税がかけられていた。そのうち役金《やくきん》と呼ばれる定率の税は、幕末には二万五千両と、江戸時代中期の四倍にはね上がっている。

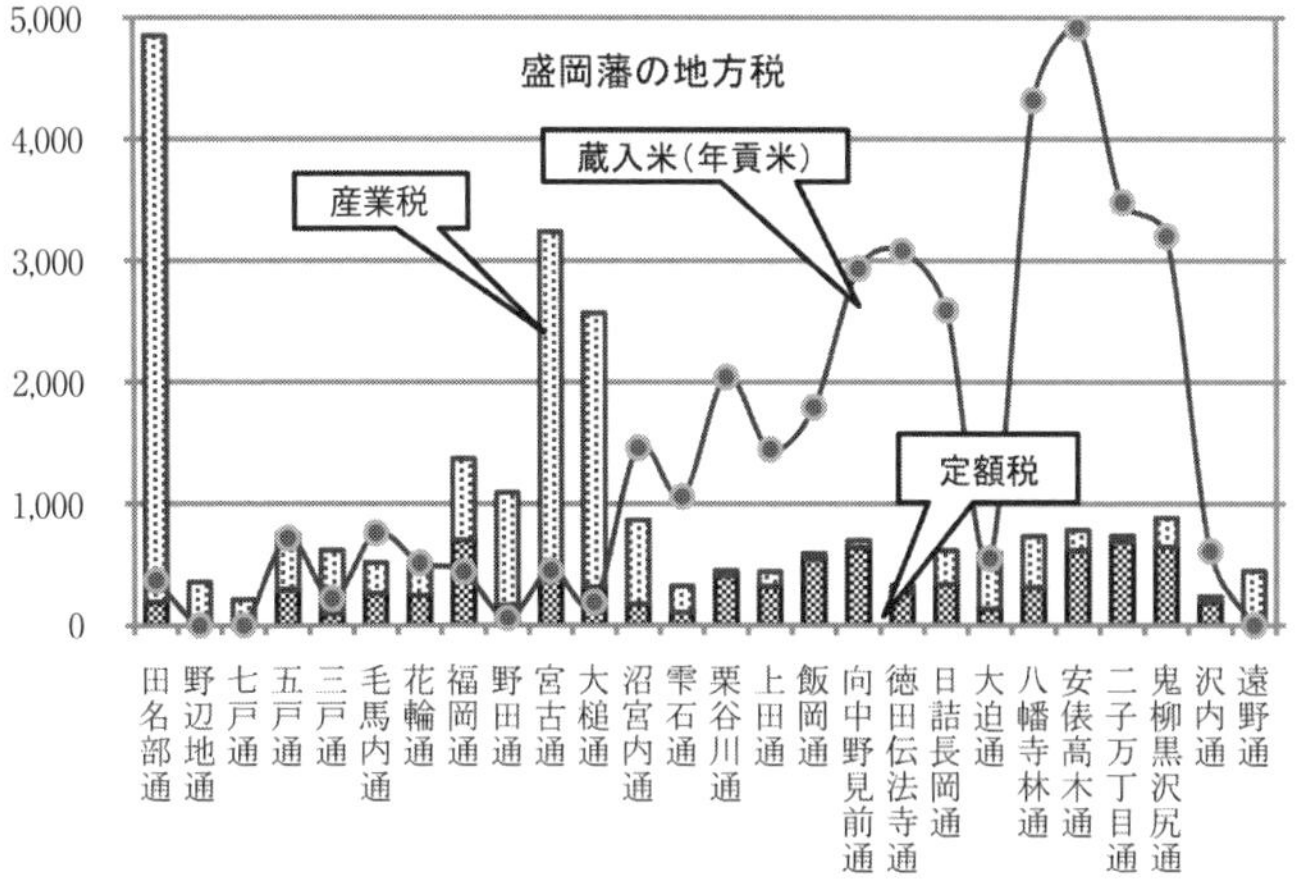

盛岡藩の地方税

江戸時代後期（文政～天保頃）の地方税。産業税は沿岸部の水産や田名部の林業への課税が多い。蔵入米は藩に収める年貢などで、米作中心の地域は年貢の負担が大きい。このほか藩士の知行分があり、税の総額は各地であまり変わらなかった。（『岩手県史』『盛岡市史』から作成）

漁業では、沖に出る漁船は十二・五両、内湾の漁船には一両ほどの税がかけられ、地引網にも漁獲高の一割が課税されていた。魚介類を扱う仲買人には魚一尾ずつ、昆布なども量目ごとに税がかけられた。このような細かい税は、江戸中期から設けられていたが、次第に税率が引き上げられて、幕末には二～三倍に増えている。

産業税のほかに、一軒ごとの臨時税も賦課された。一八四三（天保十四）年には、一軒につき一八〇〇文（約二万円）を基準に、全領で三万両を五年間、計十五万両が賦課された。この頃の盛岡藩の経常経費が年間約五万両だったが、二万両弱が赤字だった。その穴埋めと飢饉対策や沿岸警備などの費用を臨時税でまかなおうとしたのだ。

飢饉で疲弊する人々の生活

一八三三（天保四）年は、前年から始まった天保の大飢饉が続き、深刻な被害となった。年ごとの年貢高は、稲の収穫前に検見《けみ》と呼ばれる作況調査によって決められる。『飢饉考』という当時の状況を記した記録によれば、この年は検見で少ないながらも収穫が見込めたが、その後の霜枯れで収穫量がほとんどなくなり、米の代わりに大根や干し葉さえも納めなければならなかった。未納の年貢米は免除されたわけではなく、翌年に持ち越されただけだった。

多くの人がその日の食べ物にも事欠き、餓死者が道端にあふれ、生きている者も「餓鬼」のごとき形相だったという。地逃げ（＝逃散《ちょうさん》、他領へ逃げ出すこと）に追い込まれる人も多かったが、秋田方面も大凶作で、関所で厳しく吟味されて越境することができなかった。

仙台藩も凶作だったが、備蓄米があったため、領民たちは盛岡藩各地からの難民も受け入れた。こういったことが、一八三七（天保八）年の仙台藩に越境して要求を訴えた天保稗貫和賀一揆につながっている。

飢饉は百姓、町人だけでなく藩士の生活にも大きな打撃を与えた。繰り返される俸禄の減給、減収を補うため、商人への借財もかさんでいった。このことで商人が経済的な優位に立つこととなった。返済に窮する藩士のために盛岡藩は一八二五（文政八）年と一八三四（天保五）年に借財の返済延期または帳消しにするよう通達を出している。

史跡「東蝦夷地南部藩陣屋跡モロラン陣屋跡」内の盛岡藩士の墓
　２次出兵の際の安政～慶応年間の墓。2004 年に墓所を整備した際に墓石１基が横向きになったが、蝦夷地警備の研究者浅沼公雄氏（盛岡市）の指摘で元に戻された（浅沼氏撮影）

民衆文化の開花と崩壊する秩序

　飢饉に加え蝦夷地や沿岸の対外警備の出費が領民の暮らしを困窮させていた時期に民衆文化が大きく花開いていたことも見逃せない。

　宮古市や山田町の石碑は、沿岸警備が開始された文化初年から明治維新までの六十五年間、天保の大飢饉をはさむも、合わせて七二八基、それ以前の約二〇〇年間の四一一基と比較しても多い。石碑は信仰や供養などのために、地域が結束して建立した民衆文化の象徴の一つだ。

　また寺子屋に目を転じると、文化年間から幕末までに岩手県域で一四七校が開校している。それ以前の三十二校を大きく上回る（長岡高人『岩手県域寺子屋物語』）。この差は古い記録があまり残されていないためとも思われるが、それを差し引いても文化年間から手習いなどにかける熱意や期待が高まったことがわかる。

寺子屋には藩校のない時期や地域では藩士の子弟も通っていたが、百姓、町人の子どもたちが多く、農作業の手伝いで夏場は通えない者も少なくなかった。苦学ゆえに高い集中力で学んだのだろう。

対外警備問題がクローズアップされた江戸後期は、時代の変革がゆっくりと、しかも着実に進んでいた時代でもあった。藩財政の逼迫は武士階級の困窮を生み、借金のため商人に頭を下げなければならず、裕福な百姓、町人の間には武士身分を買うことが広まった。

また対外警備には武士だけでなく、猟師や農民などの百姓が駆り出され、身分的秩序も崩れ始めていた。武士を支配階級とする体制はまだ変わらなかったが、武士の絶対的な地位は大きく揺るぎ始めたのだ。

百姓、町人は、度重なる御用金を負担させられ、増税や臨時税にあえいだ。その重税に耐えかねての百姓一揆が頻発した。この背景には、領民が厳しい生活の中においても民衆文化を大切にし、また寺子屋教育などの成果も上がって、民度が高まっていたことがあげられる。

蝦夷地や沿岸の警備はロシアやイギリスなどからの外圧として幕藩体制に降りかかった問題だった。この難局は、結果として武士階級の凋落と百姓や町人の自立を促すこととなった。

第十一章　災害を生きる

餓死供養塔　餓死と飢饉と供養塔が四基集められており、写真は東側の二基。現在は周辺で宅地化が進行＝滝沢市狐洞

古代から繰り返し襲う大津波

二〇一一年の東日本大震災で沿岸を襲った津波は、被害の甚大さから千年に一度の大津波といわれた。これほどの大被害はめったにあるものではなく、防ぎようがなかったという意味が込められていたように思われる。また古代の遺跡などが高台にあることから、古代人には津波を避ける知恵があったともいわれた。しかし、実際には大きな津波は繰り返しやってきていたし、古代の人々も被害に遭っていた。

千年前の大津波は、八六九（貞観《じょうがん》十一）年旧暦五月二十六日に起きた。正確には平成の大震災から一一四二年前ということになる。陸奥国の国府があった多賀城（多賀城市）での被害が記録されている。大地震が稲妻のような光と共に起き、地割れや数多くの建物が倒壊し、牛馬は逃げまどい、人々も悲鳴を上げながら逃げ回り、建物の下敷きになった。その後に海から叫び吼えたてるような大波が襲い、多賀城下を青い海原にしてしまった。溺死者は千人ほど、人々の財産や農作物はまったく残らなかったという。

マグニチュード（M）は八・三以上と推定されており、日本古代史上最大の地震だった（東日本大震災は九・〇）。被害は都にも早速伝えられたとみられるが、調査の役人が任命されたのが、九月七日、被災者へ租税の免除、食糧の支給などが命じられたのが十月十三日と、決して迅速な対応ではなかった。

貞観年間はさまざまな社会不安を抱えていた時期でもあった。富士山や鳥海山の噴火、九州での地震や風水害、さらには朝鮮半島の新羅の海賊が博多に侵攻するなどの事件も起きていた。

奥羽から全国各地へ移住させられていた蝦夷《えみし》（移住後は俘囚《ふしゅう》と呼ばれた）も反乱を起こすのではないかと警戒されたりもした。

三陸での被害は記録されていないが、宮古湾沿岸などではこの時の津波で堆積した砂の層が確認されている。やはり大きな被害があったものとみられる。

江戸時代の初めにも大津波があった。四〇〇年前の一六一一（慶長十六）年、山田町の武藤家などに残されている記録では、大地震は三度、その後の大津波も三波があり、織笠の霊堂にまで達したという。

震源は千島列島方面で、M九・〇規模と推定されている。到達した霊堂の地点にもよるが、東日本大震災よりも内陸に達していた可能性もある。

その時、仙台藩ではスペインの冒険家セバスチャン・ビスカイノが、伊達政宗の支援を受けて沿岸の測量調査をしていた。津波に遭遇したのは越喜来《おきらい》

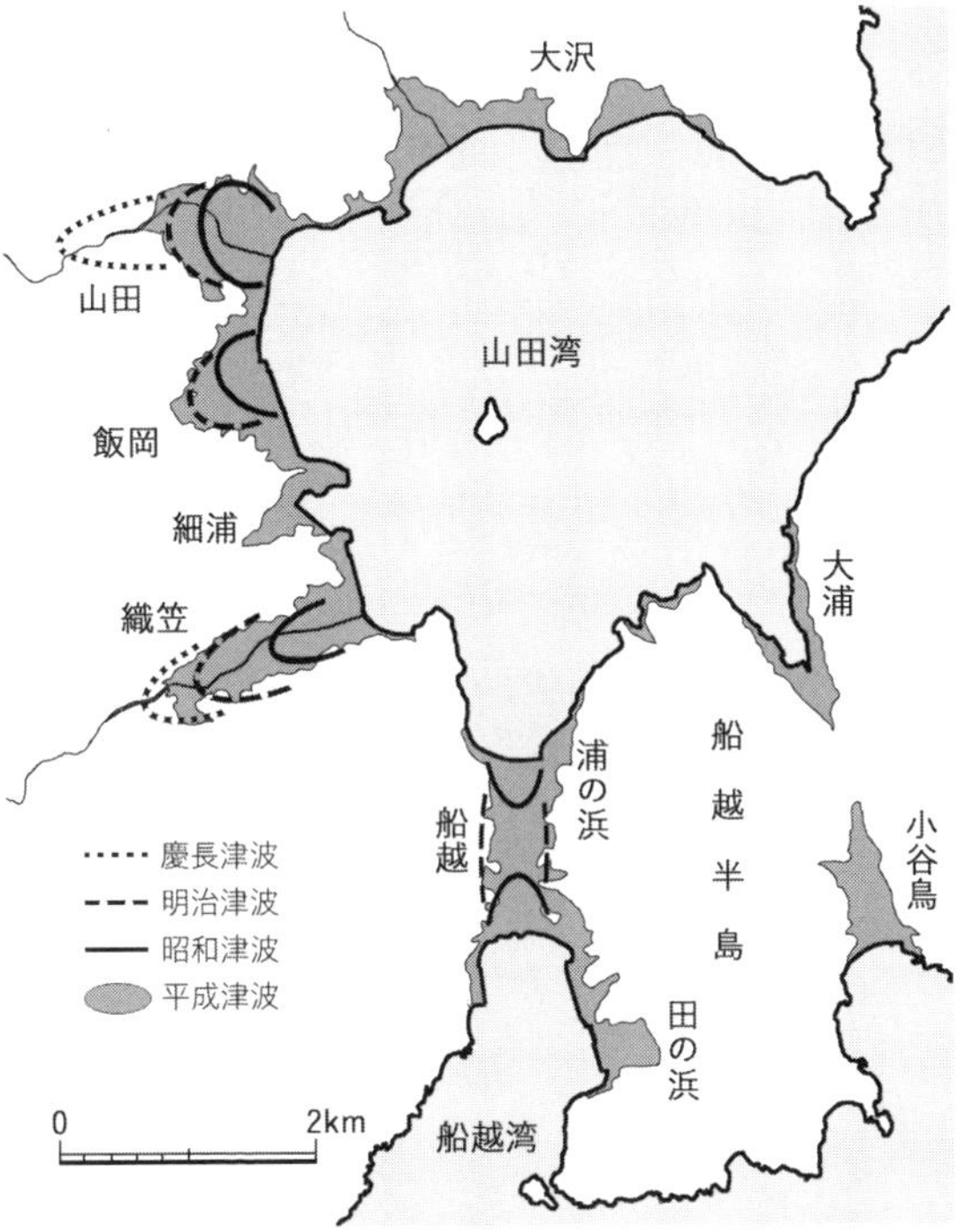

山田湾沿岸の津波推定範囲
（今村明恒 1934「三陸沿岸に於ける過去の津波に就て」挿図から作成）

村（大船渡市越喜来）近くの海上だった。浜では津波の前に避難していた人たちもいたが、三波の津波で大きな被害が生じた。直後に上陸したビスカイノは、混乱の中、難を逃れた家で歓待を受けている。前もって藩から来着を知らされていたため、食料や水が振る舞われたのだろう。ビスカイノはその後、今泉（陸前高田市気仙町）にまわって、五十人の溺死者が出たことを聞き、さらに相馬（福島県相馬市）でも津波が襲ったことを書き残している。

慶長の大津波は、三陸だけでなく、北海道太平洋側から茨城県まで津波が襲っており、範囲は東日本大震災を上回るものだった。仙台藩で五千人、盛岡藩で人馬三千の犠牲と記録されている。各地の復興は、江戸初期の藩政確立期に新たな街づくりとともに進められた。

室町時代の地層からも、大規模な地震と津波の痕跡が確認され、一四五四（享徳三）年の享徳地震と推定されている。山の奥一〇〇里（約六km）まで津波が及んだといわれ、大規模だったことが窺われる。

このように、大きな被害をもたらした津波は数百年に一度、あるいは周期とは無関係に、襲ってきていた。

明治・昭和・平成の津波の記憶を伝える

「一八九六（明治二十九）年六月十五日夜、この日は旧暦五月五日で織笠村（山田町織笠）の家々では端午の節句の祝いで盛り上がり、大人たちは酒に酔いしれていた。まったく無警戒だったところへ、午後七時半頃地震があり、いくらも経たないうちに海上が鳴り響き、忽《たちま》ち波が打ち寄せてきた。」

明治三陸大津波の様子を伝える石碑「大海嘯《かいしょう》紀念碑」は、織笠小学校の前に立っている。碑文はさらに続

津波の紀念碑

明治29年（右）と昭和8年（左）の「大海嘯紀念碑」が並ぶ（山田町織笠小学校前）

ける。

「山は崩れ、木は倒れ、家は潰れた。白銀浜（八戸市）から志津川（南三陸町）まで溺死者は三万人に及んだ。織笠村では溺死は七十数名、家屋五十六棟、船舶五十六隻などがことごとく流れた。まさに人の世は無常なり。」

明治の大津波では、その翌年以降各地で石碑を建て、被害状況を書き記すようになった。津波の恐ろしさを後世に伝えるためだ。碑銘には「海嘯」の文字が入れられた。

海嘯は、中国などで海の波が満潮時に川の上流に津波のように逆流する現象をいう。日本では明治の津波記年碑によく用いられ、「つなみ」と読まれることも多かった。また三陸（陸前・陸中・陸奥）という呼び方も、この時の新聞報道で一般化した。

明治の大津波の時は六波の津波が襲来した。その高さは広田村（陸前高田市）根崎で三二・六メートルを記録し、半数以上の市町村で十《メートル》以上を観測している。震度は二〜三程度にもかかわらず、津波による死者は岩手県が最も多く一万八一五八人、被災地人口の約二十四《パーセント》もの人たちが犠牲になっている。田老村（宮古市）では八十三《パーセント》、唐丹村と釜石町（釜石市）、綾里村（大船渡市）でも五割以上の犠牲者が出た。住宅の流失、全半壊は六〇三六戸で、約半数の家が被害にあっている。

被災地の惨状は、東京や地元の新聞記者たちの地を這うような取材によって、全国に報道された。その結果全国から岩手県分だけでも義援金四十二万円余が寄せられている。政府の難民救済金などとほぼ同額で、逆に明治政府の三陸への冷淡さが際だつ形となった。

震災後、地元の漁業者はブリの延縄漁、トロール漁業、のり養殖、サケ孵化場の操業などに乗り出し、復興に向けて大きく踏み出していった。

明治三陸大津波から三十七年後の一九三三（昭和八）年三月三日、桃の節句にまた大津波が三陸を襲った。未明の午前二時半頃、震度五の地震で人々はたたき起こされたが、大きな被害もなく、まだ厳寒期でもあったので、多くが寝床に戻った。その二十〜三十分後に大津波が急襲した（昭和三陸津波）。

死亡、行方不明者は岩手県で二六七一人、沿岸人口の二《パーセント》にあたる。流失や全半壊、焼失の住宅は四二八一戸と、住居等の被害は明治の時と比べると七割程度であるが、犠牲者の割合は十分の一に大きく減少している。

これは明治の大津波から三十七年しか経っておらず、人々の記憶の中に経験が生きていたからだった。地震の後に海の監視をし、津波到来をいち早く家々に知らせたことが大きい。ただ地域によっては大きな被害を受けたところもあった。

犠牲者の多かった田老村出身の田畑ヨシ氏は、子どもの頃の体験を紙芝居にして、津波の恐ろしさや避難の大事さを三十年以上も伝えてきた（田畑氏は二〇一八年三月に逝去された）。

昭和の大津波の二年前、一九三一年には満州事変が起き、太平洋戦争終結に至るまでの十五年戦争が始まっていた。この年は東北、北海道で大冷害の年でもあった。翌年の女子の身売りは県内で一八二九人にものぼっている。三十四年にも大凶作に見舞われている（山下文男『津波てんでんこ』）。

復興にはきびしいものがあったが、三十四年に山田線（盛岡―宮古間）が開通、同年に釜石港が開港し、日鐵釜石製鐵所が発足するなど、地域振興が図られ、徐々に活気を取り戻していった。

そして二〇一一（平成二十三）年、東日本大震災が起きる。岩手県における被害は死者・行方不明者五七八九人、全半壊家屋二万六〇七九棟（二〇一八年三月時点、警察庁）、避難者最大約五万四千人（『東日本大震災岩手県防災危機管理監の150日』）と、その被害は甚大なものとなった。

復興に欠かせぬ地域の歴史や文化

東日本大震災は、多くの人々の意識を変えた。津波の強大な破壊力を目の当たりにして、防災意識が高まったことが一番大きい。また、被災者の支援など各種のボランティア活動に参加する人も増えた。

そういった意識変化の一つに、地域や地域文化に対する再認識があげられる。かけがえのない人命や財産だけでなく、営々と築き上げてきた多くのものが失われ、今まであまり気にも留めなかった地域の歴史や文化の重みに気付いた人も多かった。

各地に古くから伝わる虎舞などの郷土芸能が、震災後まもなく演じられ、被災者を励ました。集会などで多く歌われた歌のひとつが唱歌「故郷《ふるさと》」だった。復興に伴う発掘調査の現地説明会も常に一〇〇人を超す参加者があり、掘り起こされた地域の歴史への関心は高かった。

発掘調査は、高台移転や道路建設など震災復興工事が遺跡にかかる場合に行われた。当初、復興を優先するか、こわされる遺跡を事前に調査するかの葛藤が生まれていた。遺跡調査は「復興の壁」と報道されたりもした。

県教委や文化庁は、迅速な調査のため、全国や内陸部から発掘担当者の派遣を要請し、実際に派遣された職員は総数一〇九名にのぼった。県埋蔵文化財センターや沿岸市町村でも担当職員を増員するなど、体制整備が進められた。

実際に蓋を開けてみると、復興調査の前段階としての復興計画の策定や用地取得などの遅れが目立つようになった。また調査体制の整備や調査方法の効率化を図ったことも相まって、復興調査への風当たりは和らいでいった。発掘調査に直接携わる地域の人たちの中には仮設住宅に住みながら参加する人も少なくなく、自らの地域の歴史を日々感じて作業にあたっていたことも大きい。

二〇一二年五～六月、宮古市や野田村で、復興調査の結果を公開する現地説明会が、被災地三県で初めて開かれた。調査への反発が予想され、恐る恐る開かれた説明会だったが、多くの参加者が熱心に聞き入る姿に担当者たちは安堵すると同時に、自らの仕事に誇りを感じた瞬間でもあった。その後沿岸各地で現地説明

復興関連発掘調査
越喜来湾を見下ろす小出館跡（大船渡市）

会が積極的に開催されるようになった。

マスコミの論調も、遺跡調査を含めた文化的復興と復興工事とを合わせた「復興の両輪」の認識のもとに報道されるようなった。

復興調査では縄文時代の遺跡が最も多く調査された。数多くの竪穴住居が確認され、三陸の豊かな自然環境を背景に多くの縄文人が生活していた様子がはっきりしてきている。縄文中期には、宮古市高根《こうね》遺跡や大船渡市中村遺跡など、宮古以南で高密度の集落がいくつも営まれていたが、後期になるとそれより北の地域で遺跡が増えてくるなど、人の動きを思わせた。洋野町西平内Ｉ遺跡では、環状列石のまわりに多数の墓がめぐらされていたこともわかってきた。

飛鳥～奈良時代の遺跡は、山田町沢田Ⅲ遺跡など低い山麓斜面で確認され始めた。平安時代になると尾根状の高いところに集落が移ることから、例えば馬産が主体になるなど生業の変化が考えられるようになった。また製鉄遺跡の調査例も増加した。平安時代には宮古市〜釜石市にかけて集中していた製鉄遺跡が、中世になると、野田村上代川遺跡から大船渡市鍛冶沢遺跡まで範囲が拡大することもわかってきた。

平泉と同じ十二世紀の遺構が注目された宮古市田鎖車堂前遺跡では、大溝による区画が確認され、宮古を本拠とする有力者の台頭が示された。中世城館の久慈市宇部館跡や大船渡市小出館跡、陸前高田市花館跡などが調査され、海を見渡す三陸の城館がいくつも明らかになった。

大槌町町方《まちかた》遺跡では復興調査において唯一江戸時代の市街地の調査が行われ、盛岡藩の代官所所在地で町場の建物跡などが検出された。

これらの遺跡には、三陸の歴史的特性がぎっしり詰まっている。その成果を広く発信し、復興の街づくりなどに生かしていくことが今後もっと考えられてもよい。

災害史に残る台風や洪水

二〇一六（平成二十八）年八月の台風十号は、岩泉町や久慈市などに深い爪痕を残していった。東日本大震災の津波は沿岸部で大きな被害となったが、この台風では山あいの至るところに土砂崩れと河川の氾濫を引き起こしていった。岩手は、これまでも多くの水害の被害を受けている。

「白髭水《しらひげみず》」という言葉がある。優雅な名に聞こえるが、大きな洪水をこう呼ぶことがある。白髭の翁が洪水の襲来を事前に告げ、あるいは洪水の濁流の上に白髭の老人が見えたので、この名があるという。東北を中心に残る白髭水伝説は、予言者と災害の元凶というふたつの顔をもって語り継がれてきたようだ。

盛岡でも一六七〇（寛文十）、一七二四（享保九）の北上川と中津川の洪水をこう呼んでいる。享保九年の洪水は、盛岡の北上川でも通常の水位より約五・四メートルも高く、擬宝珠のある中津川上の橋や中の橋など、藩内で三二三ヵ所の橋が落ちている。農作物の被害は石高に換算して三万石にも及んだ。当時の盛岡藩は表高十万石だったが、実質二十万石の十五パーセント前後の被害ということになる。

下流の一関地方でも洪水になったが、前後の享保八年や十三年の洪水被害の方が大きく、広い範囲で甚大な被害となっている。

明治以降も県内各地は大水害に何度も見舞われているが、特に戦後まもなくのカスリーン・アイオン台風は災害史に深く刻まれている。

一九四七（昭和二十二）年のカスリーン台風は、五日間も大雨が続き、県内各地の河川が氾濫した。死者、行方不明者一六八名、被害建物五万九〇四四戸、被害総額五十四億円余と甚大な被害をもたらした。

翌年、一周年の供養を準備しているところに再び襲ったアイオン台風は、死者、行方不明者七〇九名、被害建物四万三八六五戸、被害総額一二七億円と、前年を上回る大きな被害をなった。特に胆沢以南と上閉伊、下閉伊の被害が甚大で、一関市では死者、行方不明者が五一五人にものぼった。

戦後の食糧難や民生が定まらない時期に起きた二年続きの大災害に、被災者は流木と泥の中を呆然とさまようだけだったという。

治水は昔から為政者の重要課題だった。江戸時代では盛岡や花巻で蛇行する北上川を直線化する工事が行われたりした。また仙台藩でも石巻湾に流れ込む北上川を追波湾に流す大がかりな治水事業が進められた。

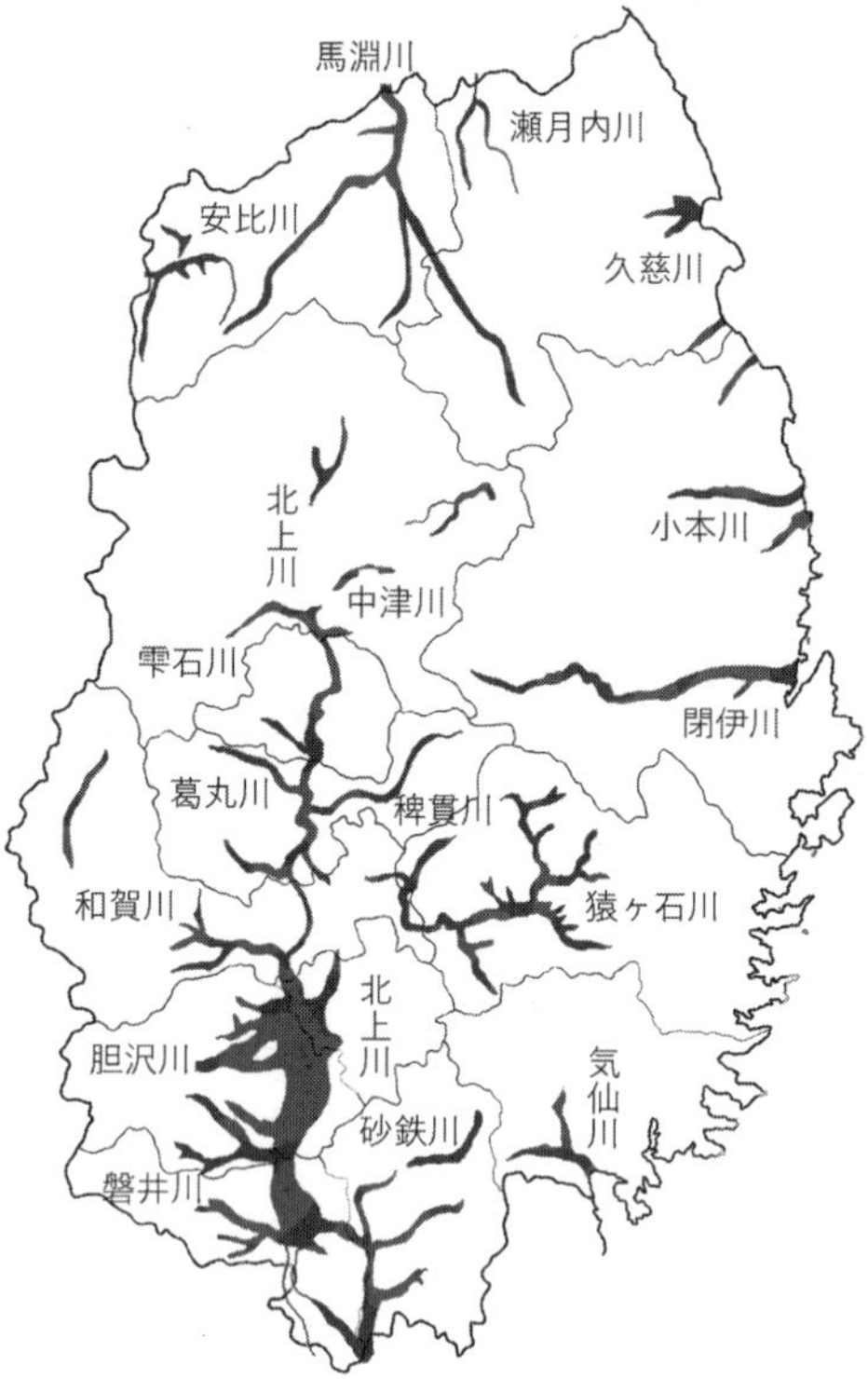

1948年アイオン台風の氾濫区域

このほか小河川での氾濫も大きかった（『岩手県災害関係行政資料Ｉ』から作成）

昭和になり、一九三八年（昭和十三）年に北上川本流と雫石川・猿ヶ石川・和賀川・胆沢川に治水ダムを建設することが決まった。いわゆる北上川五大ダム計画だ。三年後に猿ヶ石川で田瀬ダムが着工されたが、太平洋戦争で中断を余儀なくされる。

戦後は食糧増産のため灌漑用水を優先する方針に変わる。そこへカスリーン・アイオン台風の甚大な被害が出たため、規模の見直しが行われ、さらに電力需要の高まりから水力発電なども加わった多目的ダムに再修正された。

現在五大ダムは完成し、治水などに大きな効果を発揮している。また洪水調節などの一関遊水池建設も完成に近づいている。

一方、環境や景観保護の立場から脱ダムの動きも目立ち、全国では計画が中止されたダムも少なくない。

カスリーン・アイオン台風が大被害となったのは、戦時中や戦後に木材需要が増え、山林伐採が進んで、山の保水力が低下していたことが大きな要因に挙げられている。また現在も行われている木材搬出の林道開削が、山津波誘発の危険性を指摘する声もある（佐々木宏『山津波』）。

二〇一六年の岩泉の水害はダムがあっても防げなかった。集中豪雨が頻発し始めている今、山林の保全も含めた総合的な治水対策の強化が強く求められている。

悪政が拡大した飢饉

江戸時代の後半は、小氷期といわれるほど寒冷な時期だった。例えば一八三三（天保四）年、新暦の七月下旬、土用に入ってから天候不順で綿入れや袷《あわせ》を重ね着するほどの冷夏だった。九月十六日には岩手山で初雪を観測、十月半ばには大霜が降りて作物が枯れ、早々に大凶作となることがわかる。結局この年は平均すると二分作となり、前年からの凶作と重なって、天保の大飢饉となった（横川良助『飢饉考』）。

盛岡藩の四大飢饉は、元禄（一六九五・一七〇二年）、宝暦（一七五五〜一七五七年）・天明（一七八三〜一七八九年）・天保（一八三二〜一八三八年）の大飢饉といわれる。仙台藩では元禄を除いて三大飢饉とされている。

盛岡藩は十万石、後に二十万石となるが、十万石時代から実質二十万石以上の石高があった。天明や天保の大飢饉では二十万石前後の減収、ほとんど生産高がない状態が何年も続いた。凶作が数年続くことによって飢饉の被害は大きくなる。

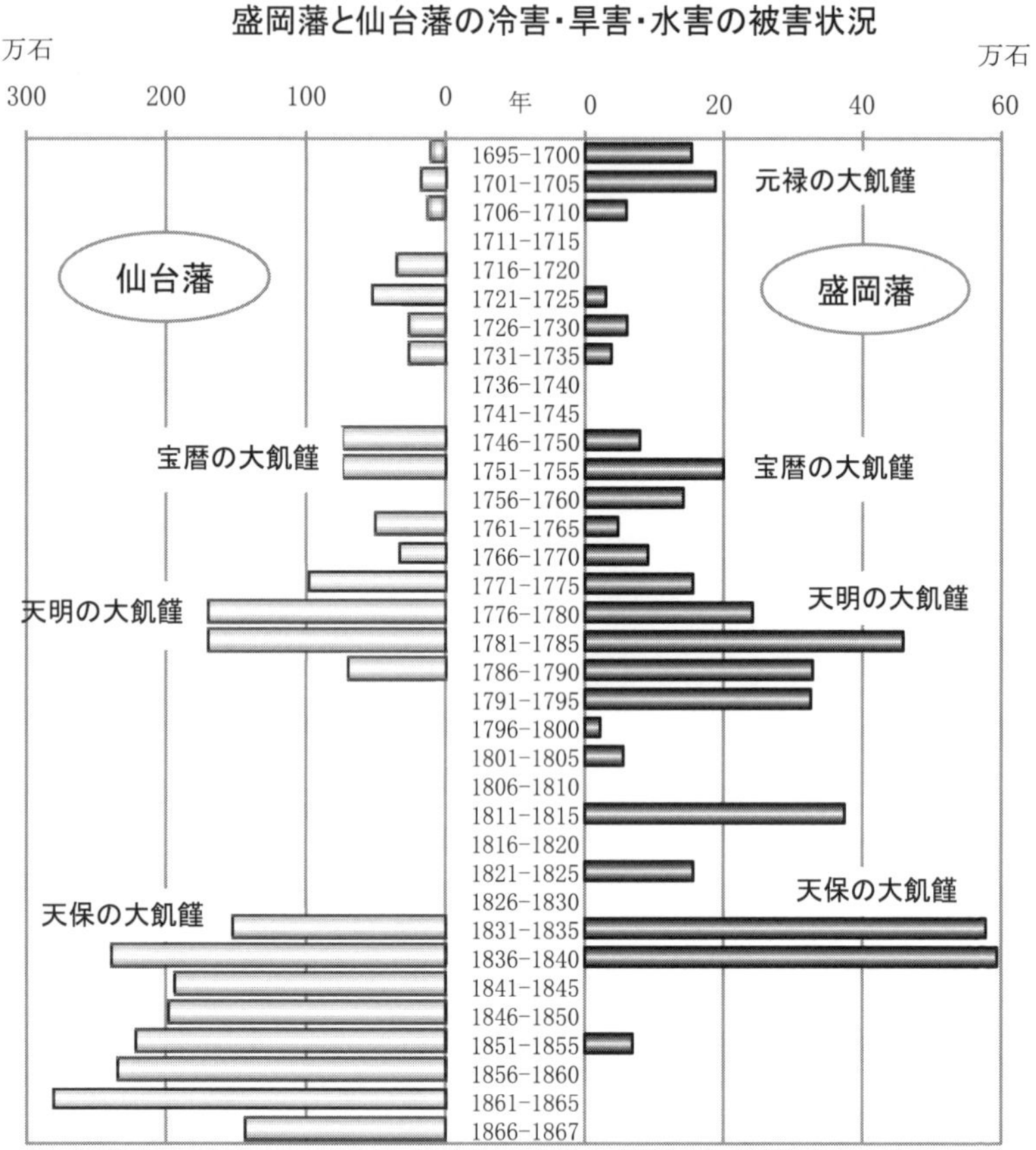

盛岡藩と仙台藩の冷害・旱害・水害の被害状況

5年ごとの累計(盛岡藩の水害被害は含んでいない。また両藩の石高の目盛り最大値を変えている)

仙台藩は表高六十二万石、実質は一〇〇万石を超えるといわれるが、幕末には五十～八十万石もの被害が毎年のように出ている。天保の大飢饉以降はほとんどが洪水による被害で、藩財政はかなりの危機状態に陥っている。

天明、天保の大飢饉は、全国的な飢饉でもあった。天保時には一二五万人もの人口が減ったという推計がある。盛岡藩では四大飢饉のときにそれぞれ二～六万人が餓死や疫病死した。仙台藩でも天明の大飢饉で十四～十五万人が死亡したといわれる。

餓死者を供養する「餓死供養塔」は内陸に多く、三陸沿岸にはほとんどみられない。魚介類などの食糧で餓死には至らなかったためだ。盛岡城下では避難所として救小屋《すくい》が寺に設けられたが、食糧はほとんどなく、餓死や凍死する者が跡を絶たなかった。

飢饉が起きそうになると、商人が米の買い占めに走り、諸物価が高騰する。これに怒った人々は店や土蔵を襲い、「打ちこわし」が各地で頻発した。

藩の無策ぶりも混乱に拍車をかける。宝暦の大飢饉では、前年が大豊作だったが、江戸の米価高騰につられ十万石余を売却してしまい、領内の米が欠乏、宝暦五年の大凶作が大飢饉に直結したことがあった。繰返される飢饉に対して、食糧の組織的備蓄や、林業など他の産業の育成が立ち遅れたことも、被害を大きくした。

ただ、この背景には幕府による「手伝普請《ふしん》」や蝦夷地（現北海道）の警備を命じられ、藩財政の逼迫があった。手伝普請は日光本坊や上野位牌所の修理などを各藩に割り当てるもので、経費の捻出は藩士や商人などに頼らざるを得なかった。

このように、幕府の過度な各藩への財政負担の強要、飢饉に対する藩の長期的な施策の欠如が被害を拡大させた。また商人の買い占めによる物価高騰、品不足といった無統制な商業主義が社会を混乱させてしまった。飢饉は、天災が引き金の人災ともいえるものだった。

冷害は明治以降も続き、近年では一九九三（平成五）年の大冷害が記憶に新しい。平年を一〇〇とする水稲の作況指数は三陸沿岸市町村で二〜八、ヤマセの影響で壊滅状態だった。内陸でも三十〜三十四だった。外国産米が緊急輸入されたが、不人気だった。輸出したタイでは米価が急騰し、貧困層に餓死者が出るなど、影響も大きかった。

最近は、冷害が何年も続くことがなくなり、江戸時代のように日本では餓死する人もいなくなった。だが、冷害に限らず、地球温暖化などによりこれまで経験したことのない天災が襲ってくる可能性が高まっている。人災と言われないよう不断の備えが必要だ。

打ちこわしと百姓一揆

飢饉時に商人が米などを買い占め、物価の高騰を招いたことに怒った町人や百姓が暴徒化し、商人の店や蔵を襲うことが打ちこわしで、計画性はあまりない。

これに対し、百姓一揆は藩からの新税や労力の出役など、新たな負担に対する減免要求が、おもな一揆の理由になっている。中には藩主の交代を求める要求もあり、政治色が強く出ることもあった。一揆は禁止されており、首謀者らは極刑に処せられるため、秘密裏に綿密な計画を立て、実行された。

飢饉が起きると百姓一揆が起きると一般に思われているが、飢饉の時には入念な計画を立てる余裕がなく、一揆が起こることはあまりない。

第十二章　入会権を考える

昭和三十年頃の小繋の風景　事件が起きているとは思えない農村の風景（小繋事件の弁護を担当した竹澤哲夫弁護士撮影）

暮らしを支えた縄文時代以来の土地の共同利用

今から一〇〇年前、ある裁判が始まった。後に「小繋事件《こつなぎじけん》」と呼ばれる一戸町小繋集落での入会権《いりあいけん》を争う裁判だ。

この裁判は、一九一七（大正六）年に始まり、三次にわたって続けられ、一九六六（昭和四十一）年の最高裁判決を経て、一九七五（昭和五十）年の調停成立まで長期にわたっている。世代を超えて地域住民と土地所有者との間で争われた入会権とは何だったのだろうか。

入会権は、一定の場所を地域の住民や団体が共同で利用し、収益を得る権利をいう。山林や原野では、牛馬の餌となる秣《まぐさ》や屋根葺きの萱などの採草、燃料用の薪《まき》、建築用材の伐り出し、山菜や木の実、堆肥用の落葉の採取などが行われた。現代の生活では入会地に依存して生活することはほとんどなくなったが、古くから農山村の生活を大きく支えていたのが入会地だった。

山野だけでなく、海でも漁場を共同利用する入会漁場が設けられている。海にはもともと土地のような個人所有がなく、陸地側の村境や集落の境から見通した延長線上がそれぞれ沿岸の共同漁場となっている。漁師が個人で船を出したり、定置網など共同での漁も行われたりしていた。沖合の漁場は複数の村の入会で利用されている。

入会的慣習は、縄文時代までさかのぼる。集団ごとのテリトリー（縄張り）の範囲内で共同利用が行われていた。土地の所有は農業生産によって耕地が個人や集団のものとされるようになってからだ。岩手では奈良時代頃までに生まれたとみられる。

土地の所有権が生まれても、山野や海の資源を共同で利用する慣習は根強く残されていた。鎌倉時代の「御成敗式目」にも、山林や藪、沢の利用は地域ごとの慣習を重視するよう書かれている。

江戸時代には藩が所有する山は、山奉行によって管理されていた。盛岡藩でも一～三年ほどの任期で各地に山奉行が任命されている。盛岡城下から定期的に巡回する形で、日常管理は地元の村々に任され、実質的な入会地として地域の人々に利用されてきた。

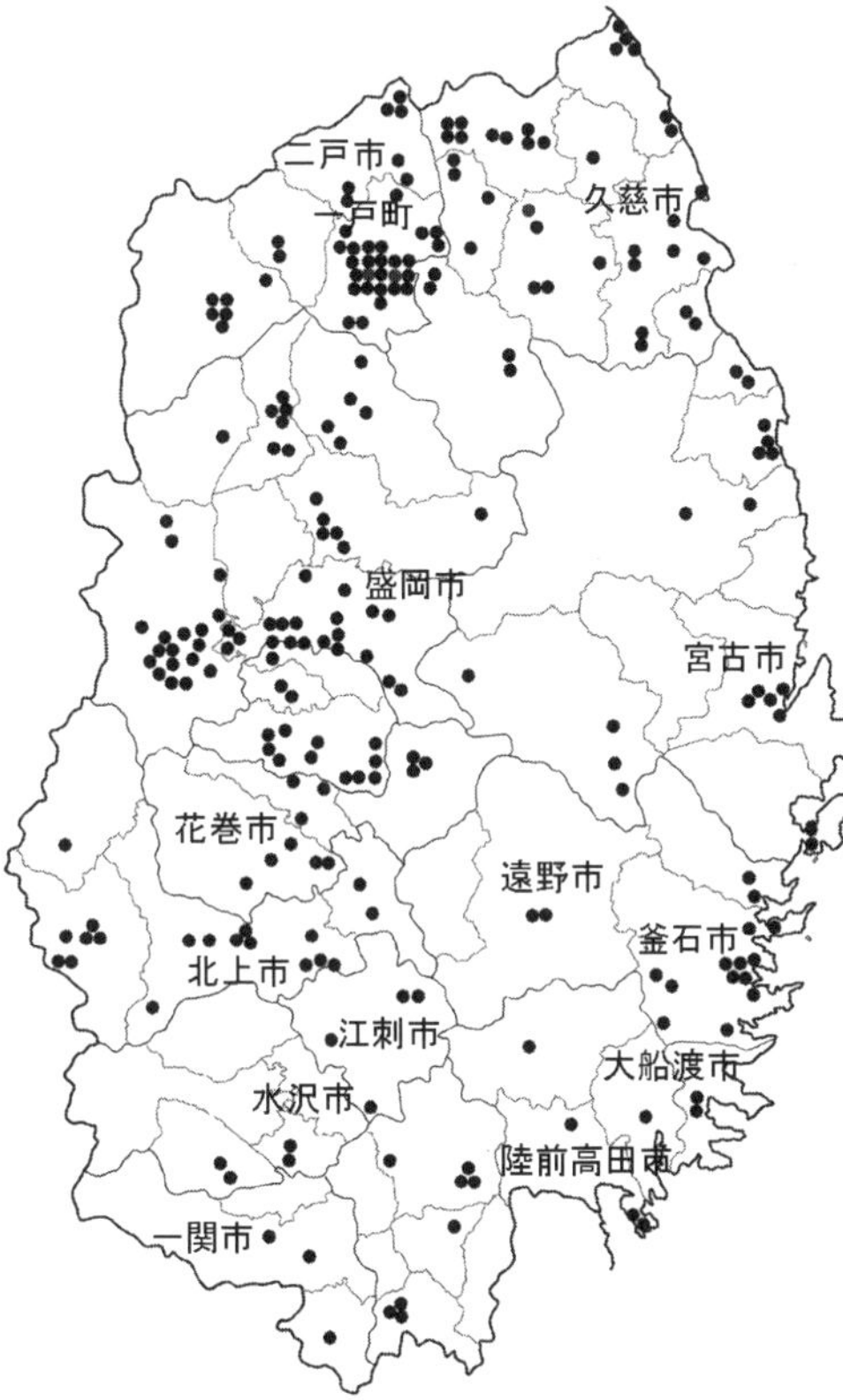

入会など山林関係裁判の対象地

国立公文書館つくば分館所蔵の明治24～昭和12年の民事判決原本（『岩手の入会調査研究資料集』第1輯）から作成。市町村境は平成合併前。

明治に入ると、それまでの入会の慣例を破る制度が生まれる。地租改正と官民有区分政策がそれだ。地租改正は、一八七二～七三（明治五～六）年、それまで農民などが占有してきた土地に所有権を認め、地券を発行して課税する制度に変更したものだ。それまでの藩ごとに年貢を課す制度から、国として統一した課税制度に改める目的があった。

地租改正は、中小農民や小作農にとっては負担が大きく不利なことが多くなることから、地租改正反対一揆が全国各地で起こった。岩手でも、嘉永の三閉伊一揆（一八五三年）のリーダーだった田野畑の畠山太助が、二十年後の地租改正一揆の首謀者として警察に拷問され、自ら縊死《いし》している。

山林や原野は、まず官（国）有か民有かを判断された。個人や集落が植林や焼き払いなど積極的に山の管理を行っていたものは民有とし、ただ草木を利用するだけのものは官有とされた。実際には青森県と秋田県は九割前後が官有化され、岩手県は五割程度だった。青森ヒバや秋田スギの美林を官有化する意図が働いたものか。官有林は次第に入会が認められなくなり、地元民は「盗伐」などの実力行使で抵抗したりした。民有化された山野は、土地の所有者が明確になって課税の対象とされた。個人名義になった山野は転売され、地域外の人の所有となって、入会が禁じられることも多かった。

これにより岩手県内各地で入会権や山林所有をめぐる裁判が起こっている。一八九一（明治二十四）～一九三七（昭和十二）年まで約二七〇件が確認されており、その後も含めるとかなりの件数の裁判が行われた。

「小繋事件」の始まり

岩手では、明治以降入会《いりあい》をめぐる多数の紛争が起きている。その最も著名なのが「小繋事件《こつなぎ》」だ。全国的にその名を知られるようになったのは、戒能通孝《かいのうみちたか》著『小繋事件』（岩波新書）によるところが大きい。

一戸町の国道四号線沿いにある小繋には、江戸時代の奥州道中の街道や一里塚が史跡として残されている。集落は、農業を基本としていた。耕地となる平坦部は少なかったが、その代わり愛宕山などの山に囲まれ、古くから薪や建築用材を伐り、馬の秣《まぐさ》など、まわりの山の恵みに依存してきた。それらの山が総称されて後に小繋山と呼ばれている。

江戸時代には、地元の小繋集落が管理し、入会地として利用してきた藩からの預山《あずかりやま》だった。小繋集落にある長楽寺別当の千蔵坊が山守《やまもり》として管理を統轄していた。

明治になり、官民有区分政策によって、山は民有地とされる。千蔵坊の養子が集落の代表となり、その個人名義で地券が一八七七（明治十）年に発行された。これが小繋事件の伏線となる。法的な所有権が個人のものであってもそれまでの入会慣行は続けられ、地租（土地税）も集落の人々が負担し、名義人を通じて納付されていた。

しかし、一八九七（明治三十）年に名義人は小繋集落民に内緒で名義を変更し、翌年には別人に売却する。その後いくつかの経緯を経て、明治四十年に、公簿面積一五八二町歩が一万七三〇〇円で、茨城県の資産家の手に渡る。

山地主となった資産家は、同年に小繋山南半のホド久保山七八九町歩（≒ヘクタール）を三万五千円とも四万七千円ともいわれる金額で、軍馬育成所として陸軍省に売却している。彼の小繋山買収は明らかにこれが目的だった。

売却代金のうち一万円（金額には複数の説あり）を小繋の人々へ渡すことになっていた。小繋山に入会権があったことを山地主側が認識していたことは間違いない。ただこの金額は、一部が植林に携わった人夫賃

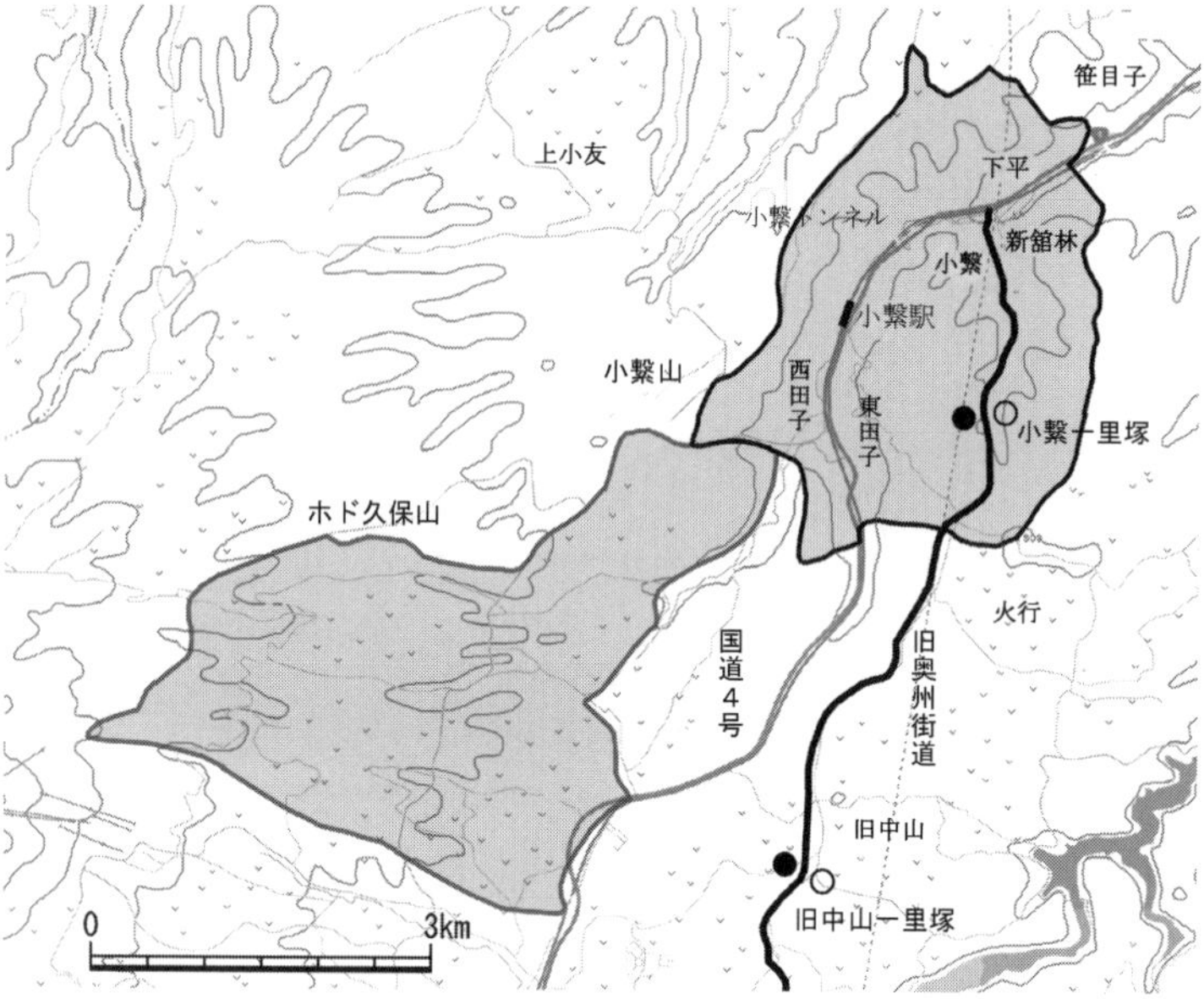

「小繋事件」の舞台となった小繋山の位置

として支払われたに過ぎなかった。それでも、残された山への入会は続けられ、また人夫賃の現金収入もあることから、小繋の人々と山地主との良好な関係はしばらく続いた。

一九一五（大正四）年旧六月九日、突然の悲劇が小繋集落を襲う。蚕室から出火した火事が、二戸を残して集落全部を焼いてしまったのだ。茅葺き屋根が連なる家並みはまたたくまに炎につつまれ、人々から全財産を奪った。

小繋の人々は、まず仮小屋を建てるために小繋山から木を伐りだした。これまで入会の山から建築用材を伐ることは、長年の慣行だったからだ。

しかし、山地主側はこれまでの態度を一変させ、伐りだした木材の代金を要求し、仮差押えをかけた。従わない者は盛岡検事局に呼び出され、しぶしぶ代金を払わされた。また山地主側は、他村から人を雇い、山から木を伐ろうとする人々を追い返した。さらに集落の中に協力者をつくり、集落の分断も始めた。

小繋の人々は裁判に訴えることを決意し、隣村の小鳥谷《こずや》村平糠の小堀喜代七を頼った。小堀は商人ながら農民の味方になっていくつもの裁判を闘ってきた人物だ。

一九一七（大正六）年、入会権の確認を求めて裁判に向けて動き出すが、山地主側は暴力や甘言などで、訴訟派の人たちの切り崩しを図った。それによって、訴訟に参加したのは十二戸だけとなった。

山地主側は警察権力を利用し、警察も積極的に民事に介入している。山から薪や栗の実を持ち出した者を窃盗罪で取り締まり、小堀にも文書偽造などの罪を着せている。証拠書類は警察のでっち上げだった。小堀は時効成立までの五年間、逃亡生活を余儀なくさせられた。

一九三二（昭和七）年、盛岡地裁判決が出される。小繋の人々は山地主に雇われる道を選び、入会権を自然放棄したとの理由で、敗訴となった。昭和十一年の宮城控訴院、同十四年の大審院判決も同様の主旨で敗訴となり、第一次訴訟は終わった。

「小繋事件」の特異な展開

一九一七（大正六）年から一九三九（昭和十四）年までの一次訴訟で敗訴した小繋の原告らは、その後も小繋山に入り、薪などを取っていた。そうしなければ冬の寒さに凍え死ぬことになる。敗訴しても当事者たちには入会権は不可欠のものだった。

そうした中で一次訴訟の時には山地主派だった人たちが、その後山地主に冷遇されて反対の立場に転じる。一九四四（昭和十九）年に山地主側の馬車から木炭を奪い返し、森林窃盗で告訴された。盛岡地裁では有罪だったが、終戦直後の二十年九月宮城控訴院では入会権を認められて無罪となった。

翌二十一年、無罪判決に意を強くした小繋の人々は、入会権の確認を求めて第二次訴訟を起こす。盛岡地裁では原告敗訴となり、二十八年に仙台高裁で調停による解決が進められることとなった。当初は、公簿面積七三九町歩、実質一千町歩を原告側と山地主側とが五〇〇町歩ずつを分けることで協議が開始された。

しかし、先に山地主側から原告側に転じた一人の有力者が原告側の代表格となり、弁護士五人とともに、小繋の人々が知らないまま、原告側一五〇町歩（うち五十町歩は南の田子集落分）と現金二五〇万円を受ける条件で、調停を成立させてしまった（「二十八年調停」）。

調停反対の人々は調停無効を仙台高裁に訴えるが、棄却される。調停で得るべき現金は弁護士費用にあてられ、代表格が裁判費用と称して勝手につくった借金弁済のために、一五〇町歩にある立木も売り渡され、裸の山と借金の残額だけが残された。

一九五五（昭和三十）年には、集落の二軒で老朽化した住宅を改築しようとして、父祖が植林した杉や檜を山地主の山から伐採した。これをきっかけに、県警本部や機動隊など一五〇名の警官隊が、伐採した二人や手助けした夫妻、外部からの支援者らあわせて十一人を逮捕した。

夫妻は調停に反対の立場を貫いていたため、首謀者扱いを受けた。妻は幼子を背負いながら、法廷に立っている。支援者の一人は大学院在学中に小繋事件に関わり、小繋に移り住んで、地元の女性の地位向上にも取り組んでいた。

現在の小繋集落と小繋山

この大仰な捕り物は新聞報道され、事件が広く知れることとなった。労働組合などからの支援も相次いだ。窃盗や森林法違反などの刑事裁判だったが、実質的に入会権をめぐる第三次訴訟が始まる。四年間の審理を経て盛岡地裁は、二十八年調停を無効とし、入会権を行使したものとして、森林法違反は無罪となった。

しかし、仙台高裁では逆転有罪、最高裁は上告棄却となり、昭和四十一年有罪が確定した。

刑事裁判と同じ年に、二十八年調停で得た一〇〇町歩の利用について、個人に分割する民事訴訟も、意見を異にする人たちから提訴された。分割賛成派と共同利用派がそれぞれの土地を分割することで、調停が成立したのは二十年後の一九七五（昭和五十）年のことだった（「五十年調停」）。

三次にわたる訴訟で争われたのは入会権だが、「小繫事件」の特異性は、外部からやってきた山地主によって集落が分断され、彼と結託した官憲の不当介入に小繫の人々が苦しめられたことだった。執拗な集落の分断策によって、隣同士の不和だけでなく、家族間で反目し、何人もの自殺者を出すまでに至っている。

また、小繫大火後の仮小屋用材の差押え、訴訟を援助した人物への弾圧、武装も抵抗もしていない十一名の逮捕に多数の警官隊を出動させるなど、山地主側を利する官憲側の動きが目立つ。この背後には国家権力による住民運動などの民主的活動の抑え込みがみて取れる。

複雑な展開をみせた「小繫事件」は、日本近現代史の一ページを占める大きな事件となった。

水資源の共同利用

古来、海や川の水を利用し、漁をすることは地域の人々に一般に行われてきた。山野の入会《いりあい》と同じように、海や川の資源の共同利用という点で同じ入会権があった。

しかし漁場などが他の産業によって脅かされるようになり、水利や入会権が争われるようになる。江戸時代には、花崗岩帯に含まれる山砂鉄を採取するため、山を切り崩し、水路を使って砂鉄を選別する方法が取られていた。水路から流れ出た多量の泥水は下流の水田や海に流れ出て、鉱害を発生させていた。水利をめぐって鉄山経営者と農漁民との紛争となり、藩が調停に乗り出すなどしている。

明治になると、入会をめぐる訴訟が各地で起きたが、釜石では製鉄所と漁民との間で水利権をめぐる争いが起きている。釜石の中央を流れる甲子川下流の大渡川は、かつてサケ漁が盛んだった。江戸時代から藩内

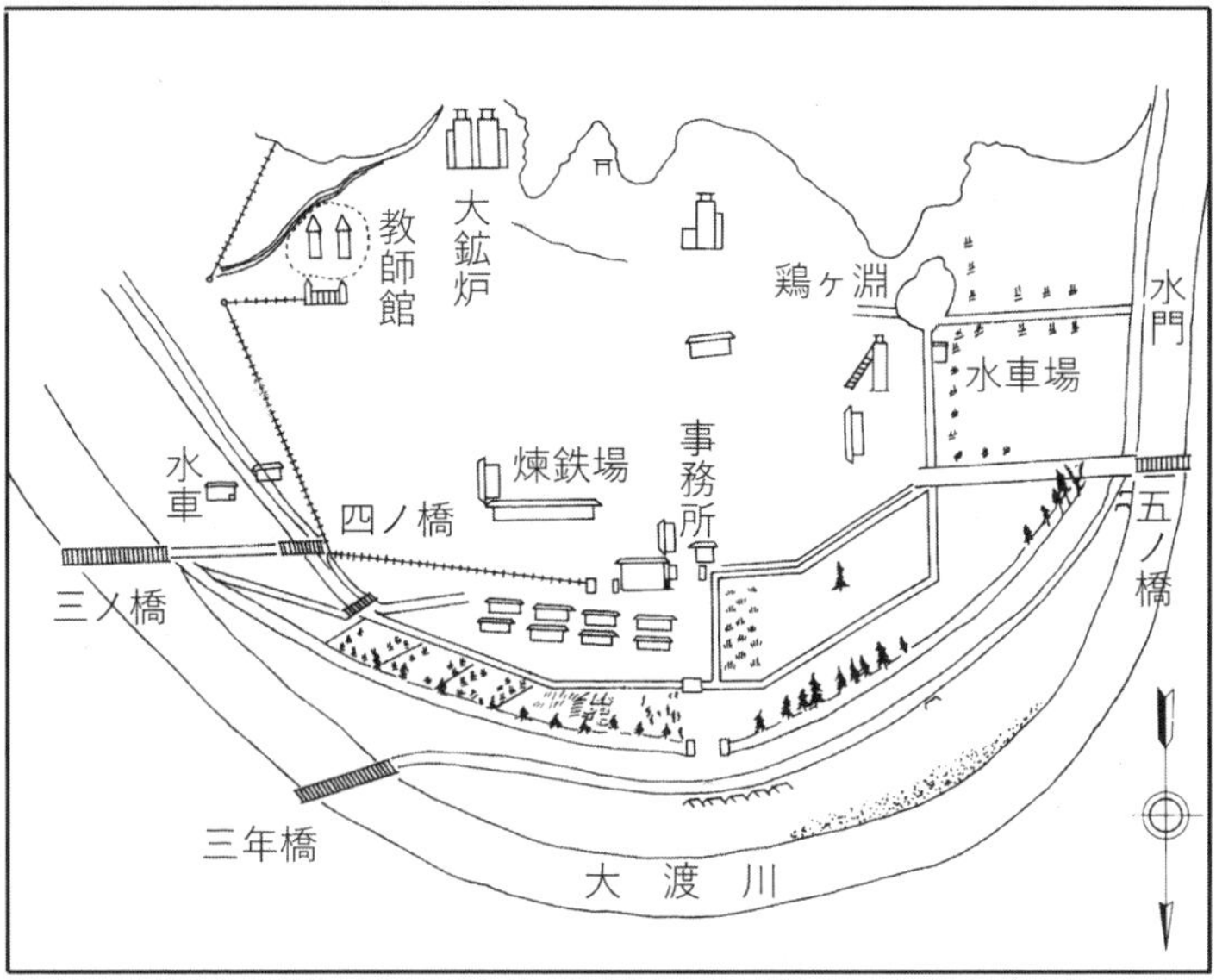

釜石鈴子の官営製鉄所見取り図
五ノ橋上流の水門から揚水している（新日本製鐵所 1986『鐵と共に百年』挿図を編集）

有数のサケの漁場で、明治に入っても年平均七～八万尾と、津軽石川や気仙川の三～五万尾を大きく引き離している。

一方、釜石の製鉄は幕末に始まる大橋、橋野高炉の操業を経て、一八七五（明治八）年から鈴子に官営製鉄所が建設される。その際に溶鉱炉への送風装置をまわすボイラーを設置し、用水を大渡川の五の橋の上流部に水門を設けて取水した。操業当初から取水について町民との紛争があり、県の調停で取水が制限されるという経緯があった。

その後、製鉄所は民間の田中製鉄所に引き継がれる。一八八七（明治二十）年、正式に払い下げを受けた面積は五四八万余坪（約一八一一ヘクタル）と広大で、工場敷地だけでなく甲子川上流の大橋鉱山なども含まれていた。

　サケ漁の漁業組合と製鉄所との利害の衝突は、大渡川の水利を製鉄所が独占したことによる。水門を広げ、水車を増やして揚水し、またサケが産卵する川筋に乱杭を打ち込み粗朶《そだ》や砂礫《されき》を積んだりした。その下流には僅かな水が流れるだけで、サケが遡上や産卵のできる状態ではなくなった。

　明治三陸大津波のあった一八九六（明治二十九）年の二年後、新しい釜石町長が就任する。津波からの復興を担った意欲的な町長の登場だった。就任後まもなく漁場管理者として、製鉄所と水利妨害について交渉を開始した。これに対し、製鉄所側は、官営製鉄所から水利も引き継いだもので、漁場に一滴の水も使用させない権利があるとして、拒絶した。

　町長は、作業員二十七名を率い、製鉄所の水路に土砂を投げ込んでふさぐという実力行使に出た。製鉄所側は損害賠償を求めて町長を告訴した。裁判は原告が製鉄所、被告は釜石町長と、異例の展開となった。

　町長の主張は、サケ漁は住民の古くからの権利であり、それを侵害するものに対しては排除することができるというものだった。明治二十八年公布の「河川法」でも、取水のための工作物の設置を行う場合には、地方行政庁の許可が必要と定めている。

　しかし、盛岡地裁では水路をふさいだという町長個人の不法行為のみを取り上げ、漁業入会権や水利権は無視され、河川法も考慮されなかった。宮城控訴院判決も地裁判決を追認し、損害賠償七一〇七円余の支払いを命じて、裁判は終結した。裁判所は、明らかに製鉄所側に有利な法解釈を行い、殖産興業の国策の前に地方の伝統的な権利が黙殺された形となった。

町長は、一審後しばらくして任期途中で辞職したが、その後は意外にも裁判で争った製鉄所側の選挙参謀に転身している。

当時の町会議員選挙の有権者は、地租を納めた納税者だったが、元町長は製鉄所の職工にも共有地をもたせて有権者とした。その結果、議会は製鉄所側の議員が多数を制することとなり、また漁業組合の役員も製鉄所側が占めた。一企業が町政を牛耳る事態となり、その結果製鉄所に不利な動きは抑えられ、サケ漁も衰退していった。

「国力増進」の財源確保と入会権の否定

一九二三（大正十二）年、西磐井郡金沢《かざわ》村長が村民二六〇名を訴えた。特に事件が起きたわけではなく、入会《いりあい》地となっている林野が金沢の部落有地という確認のための訴訟だ。金沢村は現在の一関市花泉町にあった村で、林野は金沢部落住民の共有名義になっていた。住民が自由に採草や薪を伐り出す古くからの入会地だった。

訴訟の主旨は、一八七六（明治九）年の地租改正の際、土地所有者を誤って部落住民の共有地にしたので、部落有に訂正したいというものだった（「部落」は集落や村落の意味で当時一般的に使われており、ここでは当時の呼び方をそのまま使用する）。

訴訟には国策がからんでいた。一九一〇（明治四十三）年、内務・農商務省が部落有林野の統一と入会権の整理という政策を打ち出していた。部落有林が多すぎ市町村の自治が妨げられて、公有林野の整理の障碍になっているというのだ。

当時は、日露戦争（一九〇四〜〇五年）で勝利したもののロシアからの賠償金を欧米列強に断念させられ、国力の差を痛感していた。列強に伍《ご》するための国力増進策が打ち出され、町村財政の増強などが進められた。その一環として、住民の共有地や部落有の林野を町村財政の財源にするため、古くからの入会権を放棄させる必要があった。

岩手県でも国の施策を受けて、実態調査と部落有林野の町村有林への統一が進められた。ここで問題になったのは、多数にのぼる個人名の共有地だった。

金沢村では、金沢、飯倉部落合わせて七二二町歩（約七一六ヘクタール）、二七二名の村民名義の共有入会地があったが、反対が多く統一は頓挫した。そこで、まず金沢部落住民共有地を裁判にかけることとなった。盛岡地裁一関支部での第一回公判では村民四人が出廷したが、第二回公判では誰も出廷せず、その結果欠席判決で、村長側の勝訴となった。村民側がどのような抗弁をし、なぜ欠席したのかは記録されていない。

この判決を受けて、飯倉部落の共有地も代表者たちが部落有林にすることを決めた。その条件として入会利用を認めさせている。

そして、昭和改元前の大正十五年に村有林となる。部落に対しては造林や間伐の義務を課す代わりに、肥料となる落ち葉の採取や秣の採草、薪などへの間伐材の利用、造林木伐採時の五割以内の受領を認めている。その後の調査で、村有林から薪などを得ている者は三五〇戸と報告されている。

金沢では村が村民を訴えるという極めて異例の措置が執られた。それにもかかわらず、義務や制限があるものの入会利用が残されたのは、入会そのものが地域にとって不可欠だったことの証明でもある。金沢だけでなく全国的にも条件付きの「統一」が多かった。

官（国）有林について裁判では、官有化された時点で消滅したとして入会権を認めていない。国有地入会権の否定は、一九一五（大正四）年の大審院判決で決定づけられた。

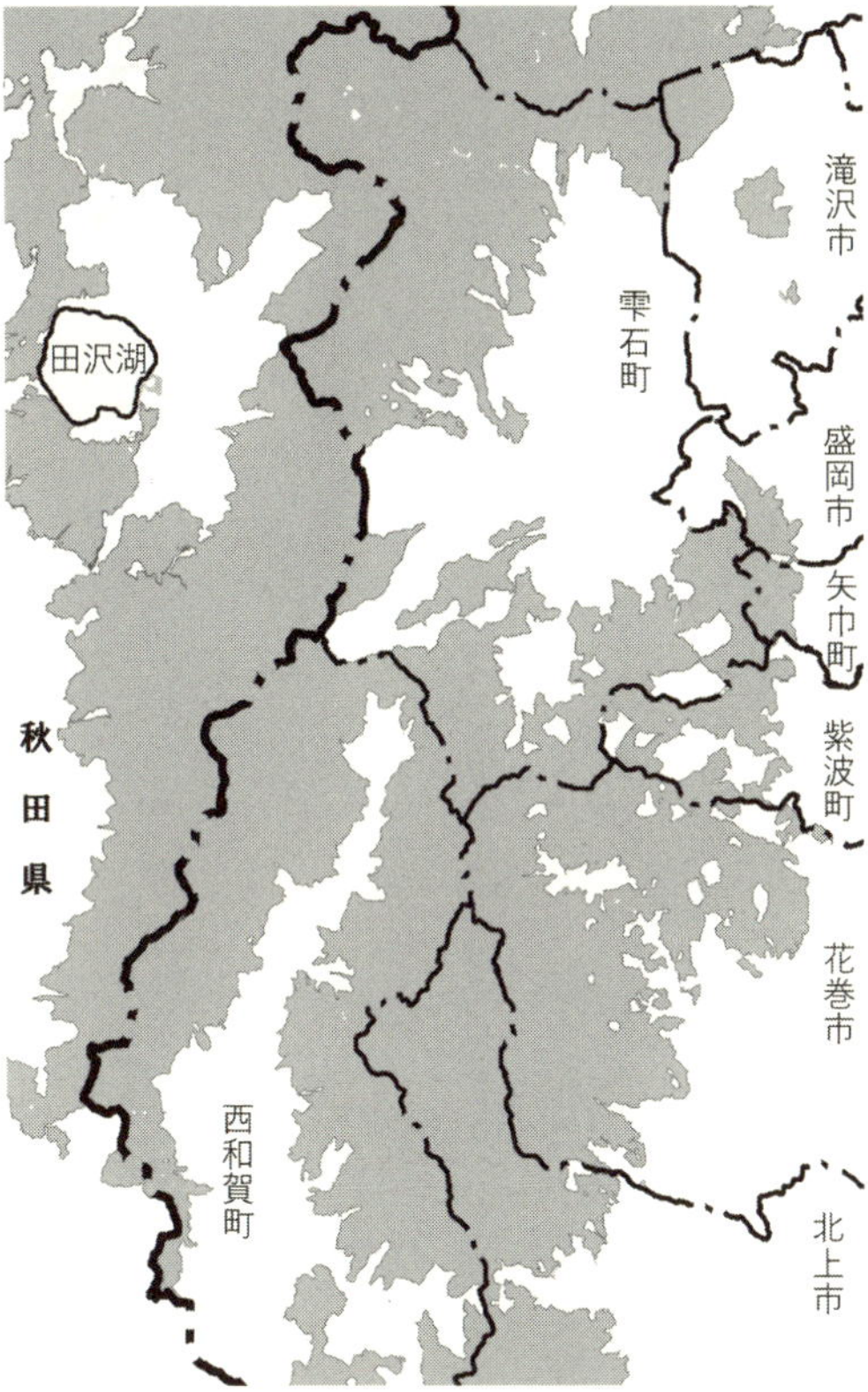

国有林（灰色）で占められる奥羽山脈
雫石町の低山などでは古くから入会が行われていた

岩手郡西山村（現雫石町）長山では、国有林野二、五〇〇町歩（約二四七九ヘクタール）の入会権を求めて、一九三一（昭和六）年、住民五十四名が訴訟を起こした。江戸時代から地域の入会地だったが、明治初年に官有地に編入されたところだ。

その後は薪や炭材などの払い下げを受けながら、人々は製炭を生業の一つとしてきた。需要が増え、原木増量を営林署に申し出たが、拒絶されたため、本来存在するはずの入会権の主張に打開の道を求めた。しかし大正四年の大審院判決の壁は厚かった。

明治末年から昭和初年にかけて、政府や裁判所が入会権否定を鮮明に打ち出した時期だった。

新たな自然利用の視点

かつて農山村や漁村で暮らす人たちにとって、共同で利用できる入会地《いりあい》、入会漁場は生活に不可欠な存在だった。山野からは、落ち葉を集めた肥料、寒冷な冬だけでなく日常の煮炊きに必要な薪、牛馬の餌となる秣《まぐさ》、住宅の建築用材、炭焼きの原木など、川や海からの魚介類は生業そのものに直結していた。そのため地域の人たちは、資源を共同利用するだけでなく、再利用可能なように管理もしてきた。

明治以降、すべての土地の所有権が明確になると、岩手県内でも入会をめぐる数多くの裁判が行われるようになってくる。裁判に至らずに記録に表れていない紛争も含め、入会権が主張された事例は数知れない。生活から切り離すことのできない権利だったからだ。

入会地の一部は、財産区の所有林になって戦後も引き継がれた。一九五五（昭和三十）年前後、昭和の市町村大合併が全国各地で行われたが、この時に県内では四十前後の財産区が設立されている。明治の市町村制施行後の設立と合わせ、一九六三年現在四十七財産区となった。財産区は、市町村合併前の旧村などが土地などの財産を独立して管理できるもので、入会権の維持などに役立ってきた。しかも非課税という特典もある。岩手では旧村有林を財産区が管理する例が多い。

奥州市江刺区にあった伊手・藤里・玉里・米里・梁川の五財産区は、昭和三十三年の江刺市合併に先立って設立された。各財産区では、材木の売却などによって消防団の活動資金や診療所の費用にも充てられ、入会とは異なる地域貢献が図られてきた。今は米里財産区を残すのみとなり、県内の財産区も十四に減少している（二〇一七年末）。順調な運営をしているところもあると思われるが、全体的に長引く林業不況が影響しているようだ。

現在、入会権や入会地が意識されることはほとんどない。その必要性が身近なものではなくなってきているからだ。高度経済成長期の昭和四十年代までに都市的生活が全国に広く普及した。化学肥料や配合飼料、化石燃料を使い、石油化学製品が大量生産され、外材が建材の多くを占めるようになってきた。入会地で手間暇をかけて自然の資源を調達しなくとも、それらは簡単に入手できるようになった。また、地方の過疎化や第一次産業の後継者不足も入会地への出入りを大幅に減少させた。

それでは、入会地は完全に過去のものとなってしまうのだろうか。そうはならない動きとして、「里山」の良さを見直す活動や、世界的な視点での「コモンズ」といった考え方が近年出されている。

里山は、人間の手が加わった集落近くの山野のことで、古くから木の伐採、採草などの利用と自然の再生力を維持する管理が行われてきた。入会地の多くも里山だった。再生可能で、ゆったりしたスローライフに適した里山の良さが再評価されて、県内各地で里山活用の実践が始められている。今までの地縁的な入会組織にしばられない新たな動きとなっている。

「小繋事件文庫第一回展示会」
2004年岩手大学で開催された。主催の岩手岩手こつなぎの会は、今も裁判記録の収集などに努めている（早坂啓造氏提供）

世界各地には日本の入会と同じように、資源の共同利用地＝コモンズが存在している。言葉はイギリスに起源をもつが、世界のコモンズとの対比で日本の入会を見直そうという動きがある。世界のコモンズも、日本と同じく経済発展の中で衰退を余儀なくされている。しかし、環境や資源問題が地球規模で大きな課題となり、「持続可能な開発」が求められる中、コモンズを自然利用の見本として、社会への位置づけが説かれるようになってきている。

日本の、そして岩手の入会も、これから環境や資源問題などと関連づけ、オープンで多様な里山の活用を図るなど、新たな発想での継承が求められることだろう。

終章

未来に残す文化財

歴史を絶やすまい　東日本大震災の津波で被災した図書館の資料を救出する陸前高田古文書研究会のメンバー＝二〇一一年四月六日（岩手日報社提供）

守り伝えていくもの

二〇一八年一月の通常国会における、首相の施政方針演説に文化財保護法の改正が盛り込まれていた。文化財を観光資源として活用していくため法律を改定しようという。施政方針演説でこの法律がとりあげられたのは初めてだろう。

しかしこの演説を聞いただけでは観光と経済効果だけをねらった法の改定としか受け取れない。文化財には、基礎的な調査、研究、保存が必要だが、それらにはまったく言及されていないのだ。観光に利用するのも文化財活用の一つだが、経済的な部分にばかり目を奪われると、観光にならないものはうち捨てられる可能性が十分に考えられる。

二〇一六年、台風十号の被害にあった岩泉町の旧家から、江戸時代の隣村との境界争いについての文書が救出された。文書から、境界を接する二つの村の肝入《きもいり》（村長格）、老名《おとな》（助役格）が、村境を取り決めた協定書を作成していたことがわかる。さらに文書には双方の「惣御百姓《そうおんひゃくしょう》」（村民一同）も協定書に名を連ねている。このような争議の多くは、藩が介入することなく、村方の合議によって解決されていた。

一枚の古文書でわかることは限られている。しかしそれらが何十枚も集まると、村の仕組みや生活を復元する大きな材料となる。日本全体の歴史も、一片の古文書の積み重ねから復元されている。

奥州市では、二〇一七年度から大がかりな古文書調査を開始した。市内に所在する推定十万点以上にも及ぶリストを作成しようというものだ。古文書はくずし字で書かれているのが普通だ。くずし字を機械で読み取る技術は未開発で、一点ずつ古文書の標題や日付、差出人、宛先などを読み、記録していく膨大な作業と

遠野遺産の「火渡の石碑群」

1751（宝暦元）～1996（平成８）年まで14基が集められている＝遠野市附馬牛

なる。そのため、岩手大学の「知（地）の拠点大学による地方創生事業」と連携し、北上市立博物館や江刺古文書の会との共同研究の形をとるという。

陸前高田市ではすべての文化財の調査を始めた。市内八地区の寺社や個人宅に所蔵されている絵画や古文書、建造物などをリストアップしようという試みだ。これまでも個別に調査をし、文化財指定などを行ってきたが、すべてを計画的に調査するとしたところに大きな特徴がある。市内全域となると調査期間が長くなることなど課題は多いが、基礎的な調査を前提に、文化財の保護や活用に結びつけることは、文化財行政の王道だ。

遠野市では、「遠野遺産」という制度を設けている。遠野各地に伝わる建物や史跡、伝承される民俗芸能や技術、自然の樹木や景観などをピックアップし、次世代へ伝えていくものだ。

遠野遺産への認定には、町内会や保存団体など推薦者自らが保存し、管理していることが要件になっている。地域の人たちが日頃から大事に守り伝えている、地域に根ざした文化財で、宮守の釜石線宮守川に架かるめがね橋やカッパ伝説のカッパ淵などよく知られたものから、路傍の飢饉供養碑まで、現在までに一四九件が認定されている（二〇一七年現在）。

このほかの市町村でも、地域の特徴を生かした積極的な文化財の取り組みを行っているところがある。


二〇一八年の文化財保護法改定の際国会の附帯決議として、保存と活用の均衡がとれた文化財行政の推進が盛り込まれた。また地域の歴史や文化の枠組みで文化財を活用していくことになっており、市町村の権限も増してくる。

文化財の保護と活用にあたって、基礎的な調査や保存がおろそかにならないように注視するのも、地域住民の役割の一つだろう。

公文書館設置や岩手県史の刊行にむけて

公文書館。岩手では聞き慣れない名だが、全国三十八都道府県にある一般的な公共施設だ。関東以北では、唯一岩手県にだけ設置されていない。

公文書館は、歴史的に価値のある行政文書等を収集・保存し、情報公開に供する施設で、行政の透明化や行政判断の検証などにも大きく貢献する施設だ。明治以降の行政文書は、役所で定めている保存年限に基づいて保存と廃棄が行われてきている。しかし、公文書館での文書の選択は、永年保存文書だけでなく、歴史的に必要と認められる文書も対象としている。

福島第一原発事故では、政府の対応状況が記録されておらず、検証が十分に進まなかった。仮に記録されていても役所の規定では数年で廃棄される種類の文書と思われ、いつまで保存するかの判断は難しい。公文書館には、歴史資料として保存すべき行政記録を選定し、閲覧できる状態に整備する専門職員（アーキビスト）が配置されている。彼らを通して必要な保存が図られることになる。

県では「いわて震災津波アーカイブ」をつくり、震災津波関連の写真や文書などをデジタル化して、インターネットなどで公開している。震災関連だけでなく、一般の行政文書の保存、公開の必要性は、県だけでなく、市町村も同様だ。

岩手県史や市町村史（誌）は、県や市町村の「顔」ともいうべきものだ。それぞれの歴史や行政の歩み、人々の暮らしなどが詳細に記述され、それぞれの地域の歴史のバイブルとも見なされている。

刊行は、一九七〇～八〇年代が多い。戦後の地方自治が根付き、自立した地域社会の証しとして、市町村史が編まれるようになったと考えられる。当時、首都圏で革新都政や市政が生まれ、「地方の時代」が声高に叫ばれていた。

このような動きの中で先駆的な役割を果たしたのが、『盛岡市史』と『岩手県史』だ。ともに戦前から資料収集が開始され、刊行の準備が進められていた。『盛岡市史』が一九五〇～六九年（遅れた一冊を除く）、『岩手県史』が六一～六六年に刊行されている。

しかし、刊行から長い年月が経ち、その後遺跡の発掘調査資料が膨大に蓄積され、古文書などの資料も増え、解読もかなり進んでいる。また歴史の分析方法が精緻になり、二重、三重の裏付けから歴史を検証するように変わってきた。歴史上の人物の出自や歴史的な評価も大きく書き替えられている。戦後七十年以上の歴史＝現代史もまったく記載されていない。歴史教科書が常に見直されているように、県史や市町村史も一定期間ごとの改訂が必要になってくる。

近年の動きとして、北上市史と遠野市史の第二次刊行が計画されている。現在の『北上市史』は全十二巻が六八～八六年にかけて、『遠野市史』全四巻は七四～七七年に刊行されている。その後、市町村合併が行われ、統一的な市史の刊行を求める声が高まってきた。このことなどが新市史編纂の契機になり、新たな資料を加えて全時代の歴史の再編纂が始められた。『宮古市史』も編纂が継続されている。

『岩手県史』や『盛岡市史』の第二次刊行の見通しは現時点ではないという。公文書館設置と同じように、行政として地域の歴史に対して深い理解にもとづく施策を望みたい。

【参考文献】

第一章　縄文の多様な顔

梅原　猛　一九八五『ブナ帯文化』思索社
岡村道雄　二〇〇〇『日本の歴史01縄文の生活誌』講談社
岡本太郎　一九五二「縄文土器論─四次元との対話」『みずゑ』五五六号
縄文芸術館　一九九三『縄文芸術』（中新田町）
河北倫明　一九六八『日本の美術　その伝統と現代』日本ソノサービスセンター
小林謙一　二〇〇八『縄紋社会研究の新視点』（新装増補版）六一書房
宗　左近　一九八三『私の縄文美術鑑賞』新潮選書
宗　左近　一九九一『日本美　縄文の系譜』新潮選書
高田和徳　二〇〇五『縄文のイエとムラの風景・御所野遺跡』新泉社
中沢道彦　二〇一七「日本列島における農耕の伝播と定着」『季刊考古学』第一三八号
名久井文明　一九九九『樹皮の文化史』吉川弘文館
舟橋京子　二〇〇三「縄文時代の抜歯の施行年齢と儀礼的意味」考古学研究五十─一
山田康弘　二〇一五『つくられた縄文時代』新潮選書

第二章　蝦夷は何者か

伊藤博幸　一九九九「鎮守府と奥六郡の世界」細井計ほか著『岩手県の歴史』山川出版社
及川洵　二〇一一『阿弖流為と田村麻呂伝説』胆江日日新聞社
熊谷公男編　二〇一五『東北の古代史三　蝦夷と城柵の時代』吉川弘文館（熊谷公男・永田英明・菅原祥夫・村田晃一・宇部則保・佐川正敏・吉野武）
熊田亮介・八木光則編　二〇〇七『九世紀の蝦夷社会』高志書院
鈴木拓也編　二〇一六『東北の古代史四　三十八年戦争と蝦夷政策の転換』吉川弘文館（鈴木拓也・西野修・八木光則・鐘江宏之・柳沢和明・高橋学・堀裕・熊谷公男）
西野修　二〇〇八『志波城・徳丹城跡』同成社
樋口知志　二〇一三『阿弖流為』ミネルヴァ書房
松本建速　二〇一一『蝦夷とは誰か』同成社
八木光則　二〇一〇『古代蝦夷社会の成立』同成社

第三章　「前九年合戦」再考

板橋　源　一九八〇『北方の王者　平泉藤原氏』秀英出版
帝国大学編年史編纂掛編　一八九〇『稿本国史眼』（復刻版一九二〇『稿本国史眼　改訂版』11刷　目黒書店）
高橋富雄　一九七八『平泉　奥州藤原四代』教育社歴史新書
日本歴史地理学会編　一九一六『奥羽沿革史論』仁友社
樋口知志　二〇一一『前九年・後三年合戦と奥州藤原氏』高志書院

樋口知志編　二〇一六『東北の古代史五　前九年・後三年合戦と兵の時代』吉川弘文館（小口雅史・八木光則・島田祐悦・窪田大介・樋口知志）
八木光則　二〇一三「奥六郡・岩手郡の成立」岩手県歴史研究会編『前九年合戦シンポジウム』前九年合戦終焉九五〇年記念平和祈念祭実行委員会

第四章　都市平泉の風景

入間田宣夫・本澤慎輔編　二〇〇二『平泉の世界』高志書院（樋口知志・野口実・川島茂裕・八木光則・八重樫忠郎・羽柴直人・菅野成寛）
入間田宣夫編　二〇一〇『兵たちの時代Ⅰ～Ⅲ』高志書院（入間田宣夫・七海雅人・小川弘和・大石直正・羽柴直人・岡陽一郎・斉藤利男・誉田慶信・菅野成寛）
入間田宣夫　二〇〇三『都市平泉の遺産』山川出版社
入間田宣夫　二〇一三『平泉の政治と仏教』高志書院
上島　享　二〇〇一「中世王権の創出と院政」『日本の歴史08』講談社
遠藤基郎　二〇〇五「平泉藤原氏と陸奥国司」入間田宣夫編『東北中世史の研究』上巻　高志書院二〇〇五
大矢邦宣　二〇一三『図説平泉』河出書房新社
菅野成寛　二〇〇五「鎮守府附属寺院の成立」入間田宣夫編『東北中世史の研究』上巻　高志書院二〇〇五
斉藤利男　二〇一一『奥州藤原三代』山川出版社
斉藤利男　二〇一四『平泉―北方王国の夢』講談社
佐々木邦世　一九九九『平泉中尊寺』吉川弘文館

高橋昌明　二〇一四『京都〈千年の都〉の歴史』岩波書店
羽柴直人　二〇一一『東日本初期武家政権の考古学的研究』（博士論文）
樋口知志　二〇一一『前九年・後三年合戦と奥州藤原氏』高志書院
丸山　仁　二〇〇五「奥州平泉と京」『東北中世史の研究』上巻　高志書院
八木光則　二〇一五「北奥における12世紀の居館と居宅」『岩手大学平泉文化研究センター年報』四
柳原敏昭編　二〇一五『東北の中世史一　平泉の光芒』吉川弘文館（柳原敏昭・佐藤健治・遠藤基郎・岡陽一郎・八重樫忠郎・菅野成寛・小川弘和）
八重樫忠郎　二〇一五『北のつわものの都―平泉』新泉社

第五章　北の鉄文化を歩く

芦文八郎　一九八八『文久山―仙台藩洋式高炉のはじめ』芦東山先生記念館
飯田賢一　一九七九『鉄の語る日本の歴史　上』そしえて
岩手県立博物館　一九九〇『北の鉄文化』岩手県文化振興事業団企画展図録
小野寺秀夫　一九七〇『大籠の切支丹と製鉄』藤沢町教育委員会
釜石市教育委員会編　二〇一六『大橋高炉・釜石鉱山　国登録有形文化財〈建造物〉旧釜石鉱山事務所開設パンフレット』釜石市教育委員会
小林晋一　一九七〇『水沢鋳物発達史考　上・下』水沢鋳物工業協同組合（二〇〇四年復刻）
平船圭子校訂　一九八八『三閉伊日記』岩手古文書学会
田口勇・尾崎保博編　一九九四『みちのくの鉄』アグネ技術センター

西田耕三ほか　一九九五『切支丹と製鉄』宮城・岩手県際三町歴史シンポジウム記録　耕風社
水沢鋳物工業協同組合編　二〇一四『共に生き、ともに栄えてきた六〇年』同組合六〇周年記念事業誌
森嘉兵衛　一九七〇『日本僻地の史的研究・下』法政大学出版局
八木光則　二〇一〇「蝦夷の鉄生産」小松正夫編著『北方世界の考古学』すいれん舎

第六章　東北を駆ける馬

岩手県立博物館　二〇〇〇『北の馬文化』企画展図録
伊藤延男・吉田靖　一九六五『岩手県の民家』文化財保護委員会
入間田宣夫　一九八六「糠部の駿馬」高橋富雄編著『東北古代史の研究』吉川弘文館（一九九五『馬の文化叢書』第三巻所収）
岩手県教育委員会　一九八二『東北縦貫自動車道関係埋蔵文化財調査報告書―ⅩⅥ―』（紫波町栗田Ⅰ・Ⅱ・栗田Ⅲ遺跡）
大瀧真俊　二〇一五「軍馬資源開発と東北馬産」松本武祝編著『東北地方「開発」の系譜』明石書店
角川書店編集部編　一九六八『日本繪巻物全集』第十八巻　角川書店
兼平賢治　二〇一五『馬と人の江戸時代』吉川弘文館
佐藤陽次郎　一九一八『南部馬史』南部馬史発行所
清水　拡　一九九八「岩手県南部地方の民家にみる柱内法制と柱間寸法」『建築史学』三十号
瀬川　修　二〇〇七『南部曲がり家読本』無明舎出版
高橋宏一　一九九二「南部曲家研究の展望と課題」『教育研究学内特別経費研究報告 Vol.3　文化の基礎理論と諸相の研

究』岩手大学
中村潤子　一九九一「騎馬民族説の考古学　上」森浩一編『考古学　その見方と解釈』筑摩書房（一九九三『馬の文化叢書』第一巻所収馬装の図）
西岡虎之助　一九二九「武士階級結成の一要因として観たる『牧』の発展（一）〜（五）」『史学雑誌』四十—二・三・五・七・八（高橋富雄編一九九五『馬の文化叢書』第二・三巻所収）
原島善之助　一九〇七『産馬大鑑』（一九九四『馬の文化叢書』第七巻所収）
前沢和之　一九九一「上野国の馬と牧」群馬県史編さん委員会編『群馬県史　通史編二　原始古代二』

第七章　中世を読み直す

岩手県教育委員会　一九八六『岩手県中世城館跡分布調査報告書』
岩手県立博物館　一九八七『天台寺』岩手県文化振興事業団テーマ展図録
岩手県立博物館　一九八七『奥の正法寺』岩手県文化振興事業団企画展図録
岩手県立博物館　二〇一五『岩手県の板碑—沿岸部・和賀郡以北編—』岩手県立博物館調査研究報告書第31冊
小山彦逸　二〇一二「青森県の安藤氏系城館」『青森県考古学』第二十号
菅野文夫　一九九九「室町の秩序と戦国の争乱」細井計ほか著『岩手県の歴史』山川出版社
菅野文夫　二〇〇〇「第六章　統一政権と糠部・久慈郡」二戸市史編さん委員会編『二戸市史』第一巻
畠山篤雄　二〇〇一「平泉周辺の板碑」大石直正編『中世奥羽と板碑の世界』高志書院
一関市博物館　二〇一五『葛西氏の興亡』企画展図録
羽柴直人　二〇一六「陸奥北部の板碑」千々和到編『板碑の考古学』高志書院

誉田慶信　二〇〇〇『中世奥羽の民衆と宗教』吉川弘文館
水沢市教育委員会　一九八七『正法寺総合調査報告書』
八木光則　二〇一一「中世南部氏の城館系譜」『岩手史学研究』92

第八章　街の記憶をたどる

相去村誌編集委員会　一九九二『相去村誌―北上市合併までの歩み―』
岩田孝三　一九六二『関址と藩界』校倉書房
及川雅義　一九八三『花巻の歴史』上　国書刊行会
大島晃一　二〇〇三「幕末期における陸奥国一関藩の家中と城下」一関市博物館編『一関市博物館研究報告』第六号
大島晃一　二〇〇六『一関藩』現代書館
北上市編（司東真雄解説、沼山源喜治編集）　一九七三『北上市史』第四巻　近世（二）
佐藤徳吉　一九八五『鬼柳物語』佐藤徳吉
仙台郷土研究会　二〇一二『仙台藩歴史事典』改訂版　同会発行
仙台藩直参今泉御足軽御組後裔者会　二〇一六『魂を今に　今泉鉄砲組の足跡』同会発行
立町町史編集委員会　一九九五『立町町史』（水沢市立町町内会）
花巻市史編集員会編（熊谷章一執筆）　一九七二『花巻市史』近世篇一
花巻市博物館　二〇一七『花巻城展』展示図録
細井計解読　一九九九『奥州道中増補行程記』東洋書院（清水秋全自筆本一七五一（寛延四）年の影印本）
水沢市史編纂委員会編　一九八一『水沢市史』近世上

宮古郷土誌編集委員編　一九六二『宮古のあゆみ』宮古市役所
盛岡市中央公民館　一九九九『盛岡の街づくり』企画展図録
吉田義昭・及川和哉　一九九一『盛岡四百年』上　江戸時代編　郷土文化研究会
陸前高田市市史編集委員会編（細谷敬吉執筆）一九九五『陸前高田市史』第三巻（上）

第九章　石碑は語る

岩手県立博物館　二〇一五『岩手県の板碑―沿岸部・和賀郡以北編―』岩手県立博物館調査研究報告書第31冊
月光善弘編著　一九七七『東北霊山と修験道』名著出版（森毅・田中喜多美・菊池照雄・佐藤正順ほか執筆）
宮家準　一九九九『修験道組織の研究』春秋社
（そのほか岩手県内市町村の石碑調査報告書を参照）

第十章　北への備え

井上勝生　二〇〇二『日本の歴史18　開国と幕末変革』講談社
岩手県立博物館　二〇〇八『北の黒船』岩手県文化振興事業団第59回企画展図録
羽太正養『休明光記』（北海道庁編『新撰北海道史』第五巻史料一　清文堂出版所収）
室蘭市教育委員会　一九五四『室蘭南部陣屋誌』

第十一章　災害を生きる

今村明恒　一九三四「三陸沿岸に於ける過去の津波に就て」『震研彙報』別冊第一号
菊池勇夫　二〇〇三『飢饉から読む近世社会』校倉書房
越野修三　二〇一二『東日本大震災　岩手県防災危機管理監の１５０日』ぎょうせい

災害関係資料等整備調査委員会　一九八四『岩手県災害関係行政資料Ⅰ』
佐々木宏　二〇一三『山津波―荒廃する山林』自費出版
仙台郷土研究会編　二〇一二『仙台藩歴史事典　改訂版』
東北農業試験場編　一九九五『東東北地域における平成五年冷害の記録』
細井　計　二〇一一『盛岡藩宝暦の飢饉とその史料』東洋書院
日本考古学協会　二〇一七『日本考古学協会東日本大震災対策特別委員会報告書』
山下文男　二〇〇八『津波てんでんこ』新日本出版社
山下文男　二〇一一『哀史　三陸大津波』河出書房新社
横川良助『飢饉考』（岩手県立図書館編　一九八四『岩手史叢』第八巻所収　岩手県文化財愛護協会）

第十二章　入会権を考える

岩手の入会調査研究資料集編集委員会　二〇一六『岩手の入会調査研究資料集』第一輯（第十一版）
小林三衛　一九六八『国有地入会権の研究』東京大学出版会
中村尚司・鶴見良行編　一九九五『コモンズの海』学陽書房
早坂啓造「鉱工業の岩手進出と漁業入会との衝突」『アルテス　リベラレス』91号　岩手大学人文社会科学部
早坂啓造「『部落有林野統一・入会権整理』政策の実施経過とその歴史的意義」『アルテス　リベラレス』94号
間宮陽介　二〇〇二「コモンズと資源・環境問題」『岩波講座　環境経済・政策学第一巻　環境の経済理論』岩波書店
室田武・三俣学　二〇〇四『入会林野とコモンズ』日本評論社

山下詠子　二〇一一『入会林野の変容と現代的意義』東京大学出版会

全　般

岩手県　一九六一～一九六六『岩手県史』第一～十二巻
岩手県　二〇〇三『岩手県管轄地誌』第一～十五巻　東洋書院
岩手県立図書館編　一九七三～一九七四『岩手史叢　内史略』一～三
南部叢書刊行会　一九七一『南部叢書』第一～十冊
盛岡市史編纂委員会　一九五〇～一九八一『盛岡市史』第一～二十一分冊
盛岡市教育委員会一九八六～二〇一八『盛岡藩雑書』第一～十五巻　熊谷印刷出版部（第十六巻から『雑書』東洋書院）
岩手県内各市町村史

あとがき

二〇一一年の東日本大震災や二〇一六年の台風10号は被害地域から多くを奪い去り、地域社会や景観も大きく変貌させた。一方、その喪失感は地域固有の歴史や文化への気付きの契機となった。震災後、各地の郷土芸能が被災者の心を慰めたことは記憶に新しい。遺跡の発掘調査説明会には多くの人が参加し、住んでいる地域の歴史に関心が寄せられたりした。

岩手の各時代を通してみえてきたものは、岩手の人々の粘り強さだ。縄文時代にはきびしいながらも豊かな北の大地で、独自の文化を花開かせた。古代の蝦夷《えみし》や安倍氏、平泉藤原氏は、執拗な国家側の侵出に自らの生存をかけて渡りあった。その生き方は近現代の入会《いりあい》訴訟に通じるものがある。鉄や馬といった資源を生かし、一方でさまざま災害などとも戦い、石碑に願いを込めながら、自分たちの生活基盤や地域社会をこつこつと創り上げてきたのだ。

今を生きる私たちの営みも、岩手の歴史の一コマとして、次の世代へ引き継がれていく。震災や台風からの復興も、インフラや経済的な面だけではなく、岩手の粘り強い精神を誇りにしながら文化の復興も成し遂げられるものと信ずる。

本書は、専門外の分野の記述が多く、事実誤認や的外れな解釈も少なくないと思われる。多くの方のご叱正、ご教示をお願いしたい。
最後に、新聞連載にあたって編集や校正などで多大なお世話になった岩手日報論説委員会の村井康典、黒田大介両氏、本書の刊行をお勧めいただいた東洋書院に深く感謝を申し上げたい。また写真や資料をご提供いただいた関係機関や個人の方々、日頃より歴史や考古学、石碑調査などを通じてご指導をいただいている多くの方々にも深甚なる謝意を表したい。

二〇一八年　九月

八木　光則

仙台藩　せんだいはん
98,102,104,106,123,145,146,152,155,156
160,162,174,176,182,183,189,191,192,193
196,201,202,209,211,212,213
前方後円墳　ぜんぽうこうえんふん
35,36
大木文化　だいぎぶんか　21,22,23,24
帯状集落　たいじょうしゅうらく　23,24
たたら製鉄　たたらせいてつ
91,98,99,101,102
田中製鉄所　たなかせいてつじょ
104,225
地租改正　ちそかいせい　164,217,218,227
中尊寺建立供養願文
ちゅうそんじこんりゅうくようがんもん　49,77,86
兵　つわもの　61,63,64,69
鉄山　てつざん
91,97,98,99,100,101,102,103,194,224
天保の大飢饉　てんぽうのだいききん
178,193,194,196,197,211,213
天保稗貫和賀百姓一揆
てんぽうひえぬきわがひゃくしょういっき　163,172,196
天明の大飢饉　てんめいのだいききん
178,194,211,213
炯屋　どうや　98,100,102,104,107
土偶　どぐう　11,15,19,20,21,30
南部馬　なんぶうま
110,112,123,124,125
南部鉄器　なんぶてっき　105,107,108
南部曲がり家　なんぶまがりや　120
野馬　のま　120,122,123
配石遺構　はいせきいこう　28
八戸藩　はちのへはん
98,101,107,120,122,146,182,187,188,189
192
抜歯　ばっし　18
東日本大震災
ひがしにほんだいしんさい
92,158,165,166,168,179,200,201,202,205
208,233
毘沙門天　びしゃもんてん　49,50,51,131
俘囚　ふしゅう　49,53,54,66,200
伏甕　ふせがめ　26
文化財保護法　ぶんかざいほごほう
234,236
文治奥州合戦
ぶんじおうしゅうかっせん
49,75,88,128
宝暦の大飢饉　ほうれきのだいききん
178,193,211,213
戊辰戦争　ぼしんせんそう　191
末期古墳　まっきこふん　42
民藝運動　みんげいうんどう　15
陸奥話記　むつわき　56,67,69,71
明治三陸津波　めいじさんりくつなみ
166,202,226
メナシ・クナシリの戦い
めなし・くなしりのたたかい　183
モウコノウマ　もうこのうま　112
殯　もがり　22,28
盛岡藩　もりおかはん
97,98,102,103,111,112,120,122,123,124
135,136,138,146,152,154,155,164,171,172
174,176,178,181,182,183,184,185,186,187
188,189,190,191,192,193,194,195,196,197
202,208,209,211,212,213,217
要害屋敷　ようがいやしき
152,155,156,158,164
和賀稗貫一揆　わがひえぬきいっき
141,152
和賀稗貫合戦　わがひえぬきかっせん
134,135
和同開珎　わどうかいちん　43
蕨手刀　わらびてとう　43,53

横田城　よこたじょう　152
陸前高田市　りくぜんたかたし
79,160,161,167,168,174,175,176,202,203
233,235
蓮華寺　れんげじ　131

〈事　項〉

アイヌ語系地名　あいぬごけいちめい
37,38,39,40
板碑　いたび
130,131,132,133,141,169,174,175
一関藩　いちのせきはん　146,156,157
入会権　いりあいけん
216,218,219,221,222,223,224,226,227,228
229,230,231
岩崎一揆　いわさきいっき　152,153
打ちこわし　うちこわし　172,173,213,214
蝦夷　えみし
32,33,34,35,36,37,38,40,41,42,43,44,45,46,
47,48,49,50,51,52,53,54,61,63,65,66,93,94,
96,115,116,126,200
円筒文化　えんとうぶんか　21,23,24
奥羽仕置　おううしおき　130,141,142
奥大道　おくのだいどう
75,76,81,84,86,87
海嘯　かいしょう　202,203
カスリーン・アイオン台風
かすりーん・あいおんたいふう
209,210,211
環状集落　かんじょうしゅうらく
21,22,23,24,27
環状列石　かんじょうれっせき
27,28,29,30,207
官民有区分　かんみんゆうくぶん
217,219
柵戸　きのへ　44,47
給人　きゅうにん　154,155,188
キリシタン　きりしたん　102,111
切り流し　きりながし　97,98
国造　くにのみやつこ　35,36
九戸一揆　くのへいっき
141,142,143,144,152
元禄の大飢饉　げんろくのだいききん
178,211
庚申塔　こうしんとう　167,168,176,177
公文書館　こうぶんしょかん
236,237,238
高炉　こうろ　98,103,104,105,225
国人一揆　こくじんいっき
134,136,137,138
後三年合戦　ごさんねんかっせん
61,64,72,74
小繋事件　こつなぎじけん
215,216,218,219,220,221,222,224,232
コモンズ　こもんず　231,232
盛号　さかりごう　124,125
里山　さとやま　231,232
三閉伊一揆　さんへいいっき
101,110,161,163,171,172,173,179,190,194
218
地方知行　じかたちぎょう　155
四面廂建物　しめんびさしたてもの
68,69,72,76,77,78,79,82,83,84
十一面観音　じゅういちめんかんのん
51,139
集団領域　しゅうだんりょういき
24,25,26
修験　しゅげん　176,177
昭和三陸津波　しょうわさんりくつなみ
166,204
白髭水　しらひげみず　208
直家　すごや　122
石碑　せきひ
126,130,131,166,167,168,169,170,171,174
175,176,177,178,179,180,197,202,203,235
石棒　せきぼう　19,21,26
前九年合戦　ぜんくねんかっせん
53,55,56,57,58,61,63,64,66,67,69,70,71,72
74,128

伝法寺　でんぽうじ　127,131
伝法寺城　でんぽうじじょう　142
東顕寺　とうけんじ　139,148
東禅寺　とうぜんじ　148
遠野市　とおのし　22
遠閉伊村　とおのへいむら　47
徳丹城　とくたんじょう　48,52,62,81
鳥海柵　とのみのたて　59,67
鳥谷ヶ崎城　とやがさきじょう　152,153
豊岡遺跡　とよおかいせき　20
豊田館　とよだのたち　75
鳥海村　とりうみむら　104
中崎館遺跡　なかさきだていせき　84
長根古墳群　ながねこふんぐん　94
中半入遺跡　なかはんにゅういせき　114
中村遺跡　なかむらいせき　207
鍋倉城　なべくらじょう　152
浪岡城　なみおかじょう　136
贄柵　にえのたて　89
爾薩体　にさて　48
西田遺跡　にしだいせき　22,23,24
西根道場古墳群
　にしねどうばこふんぐん　114
西平内Ⅰ遺跡
　にしひらないいちいせき　27,207
西見前村　にしみるまえむら　110,111
西山村　にしやまむら　229
新田（2）遺跡　にったかっこにいせき 81
二戸市　にのへし　42,139,152,186
糠部　ぬかのべ（ぬかのぶ）
　79,80,90,117,118,119,133,134,136,142,143
　144
渟足柵　ぬたりのさく　52
沼崎遺跡　ぬまざきいせき　69
根城　ねじょう　133,135,136,143,152
野田村　のだむら　97,206,208
萩沢Ⅱ遺跡　はぎさわにいせき　94
花館跡　はなだてあと　208
花巻市　はなまきし　27,152
花巻城　はなまきじょう　152,153,154
馬場野Ⅱ遺跡　ばばのにいせき　12
浜街道　はまかいどう　158,159,161
林ノ前遺跡　はやしのまえいせき　117
比爪館　ひづめのたち　82,83,84,132
平泉町　ひらいずみちょう
　49,50,73,77,118,139
洋野町　ひろのちょう　27,189,207
福岡城　ふくおかじょう　143,152
普代村　ふだいむら　97,169
二子城　ふたごじょう　135
二日市城　ふつかいちじょう　160
文久山高炉　ぶんきゅうさんこうろ
　104,105
房の沢古墳群　ぼうのさわこふんぐん 114
補陀寺　ほだじ　139
本誓寺　ほんせいじ　139,149
町方遺跡　まちかたいせき　208
万谷鉄山　まんこくてつざん　100
宮古市　みやこし
　27,95,97,121,169,176,178,179,197,204,206
　207,208
無量光院　むりょうこういん　76,86
毛越寺　もうつうじ　74,76,79,86,90,117
本三戸城　もとさんのへじょう　138
桃生城　ものうじょう　44,45
盛岡市　もりおかし
　9,12,15,18,22,26,30,31,47,59,66,70,83,105
　110,125,139,169,197
盛岡城　もりおかじょう
　99,134,138,146,147,149,150,152
矢立廃寺　やたてはいじ　84
柳之御所遺跡　やなぎのごしょいせき
　73,77,78,79
矢巾町　やはばちょう　48,127,131
山田町　やまだまち
　94,97,114,165,166,168,176,178,189,197
　201,202,203,207
夕顔瀬橋　ゆうがおせばし　150,151
湯楯　ゆのだて　135
湯舟沢遺跡　ゆぶねさわいせき　29

貝鳥貝塚　かいとりかいづか　18
柿ノ木平遺跡　かきのきだいらいせき 26
金沢村　かざわむら　227,228
鍛冶沢遺跡　かじさわいせき　208
金ヶ崎町　かねがさきちょう
42,59,67,72,114
樺山遺跡　かばやまいせき　28
釜石市　かまいしし　119,204,208
上代川遺跡　かみしろかわいせき　208
上舘烔屋　かみだてどうや　107
軽米町　かるまいまち　12,99,100
河崎柵　かわさきのたて　58,70
北上市　きたかみし
28,42,53,59,117,162,169,238
黄海　きのみ　58
教浄寺　きょうじょうじ　148
久慈市　くじし　97,119,208
国衡館遺跡　くにひらだていせき　78
九戸城　くのへじょう　142,143,152
厨川柵　くりやがわのたて
56,59,66,70,128
黒沢尻柵　くろさわじりのたて　59
源勝寺　げんしょうじ　149
小出館跡　こいでたてあと　207,208
高水寺　こうすいじ　131,149
高水寺城　こうすいじじょう　132,152
高根遺跡　こうねいせき　207
広福寺　こうふくじ　149
郡山城　こおりやまじょう　152
御所野遺跡　ごしょのいせき　24,72
不来方城　こずかたじょう　134
小鳥谷村　こずやむら　221
小繋　こつなぎ
215,216,218,219,220,221,222,223,224
小堀内Ⅲ遺跡　こぼりないさんいせき 94
小牧野遺跡　こまきのいせき　27
小松柵　こまつのたて　59
伊治城　これはりじょう　45,46
材木座遺跡　ざいもくざいせき　118
十八が沢城　さかりがさわじょう　134
崎山貝塚　さきやまかいづか　27
沢田Ⅲ遺跡　さわださんいせき　207
三内丸山遺跡　さんないまるやまいせき
10,13,17,23,24,30
三戸城　さんのへじょう　138,152
雫石町　しずくいしちょう　229
蒔内遺跡　しだないいせき　18,30
七戸城　しちのへじょう 136
島田Ⅱ遺跡　しまだにいせき　95,96
清水屋敷Ⅱ遺跡　しみずやしきにいせき
27
聖寿寺　しょうじゅじ　138,148,186
正法寺　しょうぼうじ
138,139,140
浄法寺城　じょうぼうじじょう　136
白根金山　しらねきんざん　151
志羅山遺跡　しらやまいせき　78
志波(城)　しわ(じょう)
31,45,47,48,52,56,62,74,81,83
紫波町　しわちょう
22,23,82,83,87,89,121,131,132,139,152
169
陣ヶ岡　じんがおか　89
新山寺　しんざんじ　131,149
新山舟橋　しんざんふなばし　151
諏訪前古墳群　すわまえこふんぐん　42
堰根遺跡　せきねいせき　83,84
大荘厳寺　だいしょうごんじ　131,149
大新町遺跡　だいしんちょういせき　12
多賀城　たがじょう　44,46,95,169,200
高田城　たかだじょう　160,161
高間（1）遺跡　たかまかっこいちいせき
84
滝沢市　たきざわし　29,69,199
達谷窟　たっこくのいわや　49,50
中尊寺　ちゅうそんじ
49,65,74,75,76,85,90
繋Ⅴ遺跡　つなぎごいせき　15
寺林城　てらばやしじょう　134
天台寺　てんだいじ　139,140,141

藤原氏　ふじわらし
49,61,75,76,78,82,83,84,87,88,89,90,116,
117,118,128,132
藤原経清　ふじわらのつねきよ
58,59,60,70,74
藤原秀衡　ふじわらのひでひら
74,76,88,118
藤原基衡　ふじわらのもとひら
74,76,79,82,117
藤原泰衡　ふじわらのやすひら
74,76,88,89
閉伊氏　へいし　130
松尾芭蕉　まつおばしょう　90,116
湊市兵衛　みなといちべえ　103
源義家　みなもとのよしいえ　71
源頼朝　みなもとのよりとも
2,49,75,76,82,88,89,90,128,132
源頼義　みなもとのよりよし
55,57,58,59,60,64,67,68,69,70,71,74
無底良韶　むていりょうしょう　139
母礼　もれ　47,51
柳田國男　やなぎたくにお　16
柳宗悦　やなぎむねよし　15
留守宗利　るすむねとし　156
和賀氏　わがし　128,133,134,152,153

〈地名・遺跡など〉

相去　あいさり　145,162,163,164
秋田城　あきたじょう　67,81
阿津賀志山　あつかしやま　88
綾織新田遺跡　あやおりしんでんいせき
22
飯土肥城（飯豊城）
いいといじょう(いいとよじょう)135
胆沢（城）　いさわ（じょう）
47,52,62,68,81,128
泉屋遺跡　いずみやいせき　78
伊勢堂岱遺跡　いせどうたいいせき　27
一関市　いちのせきし
18,49,56.70,98,102,104,105,158,169
209,227
一戸城　いちのへじょう　109,119,136,142
一戸町　いちのへちょう
24,72,109,119,216,218
今泉　いまいずみ　160,161,164,202
岩泉町　いわいずみちょう
15,91,178,208,234
岩崎古墳群　いわさきこふんぐん　42
岩手町　いわてちょう　20,69
内真部（4）遺跡
うちまんべかっこよんいせき　84
宇部館跡　うべだてあと　208
江川鉄山　えがわてつざん　91
蝦夷地　えぞち
32,103,123,124,128,142,174,182,183,184
185,186,187,188,189,190,191,192,193,197
198,213
奥州市　おうしゅうし
22,35,45,47,68,81,95,104,105,106,107,108
113,138,139,231,234
奥州道中　おうしゅうどうちゅう　148
大籠　おおかご　98,100,102
大釜館遺跡　おおがまだていせき　69
大清水上遺跡　おおすずかみいせき　22
大平山元遺跡　おおだいやまもといせき
10,11
大館町遺跡　おおだてちょういせき
9,22
大槌町　おおつちちょう　189,208
大橋高炉　おおはしこうろ
103,104,105
大披鉄山　おおひらきてつざん　102
大船渡市　おおふなとし
97,202,204,207,208
大湯　おおゆ　27,142
小倉金山　おぐらきんざん　97
鬼切部　おにきりぶ　56,57
鬼死骸村　おにしがいむら　50,56
鬼柳　おにやなぎ　145,162,163,164

索　引

〈人　名〉

芦文十郎　あしぶんじゅうろう　104,105
阿曽沼氏　あそぬまし　130
阿弖流為　あてるい
46,47,49,51,54,115
安倍貞任　あべのさだとう
55,57,58,59,70,71
安倍富忠　あべのとみただ　58,67
安倍宗任　あべのむねとう
55,59,67,68,70,71
安倍頼良（頼時）
あべのよりよし（よりとき）57,67,74
板橋源　いたばしげん　65
梅原猛　うめはらたけし　13,16
大島高任　おおしまたかとう　103,105
大槻玄沢　おおつきげんたく　183
岡村道雄　おかむらみちお　16
岡本太郎　おかもとたろう　13,14,15
小川惣右衛門　おがわそうえもん　103
小本助兵衛　おもとすけべえ　158
葛西清重　かさいきよしげ　128
貫洞瀬左衛門　かんどうせざえもん
103,105
喜田貞吉　きださだきち　65
北信愛　きたのぶちか　153
北秀愛　きたひでちか　153
清原武則　きよはらのたけのり
58,59,60,68
清原光頼　きよはらのみつより　58,60
金田一京助　きんだいちきょうすけ　37
櫛引清長　くしびききよなが　142
工藤行光　くどうゆきみつ　128
九戸政実　くのへまさざね　142,144
月泉良印　げっせんりょういん　139
小堀喜代七　こぼりきよしち　221
伊治公呰麻呂　これはりのきみあざまろ
45,46
坂上田村麻呂　さかのうえのたむらまろ
47,49,50,51,56
七戸家国　しちのへいえくに　142
斯波家長　しばいえなが　133
斯波氏　しばし　128,132,133,134,135,149
下斗米秀之進（相馬大作）
しもとまいひでのしん（そうまだいさく）186
是信　ぜしん　139
宗左近　そうさこん　14
高橋富雄　たかはしとみお
61,65
伊達政宗　だてまさむね
99,112,141,144,155,201
津軽寧親　つがるやすちか　186
中野作右衛門　なかのさくえもん　103
南部重信　なんぶしげのぶ　151,152
南部利敬　なんぶとしたか　185,186
南部利直　なんぶとしなお
99,146,158
南部利用　なんぶとしもち　186
南部長安　なんぶながやす　134,135
南部信直　なんぶのぶなお
141,142,143,144,146
南部政直　なんぶまさなお　153
南部光行　なんぶみつゆき　136
南部師行　なんぶもろゆき　133,136
原勝郎　はらかつろう　65
稗貫氏　ひえぬきし　128,133,134,152,153
樋爪俊衡　ひづめのとしひら　82
藤原清衡　ふじわらのきよひら
58,60,61,74,75,76,77,79,82,83,85,86,87,118

著者紹介

八木 光則（やぎ　みつのり）

1953年北海道生まれ。

盛岡市教育委員会勤務を経て、現在岩手大学平泉文化研究センター客員教授。博士（歴史学）

主な著書に『古代蝦夷社会の成立』（同成社）、『九世紀の蝦夷社会』（共編　高志書院）など

いわて民衆史発掘

２０１８年10月29日　初刷発行

定　価――本体１、３８９円＋税

著　者――八木光則

発行者――斎藤 勝己

発行所――株式会社東洋書院

〒１６０－０００３　東京都新宿区四谷本塩町15－8－8F

電　話　０３－３３５３－７５７９

ＦＡＸ　０３－３３５８－７４５８

http://www.toyoshoin.com

印刷所――株式会社平河工業社

製本所――株式会社難波製本

ISBN978－4－88594－521－2